一 本 让 你 脑 力 飙 升 的 智 慧 秘 籍

320 PUZZLES, GAMES, AND BRAIN TEASERS TO BOOST YOUR MIND

[英] 杰基·格斯里（Jackie Guthrie） [英] 蒂姆·普瑞思顿（Tim Preston）——著 李鸿元——译

Improve Your Brainpower

“最强大脑”进阶课

4大模块、320道谜题
助你激发大脑无限潜能

民主与建设出版社 博集天卷 CS-BOOKY
·北京·

图书在版编目（CIP）数据

“最强大脑”进阶课 /（英）杰基·格斯里（Jackie Guthrie），（英）蒂姆·普瑞思顿（Tim Preston）著；李鸿元译 . —北京：民主与建设出版社，2018.5
书名原文：Improve your Brainpower
ISBN 978-7-5139-2106-0

Ⅰ . ①最… Ⅱ . ①杰… ②蒂… ③李… Ⅲ . ①智力游戏 Ⅳ . ① G898.2

中国版本图书馆 CIP 数据核字（2018）第 065115 号

著作权合同登记号：图字 01-2018-2706

“最强大脑”进阶课

ZUIQIANG DANAO JINJIE KE

出版人 李声笑
著者 ［英］杰基·格斯里（Jackie Guthrie）［英］蒂姆·普瑞思顿（Tim Preston）
译者 李鸿元
责任编辑 韩增标
监制 于向勇 秦 青
策划编辑 王 琳 徐 娅
营销编辑 刘晓晨 刘 迪 初 晨
版权支持 文赛峰
版式设计 潘雪琴
封面设计 利 锐
出版发行 民主与建设出版社有限责任公司
电话 （010）59419778 59417747
社址 北京市海淀区西三环中路 10 号望海楼 E 座 7 层
邮编 100142
印刷 天津市豪迈印务有限公司
开本 889mm×1194mm 1/16
印张 13.5
字数 110 千字
版次 2019 年 3 月第 1 版
印次 2019 年 3 月第 1 次印刷
书号 ISBN 978-7-5139-2106-0
定价 78.00 元

翻开此书，你会惊讶地发现，

合适的脑力升级训练乐趣非凡……

造就非凡脑力

现今，人们为了保证身体健康，对日常锻炼非常重视，却忽略了一件重要的事情，我们的大脑也需要锻炼和保养，才能够保持巅峰状态。为大脑制订规律的锻炼计划能够帮助我们造就非凡脑力，因为大脑锻炼得越多，运转也就越快。实际上，大脑会在锻炼中不断蜕变，而且你会发现，合适的锻炼计划乐趣非凡！

保持健康状态！

那么，锻炼大脑有哪些益处呢？首先，专家的研究结果表明，大脑高度活跃的人患上脑部疾病和大脑退化的概率更小。按他们的话来说，就是用进废退。而且，大脑活跃的人，寿命往往也更长。因此，在不断老去的过程中保持大脑的健康，意义重大！

谜题的魔力！

书中囊括了各种各样的智力谜题，挑战你解决问题的能力：从简单的逻辑推理到创造性思维和横向思维。解决这些谜题能够提升你的脑力，帮助你更好地应对日常生活中的问题。你的记忆力将变得更强，思维将更加敏锐，能够轻而易举地长时间集中注意力，而且思考的维度也会更宽广。

享受一切！

健身教练告诉我们，要采用自己喜欢的方式进行锻炼。同样，脑力锻炼也应值得期待，这正是本书的宗旨。但是，是什么让谜题充满乐趣呢？找到解决难题的方法会带给我们满足感和很大的成就感。与此同时，我们在解决难题的过程中越努力，我们的脑细胞就越能得到调动，这也为我们解决更加困难的问题提供了可能。换句话说，挑战越大，我们应对未来难题的能力也就越强。

在你着手之前……

本书分为四个部分，每一部分的挑战都颇具代表性和特殊性。每一部分又包含四个等级，从相对简单的第一级开始，难度逐渐上升，以挑战性最强的第四级结束。因为脑力的提升以一步一个脚印的练习为基石，所以我们强烈建议你从每个部分的第一级开始，循序渐进。因此，不要再犹豫了，调动你的脑细胞，翻开书本，开始你的脑力锻炼之旅吧！

随着年龄的增长，保持身体和大脑的活跃可以使我们长寿

牢记于心（记忆力谜题）

第4~43页

有些人认为记忆力的衰退是衰老过程中不可避免的现象。事实上，你的记忆力不过是需要锻炼罢了。在本部分中，我们将锻炼你记忆文字、图形、图画和细节信息的能力。完成全部练习后，你肯定会惊喜地发现自己的记忆力状况大为改观。

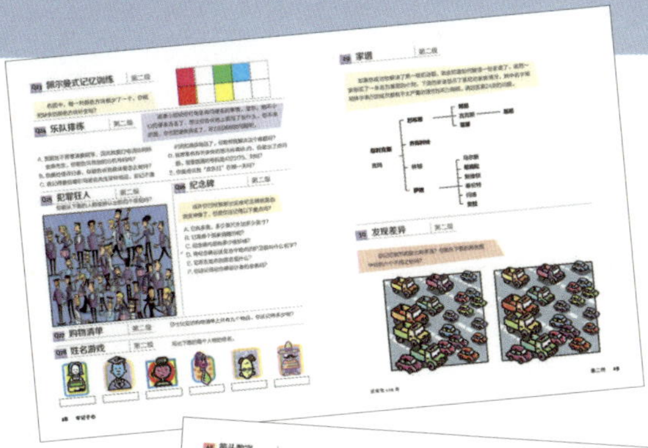

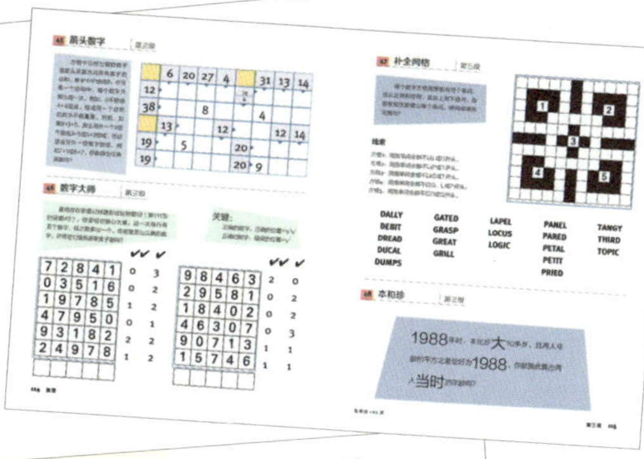

拓展思维（空间谜题）

第48~87页

你曾被自己的大脑欺骗过吗？在本部分中，你将遇到许多视觉和空间方面的挑战，其中包括各种让你晕头转向的视觉假象谜题。你还要亲自动脑动手拼出指定的图形，征服让人抓狂的迷宫，甚至说服自己看到本不存在的事物。

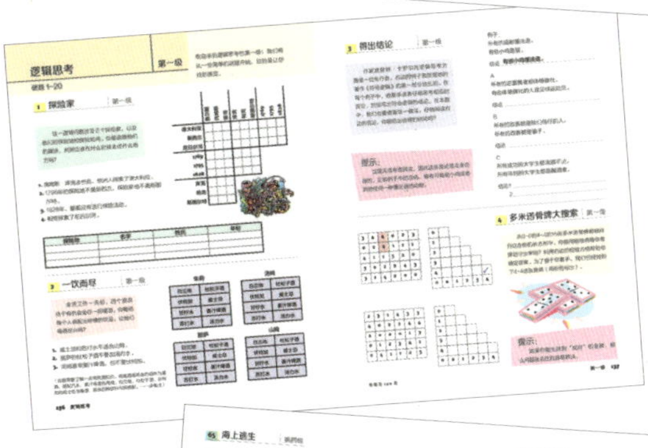

推理（图形识别／归纳推理／数学推理）

第92~131页

你识别图形或破解密码的速度有多快呢？本部分囊括了各种数字、文字和数列谜题，你的推理能力将受到巨大挑战。出色的心算能力能够助你一臂之力，但最终还是要靠缜密的推理才能破解难题。

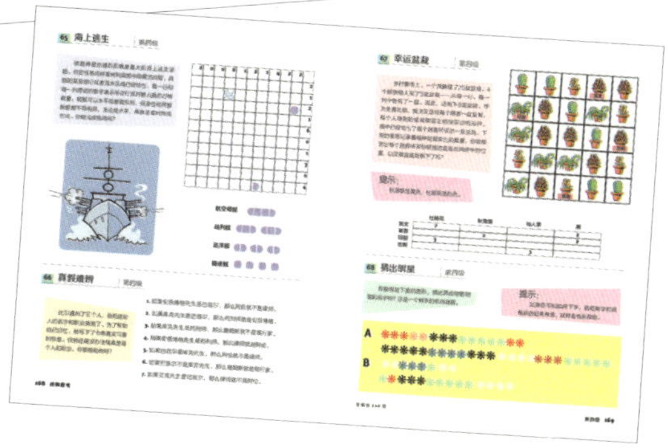

逻辑思考（逻辑推理）

第136~175页

阅读所有信息，将其归纳总结后得出符合逻辑的结论。这听起来小菜一碟，但是当你亲自动脑解题时，你可能会改变想法。这肯定是一个反复尝试的艰难过程——你需要具备策略技巧、强大的推理能力，更重要的是坚持的决心。

Contents 目录

牢记于心

（记忆力谜题）

测试你记忆文字、图形、图画和
细节信息的能力

牢记于心

在当今这个数字时代，我们将生活中大多数的记忆任务都交给了各种电子设备。电子记事簿取代了传统的日记，只需轻轻一点，所有的信息便会呈现在你眼前。如果你能够轻易地在网上查到那些复杂的事实，又何必费力去记住呢？或许正是科技的飞速进步导致当今人们的记忆力不断衰退。

自我帮助

计算机神通广大，但是它们无法解决生活中的所有问题。例如，它们无法告诉你，你把钥匙丢到了哪里。如果你想要记住自己的结婚纪念日、孩子们的生日或自己的电话号码，那么本部分的内容将会助你一臂之力。

从这里开始

本部分中的大多数谜题都由两部分组成。首先，我们会为你描述一个特定的情景，然后在另外一页上将给出有待你解决的问题（两部分的题号相同，但问题部分的题号带有字母Q）。

这些谜题中都提供了帮助你提升记忆力的提示、技巧和策略。只要态度积极，我们相信你一定能够完成本部分的所有挑战。当你开始挑战时，你要时刻记住：根据爱因斯坦的说法，大脑就像一块肌肉，是能够通过训练变强壮的。它所需要的只是有规律的锻炼。

记忆过程中，专注力十分重要

一往无前！

大脑会自动选择需要记忆和忘记的内容。因此，它选择的方式就成了需要我们加以思考的问题。听起来这像是一个无意识的过程，你无法施加任何干预，但实际上，情况并非如此。你能想象这样一个场景吗？“对不起，我没能参加你的生日聚会，我的大脑自动忘记了你的生日。我真得好好跟这个器官沟通一下了！”问题的症结在于，如果你不主动决定去记忆某件事情，大脑便会将其忘记。通常情况下，你能记住的都是自己感兴趣或者曾经密切关注过的事情。这意味着，要想记住某些信息，你必须承认集中注意力的必要性。对于该信息，你越关注，记起来就越容易。了解这一点，能够使你提升解决谜题的信心，因为只要你足够专注，一切都将变得简单！

图中所画

记忆方法因人而异，但大体来说有四种方法：靠听觉（听和说）、靠视觉（图像）、靠抽象事实和言语（方程式和定义）以及靠身体感官（触摸和嗅

来跳舞吧（见第 3 页）

1. 图片中有多少个星星？
2. 每个星星有多少个角？
3. 图中男人的右手有多少根手指？
4. 该男人的夹克衫上有多少颗纽扣？
5. 图中女人戴着项链吗？

闻）。如果你能知道哪种方法最适合自己，那么记忆事物肯定会变得更加简单。如果你无法确定，就先尝试一下视觉记忆法吧。该方法的关键在于创造一幅同所记事物存在关联的图画。记忆大师们都有自己常用的记忆框架，他们会将各种需要记忆的信息放到框架中。例如，你可以把自己的房子选为记忆框架。我们假设你的房子里有阁楼、卧室、浴室、厨房和客厅。现在有一系列物品：意面、面包、牛奶、鸡蛋、牛肉、土豆、橙子、番茄酱和食盐。记忆大师们会在脑子里将这些物品分类，放于房子的各个地方。

看清楚图画并不意味着我们能够记住所有细节

完全同意！

视觉记忆法相当实用，但也不是百试百灵。有时候，努力是无可替代的方法。举例来说，重复确实能够帮助我们牢记信息。如果我们反复谈及某个信息，那么我们很容易将其牢记。小学时，我们不正是靠这种方法记下乘法口诀表的吗？

他们有可能将意面和食盐跟摇摆木马一起放在阁楼上；将橙子和番茄酱放在浴室中洗衣筐的上面；将牛奶和鸡蛋放在床上；将土豆放在厨房的桌子上面；将牛肉和面包放在客厅中电视的上面。虽然有点不大现实，但是这种方法能够帮助我们划分和组织事物，以便记住它们。储存记忆的方式将决定我们读取记忆的难易。

洞穿一切

我们并不是非要想象出一个房子才能存放记忆。有时候，仅仅是将事物分类组合成一幅奇怪的图画，就能帮助我们记住所有信息。例如，在第4页的谜题1中，图片中包括一条蛇、一辆车和一部电话。因此，我们构思一幅包含三者的图画：或许是一条蛇在开车时打电话。接着再向这幅图画里添加其他形象：或许是过马路的恐龙因为不小心踩到香蕉皮摔倒了，车子不得不转弯避开。有时候，画面越搞笑、荒谬，越有可能牢牢地留在你的脑海里。

从个人角度来讲，我们总会发现有些事物相比其他事物更容易被记住。例如，有些人对数字敏感，如果要求他们记下796316这组数字，那么他们可能会在脑海里构建一个包含这组数字的模型。他们可能会轻易地判断出79-63=16，并借此牢记这些数字。因此，如果我们能够在一组事物中找到一个模型，就很难将其遗忘。

因此，为了提升记忆力，我们必须找寻固定的模型，创造辨识度高的图画，筛选出重要信息，舍弃无关信息。接下来的谜题中包括各种练习，以便帮助你培养上述能力。在此过程中，我们提供了许多提示和技巧作为辅助。当你完成所有练习后，就再也没有理由忘记朋友的生日啦！

来跳舞吧

下面我们就要用记忆谜题进行实战演练啦！花几分钟时间观察右边的图片，注意其中的细节。然后，遮住图片，回答前一页上的问题，不要试图回看。对照页面底部的答案，看看你做得如何。

“来跳舞吧”答案：
1. 四个 2. 五个 3. 三根手指和一根大拇指 4. 两颗 5. 没有

牢记于心

第一级

谜题 1~20

欢迎来到第一级。在这一级里，你将有机会提升记忆力。

1 吉姆的游戏 第一级

首先，我们来进行一个很受欢迎的简单测试。用30秒钟的时间仔细观察下面的物品，然后翻到第6页。尝试在大脑里为这些物品建立一些联系，以便记得更清楚。

2 词语之间的联系 第一级

有些人发现，相比记住图片，记住文字要容易一些。阅读下面的词语，然后翻到第6页。

马
长笛
树

花
兔子
吉他

狗
鞋
奶酪

夹克
饼干
帽子

3 我和父亲 第一级

有些人特别擅长记忆琐碎的细节，比如花瓶的形状、远房亲戚的名字，或是一种特殊饼干的味道。现在来测试一下你对微小的细节有多强的记忆力吧。仔细阅读右侧的列表，这是名人和他们不那么有名的父亲所从事的职业，然后翻到第6页。

名人	父亲
伊丽莎白·泰勒	画商
南希·里根	汽车销售员
杰瑞·霍尔	卡车司机
威尔·史密斯	制冷工程师
罗伯特·雷福德	送奶工
乔恩·邦·乔维	美发师
格里塔·斯卡奇	画家

4 之前和之后 第一级

仔细观察鱼缸图片一分钟，然后翻到第6页。本页的图片和第6页的图片有六处不同，你找得到吗？

5 家谱 第一级

家谱中包含着高度结构化的信息，很容易理解，但要记住这些结构化的信息，就不那么容易了。仔细观察右侧的家谱，然后翻到第6页。

- 戴维 · 马丁 1942~
  - 乔尔 · 马丁 1913~1993 年
    - 爱德华 · “泰迪” · 马丁 1885~1920 年
    - 夏洛特 · “恰恰” · 辛格勒腾 1882~1949 年
  - 萨迪 · 查伊斯基 1912~1997 年
    - 彼得 · 查伊斯基 1880~1950 年
    - 纳塔利娅 · 多梅尼卡 1883~1951 年

6 吉米 · 奥布莱恩和诺布林斯怪 第一级

你是否擅长注意细节？把下面的故事通读两遍，然后翻到第6页回答问题，中途不要回看。

六月一个阳光明媚的早晨，米拉望向窗外，只见她家的花园里有个蓝色怪物。那东西有四只眼睛，脑袋四四方方，每一面上都有一只眼睛，每只手都有四根手指。它的身体是正方形的，有三条细长的手臂和三条细长的腿。它的脚上有蹼，就跟鸭蹼一样。这个怪物身上一根毛发都没有，只有一只眼睛上有一条浓密的眉毛。这会儿，怪物看到了米拉，便扬起眉毛。

“你能帮我个忙吗？”它说道，声音怪怪的，尖厉而沙哑，“我要去唐翁，不过我好像迷路了。”怪物坐在一朵红色毒蘑菇上看着她，眼神里满是期待。

“恐怕我帮不上忙，”米拉说，“不过我倒是知道海隆在哪儿。”她噼里啪啦地继续说道：“吉米 · 奥布莱恩告诉过我，他和我姐姐都在海隆高中读书。只要走过那棵树，再穿过公园，就到了。”

“亲爱的孩子，”怪物叹了口气，接着无可奈何地笑了笑，“海隆是诺布林斯怪的地盘，它们是亮粉色的！我才不希望和那些可笑的怪物扯上半点关系呢。”

“好吧，”米拉说，仿佛她很了解似的，“那还有没有我能帮上你的地方？”

“看来是没有了。”说完，怪物便消失了。

米拉一动不动地站了一会儿，努力想要弄明白刚才发生的事。这该不会是她的想象吧？她走进花园查看了一番，发现怪物刚才坐的毒蘑菇变成了亮蓝色。她对自己笑了笑，走回屋，开始准备上学的东西。

几分钟后，吉米敲门，来找她姐姐。米拉打开门，一看就知道吉米是跑来的，这不，他的脸都变成亮粉色了。

Q1 吉姆的游戏 第一级

本页的问题与第4~5页的谜题有关。下面是谜题1的三个问题。

A. 有多少个物品能进行动力飞行?
B. 一共有多少个物品?
C. 你能说出它们的名字吗?

Q2 词语之间的联系 第一级

回顾谜题2。

A. 有几个词是动物?说出它们的名字。
B. 有几个词是食物?说出它们的名字。
C. 有几个词是乐器?说出它们的名字。
D. 有几个词是衣物?说出它们的名字。

Q3 我和父亲 第一级

A. 谁的父亲是汽车销售员?
B. 送奶工的儿子叫什么名字?
C. 有两位名人的父亲所从事的职业有关联。
你能说出这两个有关联的职业和他们的女儿的名字吗?

Q4 之前和之后 第一级

这个鱼缸和第5页的鱼缸相比,有六处不同,它们分别是什么?

Q5 家谱 第一级

A. 戴维的祖父的昵称是什么?
B. 戴维出生的时候,戴维的父亲多大年纪?
C. 萨迪比她的丈夫大几岁?
D. 戴维的父亲叫什么名字?
E. 恰恰的孩子叫什么名字?
F. 萨迪的父亲叫什么名字?

现在来讲一个关于记忆力谜题的小笑话。

一对头脑相当迟钝的夫妇到另一对夫妇家吃饭。吃完饭后,两位妻子离开餐桌,去了厨房。两个男人聊着天,一个说:"昨晚我们去了一家新餐馆,那里棒极了。我要向你大力推荐。"

"那家餐馆叫什么名字?"

第一个男人皱起眉头,然后说道:"你来帮我想想吧。人们给喜欢的人送一种红色的花,那花叫什么名字?"

"康乃馨?"

"不是,不是,不是这个。"

"罂粟花?"

"不是!那花是红色的,还带刺。"

"啊!是玫瑰吗?"

"对,对,就是这个。谢啦!"那个男人转身看向厨房,喊道,"玫瑰,昨晚我们去的那家餐馆叫什么名字来着?"

Q6 吉米·奥布莱恩和诺布林斯怪 第一级

A. 那个怪物有几只眼睛?
B. 那个怪物一共有几根手指?
C. 米拉的姐姐上的是哪一所学校?
D. 诺布林斯怪为什么很可笑?
E. 从米拉家怎么走才能到达海隆高中?

7 多彩词语 第一级

颜色是很难记住的。很多人都是色盲，但不能因此就回避这道题，因此我们给出了下列这组特殊颜色的名字。仔细观察20秒，然后翻到第10页。

提示：

人们通常会使用助记符号来记忆一系列事物。所谓助记符号，就是帮助记忆的字母串。举例来说，HOMES就是一个助记符号，可以有效地帮助人们记住一组壮观的美国地理风景胜地。你能猜到是什么吗？

8 我是谁？ 第一级

我们的大脑吸收了哪些信息，又选择忽略了哪些信息？细想这个问题，还真有意思。阅读如下线索，推断出这个经常出现在公众面前的名人是谁。你能在多短时间内得出这个名人的名字？是哪条关键信息让你得出了结论？或者说，是一系列你隐隐记得的事实组合在一起，让你得出了答案？

- 她1958年出生于密歇根州贝城。
- 她母亲在她5岁时去世了。
- 她发行的第一首单曲叫《每个人》。
- 她出生时名叫路易丝·西科尼。
- 她的专辑包括《床边故事》（1994年）和《光》（1998年）。
- 她在1985年嫁给了西恩·潘，这是她的第一次婚姻。
- 她还嫁给了英国电影导演盖·里奇。
- 2003年8月，她出版了第一部虚构文学作品《英国玫瑰》。
- 她的孩子们名叫罗科和罗德丝。
- 她在《贝隆夫人》中饰演女主角。

9 经典电影 第一级

你能在多短时间内记住关键细节？仔细观察这些经典影片的播放季列表，然后翻到第10页。

日期	影片	时间	
10 日	《乱世佳人》	2：30	5：50
10 日	《蒂凡尼的早餐》		1：05
11 日	《热情如火》		3：05
11 日	《相见恨晚》		2：40
19 日	《音乐之声》	4：15	
25 日	《惊魂记》	3：50	8：05
25 日	《相见恨晚》		2：30
30 日	《群鸟》	8：00	

答案见 178 页

10 发现差异 第一级

清楚记下事物的本来面貌绝非易事，即便它们就在眼前。仔细观察下面两张图画，它们共有六处不同，你能全部找出来吗？

11 记住数字 第一级

观察下面这列数字，然后翻到第10页。

54737539492

提示：

要想记住这列数字，你可以把它打散成几个部分（例如，5473 7539 492）。

12 泰坦尼克号的传奇故事 第一级

好故事通常也是极好的记忆练习材料，其叙事方式便于我们记住重要信息。仔细阅读下面的故事，然后翻到第10页。

你知道吗？

一位英国的世界记忆冠军曾经说过，他能够在比赛中正确无误地记下一列包含1140个数字的数列。

寻宝者布洛克·拉维特打算打捞一颗名贵钻石，因为它随着泰坦尼克号轮船一同沉入了大海。这颗钻石曾经是法国国王路易十六的收藏品。拉维特发现了一幅年轻女性的素描，她戴着镶嵌有该珠宝的项链。不久之后，这幅素描被公之于众，一位名为露丝·道森的老妇人声称自己就是素描中的女人。虽然她并不知道珠宝的下落，但是她告诉布洛克及其伙伴一段感人至深的传奇故事。

当年她还是一个生活苦闷的17岁富家小姐，正跟她的未婚夫卡尔·霍克莱一同坐船前往美国。她原本打算自杀以寻求解脱，却被一个来自三等舱的乘客杰克·道森及时阻止，而杰克的船票是从酒吧的赌博中赢来的。

之后两个人陷入了疯狂的热恋，直到“永不沉没”的泰坦尼克号撞上了冰山。露丝跳下了她的救生艇，发誓要跟杰克永不分离。当船完全沉没时，二人一同在冰冷的海水中挣扎。杰克不幸离世，但是露丝最终得救。为了永远铭记杰克，露丝以道森为姓，开始了新的生活。

13 亨利八世的待做事项　第一级

我们经常会列一张清单，提醒自己有哪些事情要做，要去哪些地方，或者要买哪些商品。仔细研究下面这张残缺的羊皮纸便签，我们可以从中窥得英国都铎王朝时期宫廷生活的一角，然后翻到第10页。

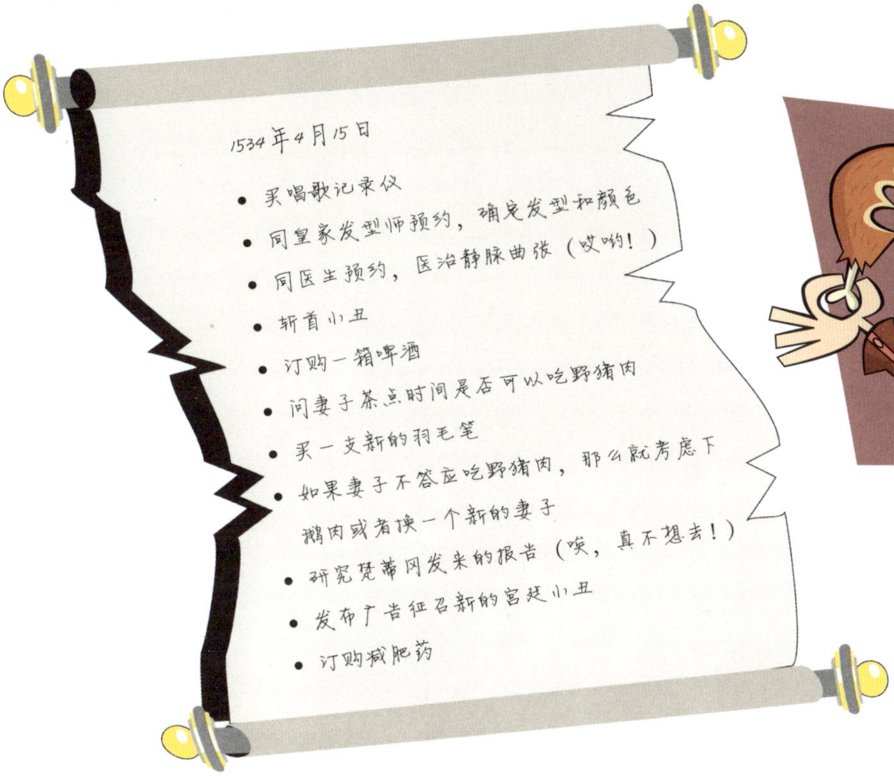

14 通有高速路的小岛　第一级

如果你经过路标之后记不清它的内容，那么这项挑战将助你脱离苦海。用十秒钟的时间观察下面通有高速路的小岛的路标，然后翻到第10页。

Q7 多彩词语 第一级

还记得第7页的颜色吗？如果你知道为什么那是一组特殊颜色，那么下面的问题就能迎刃而解了。

A. 哪种颜色排在首位？

B. 哪种颜色排在绿色之后？

C. 哪种颜色排在黄色之前？

D. 在自然界的什么现象中，你能够发现这组颜色，并且按照这个顺序排列？

Q9 经典电影 第一级

A.《惊魂记》哪一天上映？

B. 有几次机会可以观看《音乐之声》呢？

C.《群鸟》几点开始放映？

D. 如果你想要观看《热情如火》和《相见恨晚》，那么应该在哪一天观看《相见恨晚》呢？

E. 如果你想要观看《乱世佳人》和《蒂凡尼的早餐》，那么应该先看哪一部呢？

Q11 记住数字 第一级

A. 最后一个数字是多少？

B. 你能把所有数字按倒序写出来吗？

C. 仔细观察下面的数列：5473739492。跟原来的数列相比，哪个数字缺失了呢？

Q12 泰坦尼克号的传奇故事 第一级

A. 寻宝者叫什么名字？

B. 露丝的未婚夫是谁？

C. 泰坦尼克号沉没时，露丝的年龄是多大？

D. 关于失踪的珠宝，露丝说了些什么？

E. 年轻的道森是如何获得船票的？

Q13 亨利八世的待做事项 第一级

A. 亨利八世的待做事项的书写日期是何时？

B. 亨利八世想在茶点时间吃什么？

C. 从列表里可以看出，亨利八世不只是让妻子们抓狂，还有谁遭受着折磨呢？

D. 他十分渴望获得的是哪种音乐设备？

E. 他正在遭受何种健康问题的困扰呢？

Q14 通有高速路的小岛 第一级

A. 观察右侧的路标。如果你要去瓜瓦，应该选择哪一条路线呢？

B. 如果要去曼戈，又要选哪一条路线呢？

C. 如果要去班扬，还有多远呢？

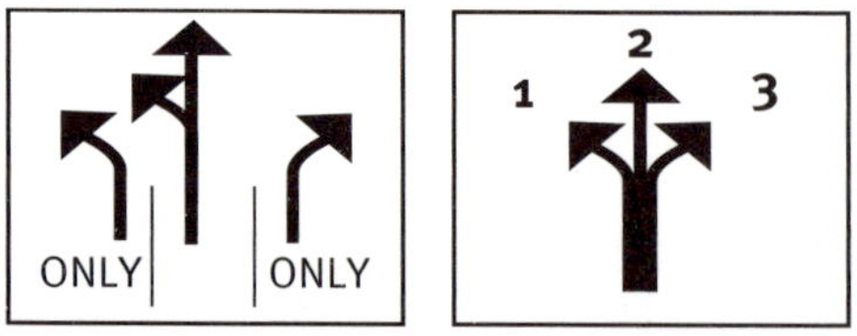

15 图画集合 第一级

如果各种散乱的事物能够得到有序的排列，那么它们就更容易记忆。有些特定的排列顺序非常自然，因此我们几乎靠直觉就能理解。仔细观察下面的图画，然后翻到第14页。

16 我是谁？ 第一级

历史名人通常会因为公众原因而被人记住，而并非出于个人原因。牢记这一点，看看你能够在多短时间内确定右边所描述的人物是谁。

- 1809年2月12日，他在肯塔基出生了。
- 他的父亲是木工和农民。
- 1818年，他的母亲南希因“乳毒病”离世。
- 他有四个孩子，分别是罗伯特、爱德华、威廉和托马斯。
- 从1842年起，他的妻子是玛丽·托德。
- 他身高将近六英尺四英寸。
- 1858年6月16日，他发表了名为“分裂之家”的著名演说。
- 1860年11月，他当选美国第16任总统。
- 内战期间，他一直担任总统一职。
- 他是美国历史上第一位遭到刺杀的总统。

17 对话 第一级

阅读下面两位正在购物的男士之间的谈话，然后回答第14页的问题。

“我对自己的新牛仔裤非常满意。”当他们离开戴尼姆商店时，保罗说道。

“确实不错，很高兴你没选黑色，而是选了深蓝色，”克里斯答道，“这个颜色跟你在布罗德街买的毛衣很搭。”

“是的。”保罗说，“但是你呢？你只是在百货商店买了一件破T恤啊！”

“那件衣服正是当下的潮流！”克里斯大声抗议道。“我们来这里看看。”经过珠宝店时，克里斯提议道，“我早就需要一款新的手表了，你也可以把那件想送给克劳迪亚的礼物买下来。”

10分钟后：

“我还是觉得你应该买那块金表！”当克里斯把新的银表戴在手腕上时，保罗说道，“金表看起来更耐用。”

“瞎说！”克里斯反驳道，“你还知道别的理由吗？让我看看你给克劳迪亚买了什么礼物吧。”

保罗小心翼翼地取出了一条镶钻的项链和配套的耳环，这可是送给妻子的礼物。“不错，”克里斯夸赞道，“你的品位确实比我好多了。我们接下来要去什么地方呢？”

“咖啡店。”保罗建议道，“逛了这么久，我实在是累坏了！”

答案见178页

18 图形的顺序 第一级

单个的抽象图形并不难记忆，但如果是一组图形，就十分棘手了。仔细观察下面的图形，然后翻到第14页。

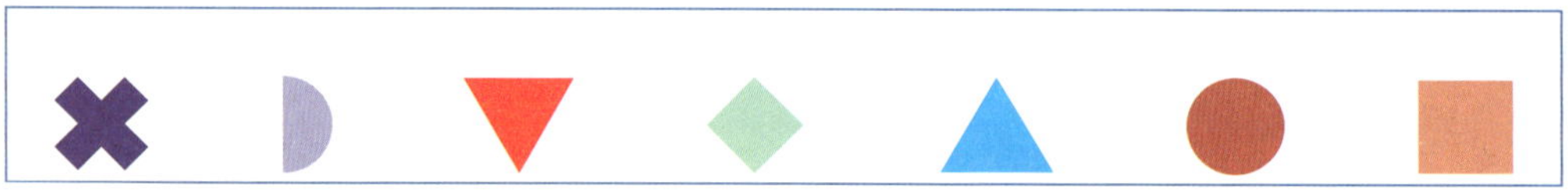

19 谁是罪魁祸首？ 第一级

侦探故事里有许多琐碎的细节，要想找到线索，你必须用心留意每一个细节。阅读下面的故事，然后翻到第14页。

“简直无法相信，竟然有人偷了我的午餐！”艾略特一边大叫道，一边在冰箱里寻找，“这是我最好的午餐了——意面沙拉、蓝莓和一根巧克力棒！”

“不是我，伙计。”吃着三明治的纳吉尔说道，“索尼娅吃了一根巧克力棒，她之前一直说要节食。”

“原来如此！”艾略特说道，于是他走到对面的房间，“索尼娅，是你偷吃了我的午餐吗？”

“冤枉啊！我刚刚熬过节食，只是想吃点不健康食品犒劳下自己！”

艾略特决定放过她，于是继续他的调查。“托马斯，你看见我的午餐了吗？”

“没有，伙计，”托马斯答道，“我也没吃午餐呢。我忘记准备了。米洛让我尝了一下他的意面沙拉，棒极了。”

“好的，谢谢告知。”艾略特说道。真相大白了，米洛的桌子上放着艾略特午餐的残渣，还有一个塑料托盘和两个废弃的袋子。“你吃了我的午餐！”看到米洛走了进来，艾略特大叫道。

“是吗？”米洛疑惑地说道，“我一定是搞错了！实在对不起。如果你愿意，你可以吃我的午餐。”

艾略特在冰箱的角落里发现了米洛的午餐——一个蓝色的盒子里装着一个挤坏的苹果和一份变了味的芝士三明治。

20 “幸运小鸭”射击游戏 第一级

仔细观察下面的幸运小鸭侧面图画，然后翻到第14页。

牢记于心

第二级

第二级——现在你应该更加自信了，接下来我们会提高难度！

谜题 21~41

21 吉姆的游戏 第二级

用30秒钟的时间观察下面的物品，然后翻到第14页。尝试采用更加简单的方法对这些物品进行分类，以便帮助你更好地记忆信息，并顺利地回答问题。

22 词语之间的联系 第二级

这些词语可以组合成新的词组，这样更加便于记忆。为词语找到合适的搭配，然后翻到第14页。

CASE（箱子） HOUSE（房子） BOOK（书） STORM（风暴） TREE（树）

FOOT（脚） NAP（打盹） SAND（沙子） BALL（球） KIN（亲戚）

Q15 图画集合 第一级

A. 下面遗漏了第一排的哪个物品：狗、鳄鱼、奶牛？

B. 下面遗漏了第二排的哪个物品：女孩、猫王、旗子？

C. 按照原来的顺序把两排物品写下来。

Q17 对话 第一级

A. 保罗的牛仔裤是什么颜色的？

B. 他的牛仔裤是在哪里买的？

C. 克劳迪亚是谁？

D. 克里斯在珠宝店里买了什么？

Q18 图形的顺序 第一级

A. 下面的图形中有两个不属于原来的组合，是哪两个呢？

✖ ★ ◗ ✱ ▼ ●

B. 下面的哪两个图形跟原来的位置不符呢？

✖ ◗ ▲ ◆ ▼ ● ■

Q19 谁是罪魁祸首？ 第一级

A. 艾略特的午餐都有什么？

B. 谁在吃三明治？

C. 索尼娅是如何替自己免罪的？

D. 为何罪魁祸首的辩解不可信？

Q20 “幸运小鸭”射击游戏 第一级

A. 哪只鸭子被射中的次数最少？

B. 从左边数第二只鸭子是什么颜色？

C. 这些鸭子的嘴巴总共有多少种颜色？

D. 蓝色鸭子的嘴巴是什么颜色？

Q21 吉姆的游戏 第二级

A. 有多少种物品不是活物？

B. 图片中有多少只哺乳动物？

C. 图片中有三种用来传递信息的物品，说出它们的名字。

D. 图片中有多少种动物少于四条腿？

E. 其中大多数动物都是宠物或者家畜，但有一个例外，是哪种动物呢？

Q22 词语之间的联系 第二级

右边的问题同单个的词语有关。如果你能够找到词语之间的联系，那么所有问题都将迎刃而解。

A. 哪个词语能够跟 green（绿色）、dog（狗）和 full（充满）这三个词搭配？

B. 哪个词语能够跟 note（笔记）、suit（西装）和 stair（楼梯）这三个词搭配？

C. 哪个词语能够跟 20 世纪 70 年代的一支流行乐队和一套分体式泳衣联系起来？

D. 哪个词语经常出现在纽约的金融大道中？

23 佩尔曼式记忆训练 第二级

记住物体的准确位置确实需要特殊技巧。仔细观察下面的每一对颜色方块，然后翻到第18页。

24 乐队排练 第二级

下面这张便条是音乐老师诺德小姐所留。你只有一次阅读机会，然后翻到第18页，完成跟诺德小姐的对话。

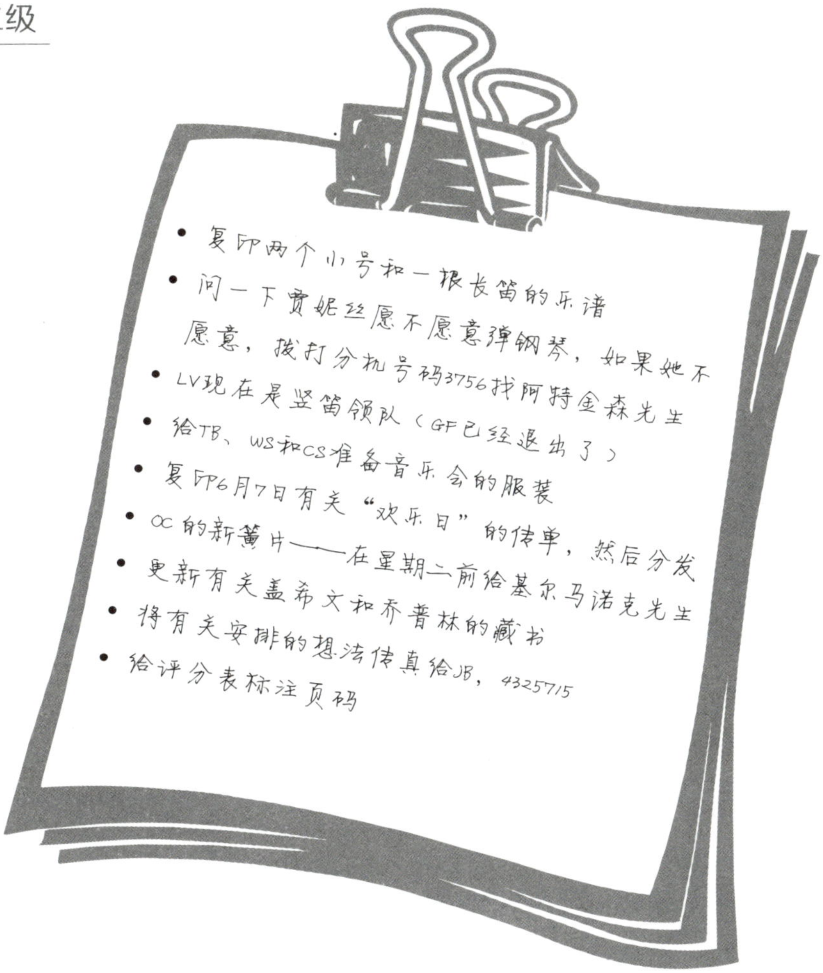

提示：

因为你只有一次阅读机会，所以要慢慢读，仔细思考每一个词语。这会帮助你集中精力，而这正是记忆训练的关键。

25 犯罪狂人 第二级

仔细观察下面的图画，这些卑鄙的恶人正在从事犯罪活动，尤其注意他们的穿着。然后翻到第18页。

26 纪念碑 第二级

这是考验你某方面知识的绝佳时机。你需要多少信息，才能推断出这是哪座纪念碑呢？当你确定答案时，翻到第18页。

- 该纪念碑高305英尺1英寸，或者说是92.99米。
- 它是由著名雕塑家弗雷德里克·奥古斯特·巴托尔迪设计的。
- 它由一艘名为“伊塞雷”的护卫舰运送到如今的位置。
- 1984年，它被联合国列为世界遗产。
- 它是一件来自法国的礼物。
- 它在1886年10月28日正式揭幕面世，在1924年10月15日成为国家纪念碑。
- 它内部有354级阶梯。
- 它所在的地点原名为贝德罗岛。
- 它俯瞰整个纽约港。

27 购物清单 第二级

仔细阅读下面这张由莎士比亚书写的购物清单。试着记下所有的条目，然后翻到第18页。

羽毛笔修理工具
墨水
纸张
紧身衣
苹果
戏票
人造血液
每周娱乐评论
匕首

提示：

将每一个条目跟一幅生动的图画联系起来。例如，要记住羽毛笔修理工具，就联想一根折断的羽毛笔。

你知道吗？

你的大脑能够容纳一万张图片，你可以利用这个图片数据库跟需要记忆的事物建立联系。

28 姓名游戏 第二级

你擅长记忆人的名字和面孔吗？仔细观察下方形态各异的人物和他们十分常见的名字，然后翻到第18页。

提示：

尽量将每个人物的特征与其姓名联系起来。例如，彼得·戴维斯戴着波点领带——你可以给他起一个“波点”的绰号，以帮助你记忆。

彼得·戴维斯

史蒂夫·琼斯

莎拉·布兰德

约翰·史密斯

朱莉·柯由

戴维·布莱恩

答案见179页

Q23 佩尔曼式记忆训练　第二级

右图中，每一对颜色方块都少了一个，你能把缺失的颜色方块补全吗？

Q24 乐队排练　第二级

诺德小姐给你打电话询问便条的事情。显然，她不小心把便条弄丢了，想让你告诉她上面写了些什么。但不幸的是，你也把便条弄丢了。尽力回答她的问题吧。

A. 贾妮丝不愿意演奏钢琴，因此我要打电话给阿特金森先生。你能告诉我他的分机号码吗？

B. 我要处理评分表，你能告诉我具体要怎么做吗？

C. 我记得要给基尔马诺克先生某样物品，却记不清时间和具体物品了。你能帮我解决这个难题吗？

D. 我想要将有关安排的想法传真给JB，但是出了点问题。我要拨通的号码是4325175，对吗？

E. 你能告诉我“欢乐日”在哪一天吗？

Q25 犯罪狂人　第二级

你能从下面的人群里辨认出那四个罪犯吗？

Q26 纪念碑　第二级

或许你已经推断出这座纪念碑就是自由女神像了，但是你还记得以下要点吗？

A. 它有多高，多少英尺外加多少英寸？

B. 它是哪个国家捐赠的呢？

C. 纪念碑内部有多少级阶梯？

D. 将纪念碑运送至当今地点的护卫舰叫什么名字？

E. 它所在地点的原名是什么？

F. 你还记得纪念碑设计者的全名吗？

Q27 购物清单　第二级

莎士比亚的购物清单上共有九个物品。你还记得多少呢？

Q28 姓名游戏　第二级

写出下图的每个人物的姓名。

29 家谱　第二级

如果你成功地解决了第一级的谜题，就会知道如何解读一份家谱了。诺顿一家刚买了一条名为基尼的小狗，下面的家谱显示了基尼的家族情况，其中名字用粗体字表示的成员都有不太严重的遗传性听力障碍。请回答第24页的问题。

- **菲利克斯** / 吉玛
  - **巴布思**
    - **邦尼**
    - 吉克斯 —— **基尼**
    - **亚瑟**
  - **乔克利特**
  - 林顿
  - **萨迪**
    - 马尔斯
    - **尼克松**
    - 斯维顿
    - 泰伦特
    - 闪迪
    - **贝拉**

30 发现差异　第二级

你记忆细节的能力有多强？你能从下面的两张图中找到六个不同之处吗？

31 号码金字塔 第二级

即使是不擅长记忆数字的人，也应该尝试一下该游戏。目标是记住一个11位数的电话号码。这看起来有些困难，但是借助简单的视觉技巧，就是小菜一碟了。从金字塔顶端开始，慢慢向下浏览，时间不要超过一分钟。然后翻到第24页，看看你能不能完成任务。

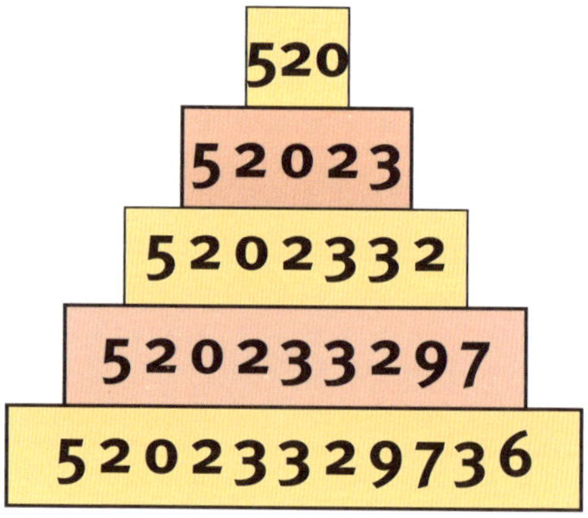

32 公寓 第二级

想象自己是一位急于出手房产的房地产经纪人。下班后，你突然接到一位客户的电话，她想要询问一下最近看过的一套公寓的信息。你从没有去过那里，但看过设计草图。花两分钟时间仔细观察右边的草图，然后翻到第24页回答问题。

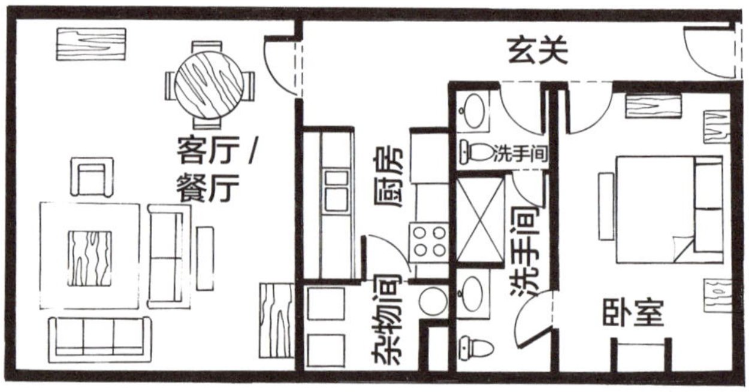

33 芝加哥 第二级

你可能熟悉下面这个故事。留心其中的细节，然后翻到第24页。

洛克茜·哈特在芝加哥一家20世纪20年代的爵士俱乐部中过了一夜，希望能够感受她的偶像韦玛·凯利一般的生活，好好放松一回。

洛克茜跟弗雷德·卡斯拉有过一段恋情。当发现弗雷德在她启动演艺事业事件中说谎时，洛克茜一气之下将其杀害，然后进了监狱。在监狱里，她认识了高冷的韦玛·凯利，后者发现自己的丈夫和妹妹的私情后，将两人杀害，并为此坐了牢。

“妈妈”莫顿是监狱的女看守，在她的帮助下，洛克茜争取到了让口齿伶俐的比利·福林给自己做代理律师的机会。福林从洛克茜忠实的丈夫阿莫斯处收到3000美元后，为洛克茜塑造了一副无辜、柔弱的形象。她很快一举成名，而与此形成鲜明对比的是，韦玛则惨遭媒体遗忘。

韦玛向洛克茜求助，但是洛克茜并不想同她共享声名。然而，富有的凯蒂因为数项谋杀指控进了监狱后，迅速成了媒体的新宠儿，因此洛克茜的地位变得岌岌可危。为了重新吸引媒体的注意力，她哗众取宠，谎称自己怀孕了。

最终，经过一番暗中较量，两个女人摆脱了困境。遗憾的是，媒体早就对她们丧失了兴趣。韦玛和洛克茜意识到，只有同舟共济，才能够走得更远。一项新的计划开始了！

34 手提包内之物　第二级

仔细查看玛丽莲·梦露的手提包，里面有形形色色的物品。认真思考这些物品，然后翻到第 24 页。

手套，浅粉色
睫毛膏，黑色
染发剂，金黄色
梳子，黑色
地址簿，粉色
钻石头饰
金表
镜子，镶有绿边
太阳镜，镶有粉边
紧身裤，肤色
围巾，绿色
钱包，黑色
唇膏，猩红色

提示：

利用颜色进行分类记忆。

35 消极记忆　第二级

要记住一大组物品非常困难，但如果单个加以识别，则很容易判断该物品是否为原集合的一部分。你可以试一下。仔细观察下面的物品，然后翻到第24页。

36 匹配序列　　第二级

用两分钟时间仔细观察下面的两个序列，然后翻到第24页回答问题。

A

B

37 交换生　　第二级

下面是一张交换生的时间表，这是他初次到伦敦。仔细观察该表，然后回答第24页的问题，中途不要回看。

星期一	星期二	星期三	星期四	星期五
上午10：30到达希思罗机场 同寄宿家庭见面 在海德公园野餐 在唐人街吃晚餐	杜莎夫人蜡像馆 伦敦眼 吃晚餐和观看伦敦西区表演	大本钟 威斯敏斯特大教堂 在圣詹姆斯公园吃午饭 英国议会大厦之旅 观看巨幕电影	在牛津街和邦德街购物 考文特花园 白金汉宫 摄政公园露天剧场	大英博物馆 在皇家阿尔伯特音乐厅观看音乐会 **星期六** 泰特现代美术馆 足球赛

38 文字游戏　　第二级

仔细观察下面的每个童话角色的名字，然后尝试在第24页将这些角色的名字和排列方式再现。

青　蛙　　兔　　公主

狗　　子　　鸡

乌龟

王子　　狐狸　　苹果

提示：

为了最快、最有效地记住这些信息，你可以自己编造一些情节（任何内容都可以，不需要合乎逻辑），把它们联系起来。

39 战舰游戏 第二级

战舰游戏的规则十分简单。你和对手将同样规格的战舰秘密置于网格中，然后轮流向对方的战舰开火。如果游戏一方能够指出藏有对方战舰的方格，就视为命中战舰，该方格中的战舰等同于沉没。首先将对方的所有战舰击沉的人获胜。

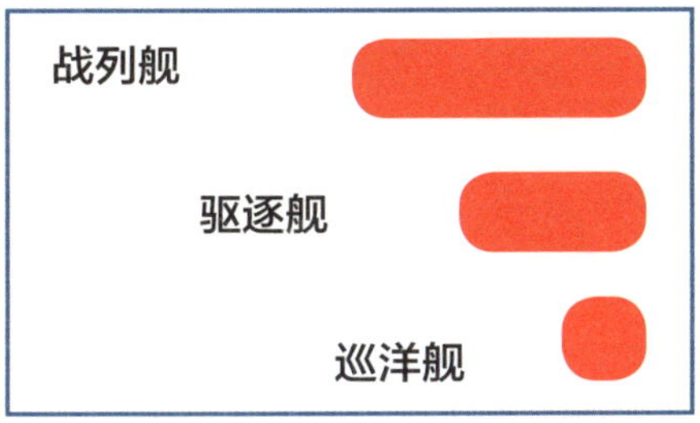

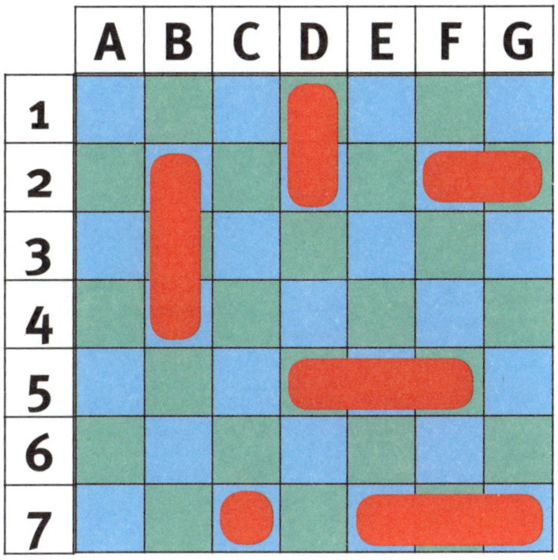

仔细研究每种战舰的组成，然后翻到第26页。

40 验证身份 第二级

仔细观察下面形态各异的头像，然后翻到第26页。你将会看到一组类似的头像，但其中只有一个头像是完全相同的。你的任务就是找到那个相同的头像，所以要留心了。

41 困惑的巴德 第二级

莎士比亚的某些作品的来源并不像我们想象的那么可靠。因为提示台词者的疏漏，或者在表演过程中被剽窃者抄袭，剧本常常错误百出。因此，将正确的文本修订出来就成了专家的重要工作。仔细阅读右边的台词，然后翻到第26页，阅读另外一个版本，并回答问题。

朋友们，罗马人，同胞们，请仔细聆听，
我为埋葬恺撒而来，而不是为赞美他。
人们所为邪恶之事在其死后仍旧存在，
而其所为之善事则随其埋葬，
那么就让恺撒同样如此吧。
高尚的布鲁图早已告诉我们恺撒的野心，
如果真是如此，那真是个严重的错误；
而且恺撒已经对此做了痛苦的回应。

Q29 家谱　第二级

A. 第二代中，哪些狗有听力障碍？

B. 第二代中，哪两只狗做了父母？

C. 萨迪的孩子中，哪些有听力障碍？

Q31 号码金字塔　第二级

你能把每一层的数字都还原吗？

Q32 公寓　第二级

买家问了许多关于公寓的问题，你能够正确回答吗？

A. 哪个房间直接通向厨房？

B. 从玄关可以直接进入两个房间。是哪两个房间呢？

C. 进入玄关后，一眼就看到哪个房间的门？

D. 跟其他房间相比，两个洗手间的长度是多少呢？

Q33 芝加哥　第二级

A. 洛克茜 · 哈特在哪里过了一夜？

B. 洛克茜跟谁有过一段恋情？

C. 韦玛入狱的原因是什么？

D. 帮助洛克茜出名的律师叫什么名字？他为什么会帮她呢？

E. 谁威胁了洛克茜受欢迎的地位？

Q34 手提包内之物　第二级

A. 紧身裤是什么颜色？

B. 有多少物品是粉色的？

C. 唇膏是什么颜色？

D. 有多少物品是黑色的？

Q35 消极记忆　第二级

同原来的组合相比，少了哪些物品？又有哪些物品是新的？

Q36 匹配序列　第二级

下面哪一个是序列A？

下面哪一个是逆序的序列B？

Q37 交换生　第二级

A. 他是哪一天去参观大英博物馆的？

B. 星期六参观完泰特现代美术馆后，他又去了哪里？

C. 他是在何时何地购物的？

D. 他到达的机场叫什么名字？

E. 他是在哪一天观看伦敦西区表演的？

Q38 文字游戏　第二级

还原方框中的文字和排列方式。

牢记于心

第三级

到了第三级，同一开始相比，你的记忆力肯定已经有了质的提升。

谜题 42~60

42 序列挑战　第三级

仔细观察下面的图片，然后翻到第26页。

43 体育明星　第三级

仔细阅读右侧的信息，了解名人和他们擅长的体育运动，然后翻到第26页，回答一些具有挑战性的问题。

提示：

尤其要注意那些你不喜欢的名人，因为你会发现这些人的相关信息更难记忆。

汤米·李·琼斯	马球
切维·切斯	网球
保罗·纽曼	赛车
理查德·吉尔	体操
基努·里维斯	冰球
阿诺德·施瓦辛格	举重
比尔·科斯比	美式橄榄球
柯克·道格拉斯	摔跤
比利·克里斯托	棒球
米基·洛克	拳击
汤姆·克鲁斯	摔跤
彼得·奥图	英式橄榄球
胡里奥·伊格莱西亚斯	足球
连姆·尼森	拳击
沃伦·比蒂	美式橄榄球

44 校园回忆　第三级

想象你穿越回了高中时期。这是开学的第一个星期，你想要给所有老师留下一个好印象。按时上课是个不错的开头，仔细观察下面的课程表，然后翻到第26页。

	星期一	星期二	星期三	星期四	星期五
9：00	法语	物理	地理	地理	历史
9：45	西班牙语	化学	数学	戏剧	音乐
10：30	**课间休息**	**课间休息**	**课间休息**	**课间休息**	**课间休息**
11：00	历史	生物	数学	戏剧	化学
11：45	历史	数学	西班牙语	西班牙语	物理
12：30	**志愿者服务工作**	**课间休息**	**课间休息**	**课间休息**	**钢琴课**
2：00	物理	音乐	法语	法语	生物
2：45	地理	音乐	化学	生物	戏剧

答案见180页

Q39 战舰游戏　第二级

这些问题都遵循战舰游戏的规则。

A. C7是命中了还是打偏了？

B. 你能在右边的方格中将战列舰的位置标出来吗？

C. D2命中了一艘驱逐舰。该战舰的另一部分在哪个方格中，D1还是E2？

D. 如果你能准确无误地将所有战舰的位置标出来，那就立即动手吧！

	A	B	C	D	E	F	G
1							
2							
3							
4							
5							
6							
7							

Q40 验证身份　第二级

下面的哪个头像跟第23页的头像完全相同？

Q41 困惑的巴德　第二级

阅读下面这个不可靠的版本。你能够在不回看的前提下找出所有错误吗？

朋友们，罗马人，同胞们，请仔细恐惧，
我为埋葬恺撒而来，而不是为养育他。
人们所为邪恶之事在其死后仍旧存在，
而其所为之食物则随其埋葬，
那么就跟恺撒一起吧。
新奇的布鲁图早已告诉我们恺撒拥有灵巧的双手，
如果真是如此，那真是个严肃的错误；
而且恺撒已经对此做了严肃的回应。

Q42 序列挑战　第三级

A. 大提琴旁边有蝴蝶结吗？

B. 婴儿在第几排？

C. 大提琴下方是什么物品？

D. 纽扣在第几排？

E. 蝴蝶上方是什么物品？

Q43 体育明星　第三级

A. 擅长拳击的是哪两位名人？

B. 哪两位名人钟情于美式橄榄球？

C. 谁的爱好对汽车有要求？

D. 理查德 · 吉尔的爱好是什么？

E. 柯克 · 道格拉斯和汤姆 · 克鲁斯有同样的爱好。具体是什么项目呢？

Q44 校园回忆　第三级

你不幸遗失了刚刚得到的课程表。这可不是个好征兆啊！你还记得多少信息呢？

A. 星期二上午课间休息后，你要上生物课，之后还要上什么课呢？

B. 钢琴课在哪一天？

C. 每个星期有两天要上历史课，是哪两天呢？

D. 哪一天要上两节音乐课？

E. 只有两门课横跨一个课间休息，是哪两门呢？

F. 星期四11：45时，你应该在上哪门课呢？

45 楼房号码　　第三级

当图片并不符合预期的排列顺序时，我们对细节的记忆会变得更加困难。仔细观察右侧编过号码的房子，它们分别由以下这些家庭居住：

7 史密斯
12 琼斯
19 戴维斯
33 马多克斯
43 卡尔弗
76 考克斯

现在翻到第30页。

提示：

无规律可循的数字会让我们更难记忆位置信息，要想清楚记下住户信息，我们要克服这种刻意制造的干扰因素。

46 聚会人士　　第三级

你参加了一场聚会，并且收集了许多人士的有用信息，记在了一些便条上。下面是你做的笔记，阅读后翻到第30页。

47 餐桌服务　　第三级

你刚刚得到一份在饭店做侍应生的工作。在第一次帮助顾客点餐的时候，你手中的笔坏了。为了不耽误顾客用餐，你决定在心里记下他们的点餐内容。为了方便记忆，你给桌上的每位顾客编了号。下面就是你记忆点餐内容的方式，仔细阅读，然后翻到第30页。

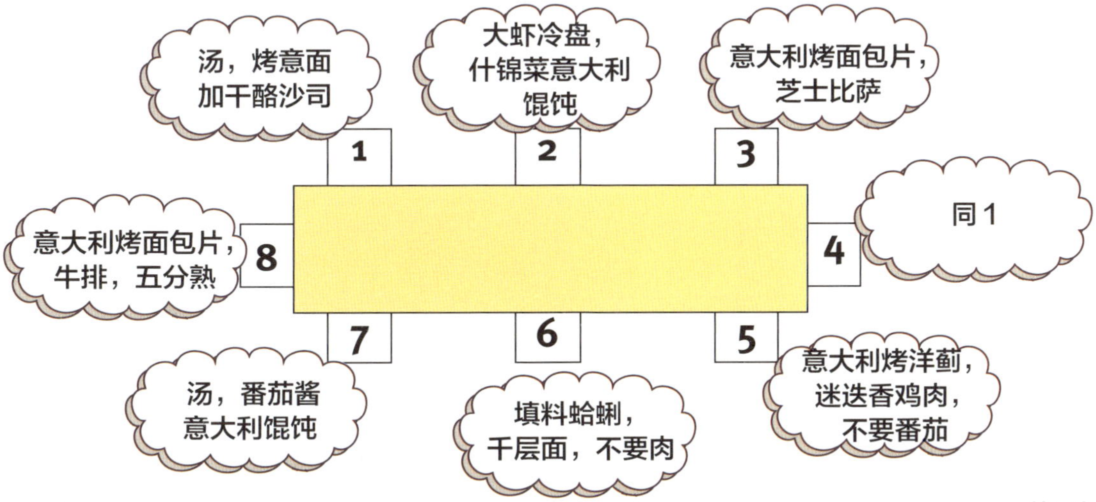

48 图形大碰撞 第三级

仔细观察右侧图形的排列，然后翻到第30页。

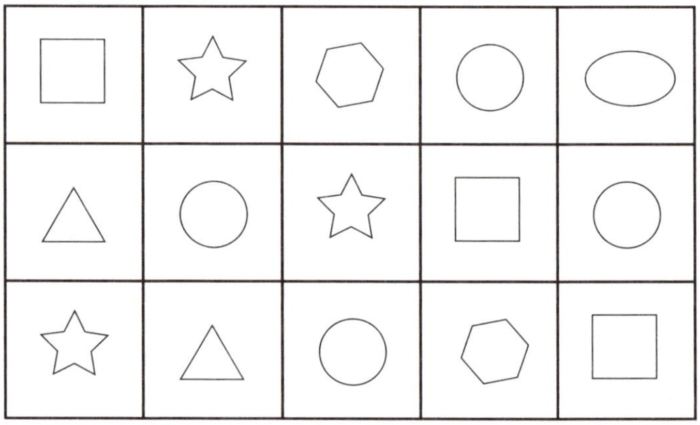

49 成双成对 第三级

右边的词语都是一个词组的一部分。找到完整的词组，然后翻到第30页。

CALL（号召）	PEN（钢笔）
CLOCK（时钟）	PIECE（纸片）
CURTAIN（窗帘）	POLE（杆子）
HAIR（头发）	POSITION（职位）
HOLE（洞穴）	ROPE（绳子）
HORN（角）	SHOE（鞋子）
MAN（人）	TIGHT（紧）
PAL（伙伴）	TOWER（塔）

提示：

该谜题表明了寻找联系的重要性。没有任何规划，想要记住这16个词语是相当困难的。一旦发现了成对的词语，该谜题就会变得相当简单。

50 对话 第三级

通读两遍下面的对话，然后翻到第30页回答问题，中途不要回看。

“所以，今天晚上你们打算如何回家？”曲棍球训练后，教练问。

“我母亲要用她的新车来接我！”凯蒂吹嘘道。

“至少我有属于自己的车。”皮特一边在口袋里摸索钥匙，一边回应。

“你们两个就此打住吧。”凯蒂刚要张嘴回击，教练打断了他们，“你们角落里的三个人怎么打算的？”

“啊，我们跟平常一样，还是坐火车。”索菲、罗茜和米莉异口同声地说。

“如果公交车来得太晚的话，我也坐火车走。”艾利克斯说，“你也要一起吗，乔？”

“不，我忘了带钱。”他嘟囔道，“真倒霉，只能走回去了。”

“好吧，我看到詹姆斯骑摩托车回家了。”瞥了一眼那道快速闪过的身影，教练说，“那就剩下你自己了，西蒙。你怎么回去啊？”

“我坐出租车就好了。”西蒙回复道，“谢谢关心，教练！”

“好的，再见！下个星期见！”离开时，运动员们互相告别。

51 六只盲鼠　第三级

借着这道简单的题放松一下大脑吧，该题考察你记忆图像细节的能力。找出六幅图中与众不同的那一幅。

a

b

c

d

e

f

52 我是谁？　第三级

仔细研究右边的线索。你绝对认识这个人，是什么信息阻碍了你的记忆呢？或许，你可以通过关联猜出这个人的身份；也就是说，通过寻找线索之间的联系，你推测出了答案？你是到了哪一步猜出其身份的呢？

- 1918年7月18日，这个人出生在一个名为库努的小村子里。
- 他有个名叫津齐的女儿。
- 1942年，他加入了非洲人国民大会。
- 因躲避警察搜捕的能力出众，他有个“黑色繁笺花”的绰号。
- 1961年，非国大军事组织“民族之矛”成立，他任总司令。
- 他和奥利弗·坦博一同成立了南非第一家黑人律师事务所。
- 他曾被判处终身监禁，关押在罗本岛监狱。
- 1991年，他当选为非国大主席。
- 1994年5月至1999年6月，他一直担任总统，也是南非第一位民选总统。

53 搞笑赝品　第三级

绘画大师范艾克创作了12幅画作，要在一家新的美术馆展览。仔细观察所有的画作，然后翻到第30页。

Q45 楼房号码　　第三级

该谜题不仅考验你记忆数字和名字的能力，而且需要你具备较强的空间记忆能力。

A. 住在33号楼的是哪户人家？

B. 哪户人家住在史密斯家旁边（正西边）？

C. 12号楼在19号楼的南边还是北边？

D. 76号楼正南边住的是哪户人家？

E. 卡尔弗一家（43号楼）住在琼斯一家的南边还是北边？

Q46 聚会人士　　第三级

回到家后，你突然发现便条丢了，但是你还记得大多数细节！下面是你重新书写的便条。有什么缺失信息吗？或是错误信息？如果有的话，你能够加以完善和修改吗？

Q47 餐桌服务　　第三级

A. 多少人点了汤？

B. 哪位顾客点了蛤蜊？

C. 顾客的牛排要几分熟？

D. 多少人点了意大利烤面包片？

E. 5号顾客的点餐有什么特殊要求吗？

F. 多少人点了烤意面加干酪沙司？

Q48 图形大碰撞　　第三级

你能把下面的图形补充完整吗？

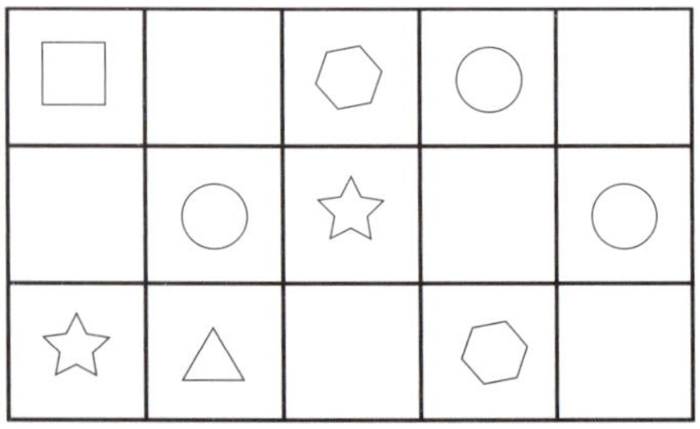

Q49 成双成对　　第三级

列表中的哪两个词语可以组合在一起，与下面各项对应？

A. 远方的朋友

B. 马戏团杂技演员的绳子

C. 安装着计时器的高耸建筑

D. 跑道上的第一道次

E. 假发

F. 舞台上的叫喊

G. 一个安装装置

H. 街上的维修口

Q50 对话　　第三级

A. 在回家之前，他们在进行什么活动？

B. 哪三个运动员会坐汽车回家？

C. 罗茜如何回家？

D. 在何种情况下，艾利克斯会坐火车回家？

E. 为什么乔不得不走回家？

F. 西蒙如何回家？

G. 运动员和教练什么时候再次见面呢？

Q53 搞笑赝品　　第三级

在运往美术馆的路上，范艾克的几幅画作遭窃，并且代之以赝品。下图中的12个人都认为自己买到了范艾克大师的真品，但实际上只有7幅是真品。你能认出其中的5幅赝品吗？

54 家谱 第三级

在三分钟时间内，仔细研究美国著名内战领袖罗伯特·爱德华·李的家谱。你能够在不回看的前提下，回答第33页的所有问题吗？

- 罗伯特·爱德华·李 1807~1870 年
  - 亨利·“轻骑兵哈利”·李 1756~1818 年
    - 亨利·李 1729~1787 年
      - 亨利·李 1691~1747 年
      - 玛丽·布兰德 1704~1764 年
    - 露西·格里姆斯 1734~1792 年
      - 查尔斯·格里姆斯
      - 弗朗斯·詹宁斯
  - 安妮·希尔·卡特 1773~1829 年
    - 查尔斯·卡特 1736~1806 年
      - 约翰·卡特
      - 伊丽莎白·希尔
    - 安妮·巴特勒·摩尔
      - 伯纳德·摩尔
      - 安妮·克瑟琳·斯波茨伍德

55 发现差异 第三级

在两分钟时间内，仔细观察右侧的穴居人图片，然后翻到第33页。

56 谁是厄内斯特 第三级

阅读下面这个不可思议的故事，然后翻到第33页。

杰克·沃辛是一个时髦的小伙子，他跟自己的监护人塞西莉·卡迪尤一起住在乡下。杰克给自己杜撰了一个名为厄内斯特的放荡兄弟，并以此为借口，经常去伦敦。在这些旅行中，他主要是跟自己的情人格温德伦·费尔法克斯在一起共度美好时光，后者是其朋友阿尔杰农·蒙克里夫的表妹。格温德伦以为杰克的名字是厄内斯特，他们坠入爱河并订下终身。她的母亲布拉克内尔女士反对两人的结合，因为杰克小时候是个弃婴，人们是在维多利亚车站的一个手提包里发现他的。

因为已经订了婚，杰克决定抛弃凭空捏造的兄弟，然后将兄弟的“死讯”告知乡下的塞西莉。与此同时，阿尔杰农为了取悦塞西莉，一直假扮杰克凭空捏造的兄弟，而后者早已经成了塞西莉暗恋的对象。两人相遇之后，迅速坠入爱河，并订下终身。但是，格温德伦造访乡下时，碰到了离奇的事情，因为两个女孩都认为自己同厄内斯特订了婚，出于嫉妒，她们成了敌人。

杰克和阿尔杰农来到乡下后，他们的真名都被公之于众——这让格温德伦和塞西莉异常失望，因为她们都曾幻想要嫁给一个名为厄内斯特的小伙子。随后人们发现，原来杰克就是布拉克内尔女士的侄子，他在遭到抛弃之前的名字就是厄内斯特，而阿尔杰农实际上正是他的兄弟。两对情侣终成眷属。

57 匹配序列

第三级

仔细观察图片30秒钟，然后翻到第33页。

58 战舰游戏

第三级

战舰游戏的规则已经在第23页做过解释。在本题中，你需要做的是研究舰队的位置，然后翻到第33页。

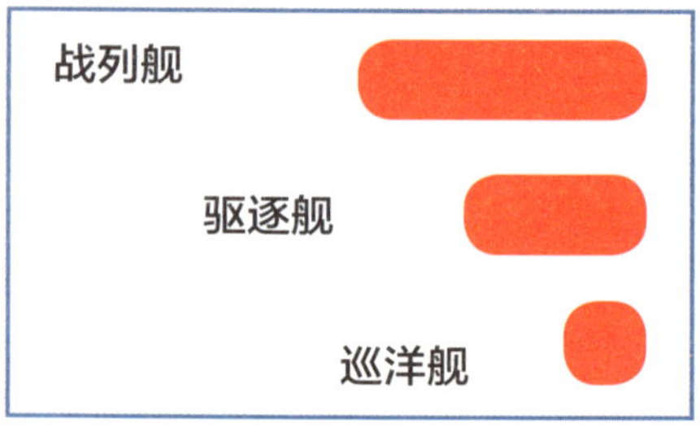

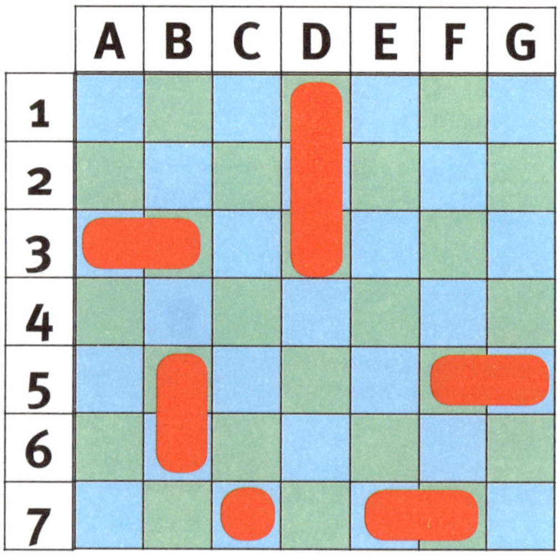

59 图画序列

第三级

仔细观察下面的图画序列，然后翻到第33页。

60 酒保

第三级

你在一家繁忙的酒吧找到了一份工作。有两个人来点饮料，他们几乎同时开口。你能记住多少呢？

Q54 家谱　第三级

A. 弗朗斯·詹宁斯的女儿是何时出生的？
B. 安妮·希尔·卡特的父母是谁？
C. 家谱里有多少人名为亨利·李？
D. 罗伯特·爱德华·李是何时出生的？
E. 查尔斯·卡特的父母的姓名是什么？
F. 最年长的亨利·李是何时出生的？

Q55 发现差异　第三级

右图同第31页的原图相比，有何差异？

Q56 谁是厄内斯特　第三级

检验一下你对这个不可思议的故事有多少了解吧。

A. 塞西莉住在哪儿？
B. 杰克频繁地前往伦敦，他的借口是什么？
C. 阿尔杰农和格温德伦是什么关系？
D. 格温德伦母亲的姓名是什么？
E. 婴儿时期的杰克在何地被发现？
F. 阿尔杰农为何冒充凭空捏造的厄内斯特？
G. 在得知各自未婚夫的真名后，格温德伦和塞西莉为何异常失望呢？
H. 关于阿尔杰农和杰克的关系，我们最终了解到什么信息？

Q57 匹配序列　第三级

A. 铅笔在第几排？
B. 马克杯是红色蓝条纹还是蓝色红条纹？
C. 烟斗在第几列？
D. 礼物的左边是哪个物品？
E. 钱包上方是什么物品？
F. 口红有没有盖盖子？
G. 瓢虫的翅膀上有多少个斑点？
H. 礼物上有标签吗？
I. 其中有哪些水果？
J. 球拍下方是哪个物品？

Q58 战舰游戏　第三级

A. D4是命中了还是打偏了？
B. 你能在下列方格中将战列舰的位置标出来吗？
C. A3命中了一艘驱逐舰。该战舰的另一部分在哪个方格中呢？
D. 如果你能够将所有战舰的位置加以还原，那么就立刻动手吧！

	A	B	C	D	E	F	G
1							
2							
3							
4							
5							
6							
7							

Q59 图画序列　第三级

下面哪个序列是第32页图画序列的逆序？

a 

b 

c 

Q60 酒保　第三级

A. 总共点了多少瓶啤酒？
B. 总共点了多少干白葡萄酒？
C. 金汤力应该怎样提供给顾客？
D. 如果每种饮料五美元，那么全部花费是多少？

答案见180页

牢记于心

第四级

第四级是难度最高的一级，让我们一起挑战你的记忆极限吧！

谜题 61~80

61 匹配序列　第四级

从视觉上来看，这些骰子并没有明显的差异，因此记忆这个序列要多花些时间。当你认为自己记下来后，翻到第36页。

62 虚拟之旅　第四级

将该段文字仔细阅读一遍，然后翻到第36页，看看自己记下了多少细节。

你面前是一座独立式住宅，除了绿色的门外，通体白色。门前有三个台阶通向门廊，上面摆放着两盆绿色植物和一尊坐在摇椅上的守护神塑像。一打开门就是门厅，左边的墙上是一些可以挂外套的钩子和一个放钥匙的架子，上面有一盆盆栽、一个笔记本和一支钢笔。你面前是通向楼上的楼梯，向右走依旧是门厅。门厅的第一扇门在你的右侧，通向客厅。围绕着电视摆放的有两张沙发和一把扶手椅，这部分处于房子前部的靠窗位置，其后是一张圆形的餐桌，配有四把椅子。客厅的尽头有一扇门通向一间小书房，里面有一台电脑和一架黑色的钢琴。书房的后墙有一扇直通院外的玻璃门，而且该墙的左侧有一扇推拉门，直通奶白色的厨房。

楼梯上方是主卫生间，其对面恰好是房子前部最小的卧室，整个房间都是蓝色调的，且有一扇小窗。客房就在隔壁，里面有一张双人床和一台电脑，两面墙上各有一扇窗户。主卧在客房和卫生间之间，包括带淋浴的浴室、马桶和洗漱台。卧室的墙壁是黄色调的，有白色的家具和两扇窗户。

提示：

试着想象自己亲自参观这处住宅，展开细致的观察，但是在记忆时不要加入本不存在的细节。把自己想象成潜在的买家，能够帮助你更好地回忆相关信息。

63 记住棘手数字　第四级

即使是在使用电子通讯录的当今时代，记忆十位数字也是我们经常要做的事情。本谜题中的数字显然更难以记忆。在三分钟时间里，仔细观察右侧的四组数字，然后翻到第36页回答问题。

A. 422二7五三66四

B. 六二2七77一86三

C. 7九一3四28七646

D. 四9564二四39一

64 之前和之后 第四级

仔细观察该图片一分钟，然后翻到第36页。

提示：

到现在为止，对于这类谜题，你肯定已经相当熟悉，而且也意识到紧盯着图片观察，并不足以让你记住所有信息。如果你对信息进行了加工处理，记忆就会变得简单——计算特定颜色的物品数量，比较两个人物的表情和服装的差异，想象一下男孩和女孩从图片中消失后的情景。

65 记忆迷宫 第四级

你正和一群朋友参观一栋宏伟的建筑，你们决定尝试一下这个迷宫。耐心研究这个迷宫，尝试成功走出，然后翻到第36页。

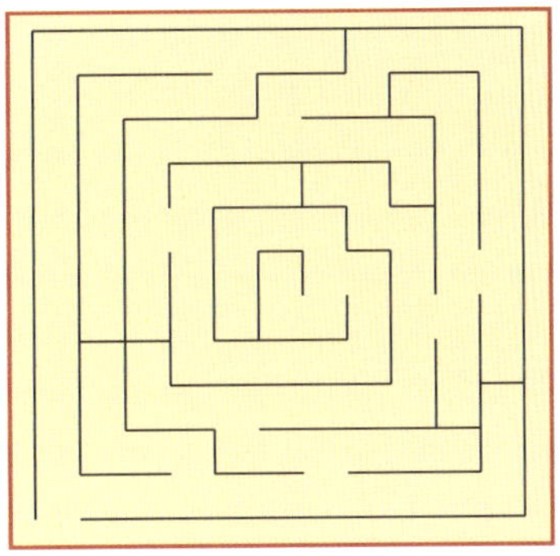

66 谁是罪魁祸首？ 第四级

通读该神秘谋杀案两遍，然后翻到第36页。

“好吧，”全知小姐耐心调查着，周围都是在巴尔莱特少校谋杀案发生当夜出现在哈维塞姆大厅里的人，“我会挨个询问每个人在9月7日星期五晚上8点15分时身在何处，在做何事。帕特森医生，从你开始吧。”

“我不是早就说过了吗，”医生不满地抱怨道，不断地用手中尚未点着的香烟敲击桌上的银盘，“我当时跟乔治在台球室。打完球后，我们又坐在火炉旁的椅子上喝白兰地。对吧，乔治？”

“当然。”乔治回答道，他穿着一件显眼的黄色夹克衫，在当下的场景中实在是缺乏品位和礼节，“大约9点钟，我们听到了骚动，便出去看看发生了什么事。”

“你呢，理查奥克斯夫人？”全知小姐问道，“你说自己一直在餐厅里，对吗？”

“直到8点钟我才离开，去玫瑰花园散步，在那里遇到了哈普先生。”她低头看着自己的短裙，像煞有介事地弹掉一块无形的污垢，“天气变冷后，我们才回到室内。我上楼拿日记时，发现了少校的尸体。”

“我去找祖恩，想看看那天早上有没有邮件。”克莱夫·哈普补充道，“我在等我母亲的来信，但还没收到。”

“你去找你的妻子了吗？”侦探问。

“不，他没有来找我。”祖恩插话道，“晚餐后我就上楼洗澡了，直到听到理查奥克斯夫人的喊叫，我才出来。”

“我当时一直跟理查奥克斯夫人待在餐厅里，直到她离开。”看到全知小姐催促的眼神后，塞维亚快速地解释道，“然后我就去了阅读室，当时马丁和罗斯也在。跟其他人一样，直到山姆被发现，我没再出去。”马丁和罗斯·洛克吉尔点头表示同意。

“感谢你们的配合。”全知小姐说道，“这就是我想要了解的信息……暂时如此。”当她关上身后的门时，她依稀听到了解脱般的叹息声。

Q61 匹配序列 第四级

下面哪个序列同第34页的序列相同？

Q62 虚拟之旅 第四级

A. 这栋房子总共有多少间卧室？
B. 最小的卧室在什么位置？
C. 在走进房子之前，你能看到哪些颜色？
D. 在这次虚拟之旅中，你能够看到多少盆栽？
E. 你知道有几个房间有两扇窗户吗？
F. 你能在进入的第一间房间中发现多少坐具呢？
G. 最小的卧室的装饰是什么颜色？
H. 进入书房的方式有多少种？

Q63 记住棘手数字 第四级

A. 有多少组数字以数字而非汉字结尾？
B. 四组数字最后一位数的总和是多少？
C. 4这个数以哪种形式出现的次数最多，是数字还是汉字？
D. 有哪些数是以数字而非汉字的形式出现的？
E. 下面的这组数字同原来的B组相比，有哪些错误？
六二27七7一86三

Q64 之前和之后 第四级

你能从该图中找到五处与第35页的原图不同的地方吗？

Q65 记忆迷宫 第四级

你顺利地走出了第35页的迷宫，却发现队伍里少了一个人。他从迷宫的中心位置打电话向你求助，你能够通过向左、向右和直走这三个指示助他脱困吗？

Q66 谁是罪魁祸首？ 第四级

全知小姐仔细审查了所有信息。当然，谋害少校的凶手可能不止一人，但是现在，她认为主要嫌疑都集中在一个客人身上，因为其不在场证据得不到其他人的支持。

现在根据第35页的内容，回答下列问题。

A. 受害者的全名是什么？
B. 哈普先生的名字是什么？他家里的另外两名成员是谁？
C. 拿着香烟的人是什么职业？谋杀案发生时，他在什么地方？
D. 罗斯先生姓什么？
E. 塞维亚的不在场证据中提到了哪两个房间？
F. 祖恩和理查奥克斯夫人在谋杀案发生当夜为何上楼？
G. 在上面这些问题中，还有哪两位客人尚未被提及？
H. 全知小姐认为谁的嫌疑最大？

67 完美图画 第四级

你只有两分钟时间观察下面的图画，然后翻到第41页。

68 比分是多少？ 第四级

在两分钟内仔细阅读这篇广播稿，然后翻到第41页。

“下面播报的是西班牙联赛的结果。对领先方而言，今天真是个好日子，萨拉曼卡以34：20的比分赢下了与巴塞罗那的对战，但是巴利阿多利德以38：45的比分输给了塔拉戈纳，错失了第二的位置。在格拉纳达对阵马拉加的比赛开始前，双方压力陡增，三人遭到逮捕，使得官方不得不把比赛推迟到星期三。其他地方，穆尔西亚以2分的微弱优势险胜塞维利亚，而巴伦西亚则以54：19的大比分大胜马德里。萨拉戈萨延续着他们的连胜纪录，以51：4的比分击败了潘普洛纳，而尽管科尔多瓦以23：17的比分击败了对阵的维多利亚，但其排名仍旧垫底。加的斯以32：20的比分击败了洛尔卡，布尔戈斯和圣地亚哥则以15：15的比分战成平局。今晚6点30分，该赛况将再次播报。”

69 选择总统 第四级

该纵横字谜形式的图片包含了多位美国总统的姓氏。在三分钟内仔细观察该图片，然后在第41页尝试将其再现。

提示：

如果你能够记住所有姓氏的排列方式，那么交叉的字母能够帮助你还原图片。

70 字母大搜索 第四级

大脑非常善于记忆有排列规律的字母，但是当其排列没有熟悉的逻辑时，记忆就会变得相当困难。在两分钟内仔细研究这些字母，然后翻到第41页。

J	Y	U	G	X	G	U	A
S	G	I	D	M	L	D	L
Y	I	W	T	Y	N	L	Z
F	O	J	K	R	P	X	W
R	P	X	J	B	G	B	S

71 多米诺骨牌拼图 第四级

下面是当下流行的配对谜题的变化版本。在三分钟内，仔细研究该多米诺骨牌网格，注意成对的图案，然后翻到第42页。

72 礼物正确吗？ 第四级

将以下文章通读两遍，然后翻到第42页，看看鲍勃是如何购物的。

“今年的圣诞节可要省事多了，”鲍勃说道，“我已经问了每个人想要什么礼物，打算一次性把所有东西都买齐。父亲想要一打Maxfli-A3高尔夫球；母亲想要一件温暖的磨毛棉睡衣，14码，最好是她偏爱的蓝色。吉姆叔叔想要一本弗罗梅尔关于新西兰的旅游指南，芭芭拉姑妈想要一支派克圆珠笔。祖父想要一瓶占边威士忌酒，祖母说自己没有什么想要的东西，但是在我坚持不懈的询问下，她最后说想要一套瑰珀翠品牌的茶玫瑰甘油香皂。

“姐姐想要一本安妮·泰勒的小说——我记不起名字来了，只知道是最新的一本，而她的丈夫想要一套不锈钢的烧烤工具，两个女儿则想要一些粉色的物品装饰她们的卧室。妹妹想要一件耐克的帽衫，中号，黑曜石色（我也搞不懂是什么颜色）；她的丈夫想要007系列《黄金眼》的DVD，以便完善他的邦德影片收藏。我的小舅子约翰想要一本兰斯·阿姆斯特朗的自传，名为《自行车外的生活》。他的女儿想要惊喜（这倒不难），他的儿子想要一个威尔胜品牌的篮球，妻子汉娜想要一对银耳环。

“接下来就是我妻子的父母了。她父亲有点痴迷于饮酒，他想要一瓶1996年的七叶树赤霞珠干红葡萄酒；她母亲想要一瓶30毫升装雅诗兰黛欢沁女士香水。她妹妹想要晒两个星期的太阳，摆脱孩子的困扰，因此富含维生素的兰蔻按摩油能让她满意，而她妹妹的丈夫是个小工具爱好者，想要一只坚不可摧的LED手电筒。他们的孩子本、格雷格和罗蒂分别想要绿巨人浩克的拼图、《古墓丽影：黑暗天使》DVD和与芭比娃娃有关的任何东西。

“最后轮到我妻子了，不过她绝对受之有愧，因为所有购物工作都扔给了我一个人。她想要一台意式卡布奇诺咖啡机，为此我要加班加点地工作才买得起！”

73 消极记忆 第四级

你肯定早就对这类谜题得心应手了，因此我们要提高一下难度。在一分钟内仔细观察以下图片，然后翻到第42页。

74 汉堡店　第四级

这是你在汉堡店受训的第一天，电脑点餐系统却不幸崩溃了，身边的同事甚至比你还要惊慌。快速浏览以下点餐内容，然后回答第42页的问题。

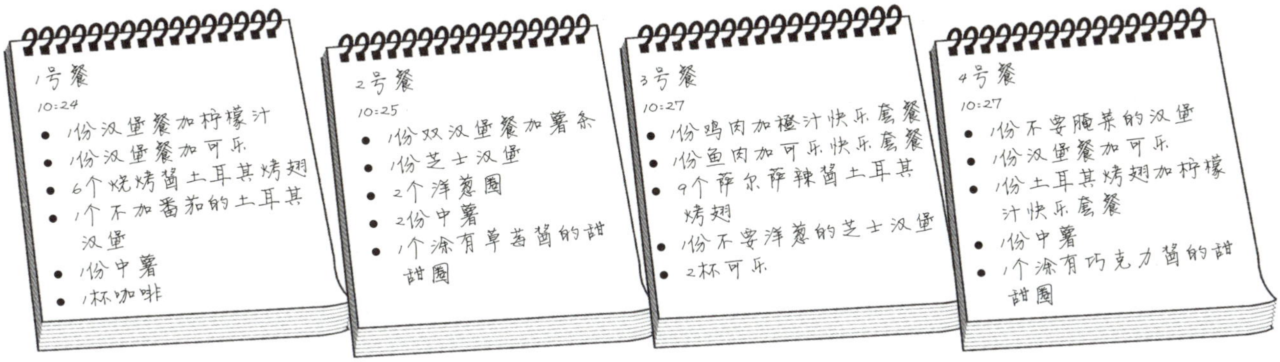

75 家谱　第四级

耐心地研究肯尼迪家族的家谱，然后翻到第42页。

- 约翰·菲茨杰拉德·肯尼迪 1917~1963年
  - 约瑟夫·帕特里克·肯尼迪 1888~1969年
    - 帕特里克·约瑟夫·肯尼迪 1858~1929年
      - 帕特里克·肯尼迪 1823~1858年
      - 布丽奇特·墨菲 1821~1888年
    - 玛丽·奥古斯塔·希基 1857~1923年
      - 詹姆斯·希基 1837~1900年
      - 玛格丽特·M.“玛萨”·菲尔德 1836~1911年
  - 罗丝·伊丽莎白·菲茨杰拉德 1890~1995年
    - 约翰·弗朗西斯·菲茨杰拉德 1863~1950年
      - 托马斯·菲茨杰拉德 1835~1885年
      - 罗莎娜·“罗塞”·考克斯 1835~1879年
    - 玛丽·约瑟芬·汉农 1865~1964年
      - 迈克尔·汉农 1832~1900年
      - 玛丽·安妮·菲茨杰拉德 1835~1904年

76 掌控球杆　第四级

仔细观察图片，然后翻到第43页。

77 晚餐聚会　第四级

下面是布鲁斯和戴安娜举办晚餐聚会的座位安排，总共有五对夫妇受邀而来：简和理查德，拉里和莎伦，亚当和莎拉，桑德拉和迪恩，以及保罗和詹妮弗。如你所见，主人成功地将每对夫妇分开了。在两分钟内仔细观察该图，然后翻到第43页。

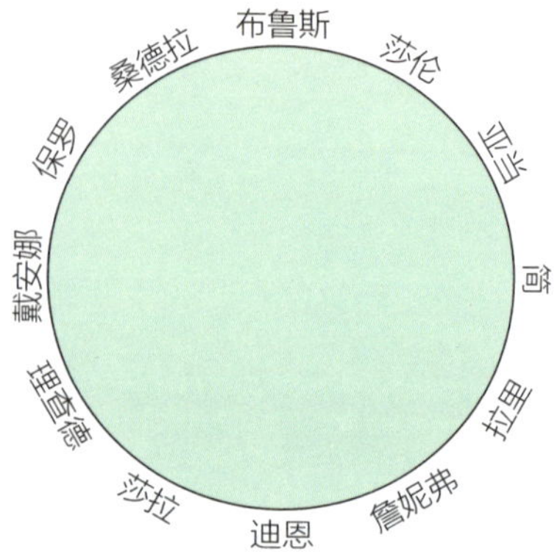

78 发生了什么？　第四级

为了能够在迎宾酒店的会议和宴会部门给你未来的雇主留下深刻印象，你要快速浏览3月份的时间安排表。在两分钟内仔细观察时间表，然后翻到第43页。

英格兰，迎宾酒店

日期	团体名称和活动类型	联系人	预期人数
2日	鲁宾逊塑料公司——年会	彼得·史密斯	15
	艾莉森·帕克女士——生日会	道格拉斯·帕克先生	50
5日	罗马社团——研讨会	罗纳德·塞姆	22
7日	布莱克/琼斯——婚宴	安娜·琼斯	150
11日	奥尔巴尼鸟类观察者协会——研讨会	查斯特·彼得森	30
	汤姆·比尔顿——生日会	克里斯·坎贝尔	10
14日	西蒙-彼得斯——婚宴	朱莉娅·安德森女士	220
15日	CTC电子科技公司——大会	罗杰·哈格雷夫斯	55
17日	明亮光学仪器公司——大会	莎拉·哈吉森	20
18日	动画图像公司——研讨会	比尔·爱普	40
	河畔国际象棋俱乐部——会议	查尔斯·弗兰克斯	14
23日	平克顿出版社——年会	迈克尔·平克顿	10
27日	手工折纸联合会——年度聚会	鲍勃·李	35

79 卧室陷阱　第四级

阅读操作指南及其附图能够将人们划分成两类。一类人仔细读每一个字，却搞不懂为何看到的东西与所读不同；另一类人什么内容都不读，一味地依靠自己的钻研，最后却发现差了关键一步。不论这对你而言多么痛苦，我们还是推荐第一种做法。

安妮·奥德和她的妹妹凯西有强烈的竞争意识，都控制不住自己想破坏对方衣柜的冲动。安妮在自己的房间里设计了一个复杂的电子警报系统，门被打开后会报警三分钟，但是凯西设法偷看了禁用该系统的说明书。在三分钟时间内，仔细观察图片，阅读说明书，然后翻到第43页。

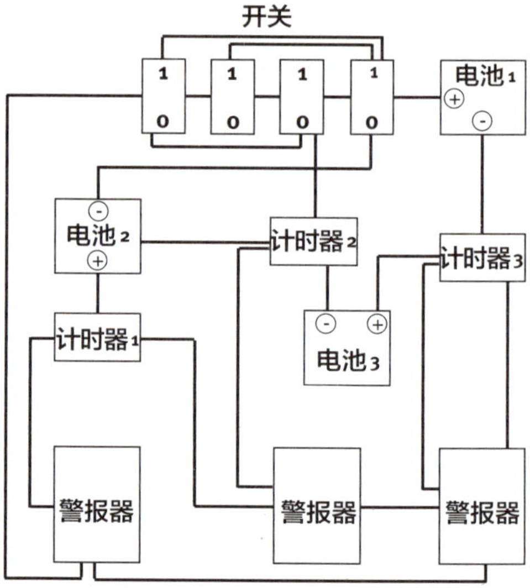

如何禁用装有三个计时器和开关的警报系统？

应该严格按照以下步骤进行操作：

1. 关掉与计时器2相连的开关；
2. 将电池2和开关之间的线路剪断；
3. 将电池1和计时器3之间的线路剪断；
4. 将计时器2和警报器之间的线路剪断；
5. 将电池3的正极和计时器3断开；
6. 将开关和连接计时器1的警报器之间的线路剪断。

80 扑克牌速记　　第四级

将一副扑克牌打乱顺序，一张张翻看记忆，然后按照记忆将其还原，这是记忆专家们喜爱的游戏之一。一般情况下，他们能在一分钟之内记下所有扑克牌的排列顺序。当然，我们不需要那么厉害。你可以自由地掌控时间，但是不要回看——每张牌只看一次，然后继续。当你看完所有牌后，翻到第43页。

10♦ 6♦ 9♠ A♥ 6♣ A♠ 5♥ 5♦ 8♥ 6♠ J♥ 10♣ 2♦ K♥ 8♦ 10♠ 8♠ A♣ 3♥ Q♥ J♣ 4♣ 7♥
8♣ 7♣ K♦ 5♠ J♦ 2♠ 3♠ 4♥ Q♦ 6♥ 7♠ 9♦ Q♠ 4♦ 5♣ 2♥ K♠ 9♣ 3♦ 4♠ 3♣ 9♥ A♦ K♣

Q67 完美图画　　第四级

对于第37页的图画，你还记得多少？

A. 吉他在哪一排？
B. 哪个物品的位置更高——帽子还是茅舍？
C. 哪个物品在眼镜下面的下面？
D. 熨斗在手铐的左边还是右边？
E. 图片中有活物吗？
F. 如果将冰激凌和水罐互换位置，哪个离吉他更近呢？
G. 风筝右上角的三角形是什么颜色？
H. 水罐上有什么图案？

Q68 比分是多少？　　第四级

你还能准确记得第37页的广播稿中的信息吗？

A. 排名第一和倒数第一的球队分别是哪支？
B. 比赛当天，哪支球队输得最惨？
C. 哪支球队同圣地亚哥队对阵？
D. 巴塞罗那队得了多少分？
E. 哪支球队以两分的优势取得了胜利？
F. 维多利亚队得了多少分？他们是赢了还是输了？
G. 哪支球队以七分之差落败？
H. 赛况何时会再次播报？

Q69 选择总统　　第四级

检验一下自己能够在多长时间内在下图中重现第37页的内容。

Q70 字母大搜索　　第四级

你能在多长时间内将第37页的五组字母找出来？每组字母在右图中都是直线分布，你可以按照横向、纵向、对角线方向或者正序、逆序的方式寻找答案。

W	E	H	W	E	M	Z	M	W	K	A	L
X	Z	L	N	Y	T	W	I	Y	X	M	D
P	V	F	D	B	F	O	J	N	N	G	L
Y	X	O	C	L	W	C	S	H	L	B	O
U	P	J	V	S	U	B	X	N	Z	C	I
G	E	K	A	U	G	X	G	U	Y	J	H
O	N	R	H	B	A	I	C	B	D	R	K
V	Q	P	J	K	M	Q	D	C	Y	Q	E
F	L	X	D	I	G	J	G	M	T	Z	B
U	P	W	F	O	P	E	R	J	L	F	K
R	Q	S	G	X	G	U	S	A	B	D	Z
R	V	Q	T	N	Y	E	N	M	I	A	L

Q71 多米诺骨牌拼图 第四级

你能将缺失的骨牌补全吗？

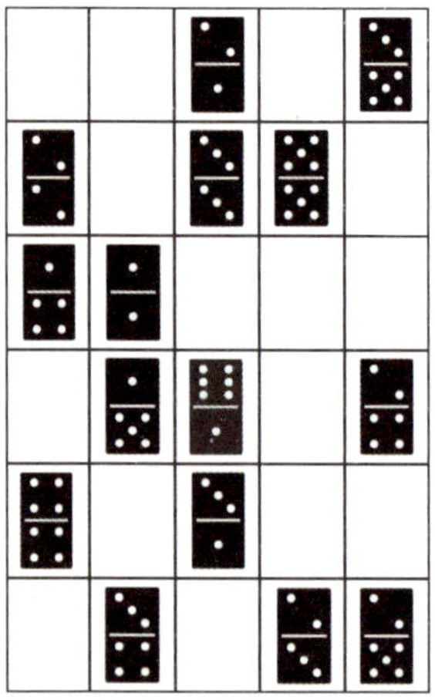

Q72 礼物正确吗？ 第四级

紧跟鲍勃的思路，继续他在第38页的购物旅程……

“不错，一切都忙完了，”鲍勃说道，“看看我买到了哪些礼物吧！有给约翰的兰斯·阿姆斯特朗的自传，给姐姐的安妮·普罗克斯的最新小说，给吉姆叔叔的福多尔关于新西兰的旅游指南。我还给母亲买了14码的蓝色睡衣，给妹妹买了中号的耐克帽衫，给她丈夫买了《金手指》的DVD，还在同一家店里给格雷格买了《古墓丽影：黑暗天使》。

“我差点忘记了格雷格父亲的不锈钢烧烤工具，但寻找咖啡机时无意中看到了，于是买了下来。我给姐姐的两个女儿各买了一套粉色的雨伞和外套，给本买了绿巨人浩克的拼图，罗蒂看到芭比娃娃的被套肯定会开心。约翰的女儿会得到一套水彩笔，她那个沉迷篮球的兄弟也会得到一个威尔胜品牌的篮球，同时我还给父亲买了一打Maxfli-M3高尔夫球。老岳父的1996年七叶树赤霞珠干红葡萄酒比祖父的杰克·丹尼尔威士忌更难买，好在我都买到了。

“因为送给妻子妹妹的富含维生素的兰蔻按摩油和送给岳母大人的雅诗兰黛霓彩天堂女士香水价格不菲，店员非常同情我，附赠我一套瑰珀翠品牌的玫瑰水甘油香皂，正好满足祖母的需要。我没能给妹妹的丈夫找到合适的LED手电筒，但是在网上购买还来得及。最后，我给芭芭拉姑妈买了派克钢笔，它高昂的价格出乎我的意料——明年我一定不能再问她有什么心愿了，尤其是在她每年都送我袜子的前提下。剩下的就要靠我妻子加以包装了。”**尽管鲍勃对自己的努力感到相当开心，但是一部分亲戚可能会有些失望。你能找出多少他的购物错误？**

Q73 消极记忆 第四级

同第38页的原图相比，哪些物品缺失了？哪些物品取代了它们的位置呢？

Q74 汉堡店 第四级

你已经将第39页的点餐内容告诉了同事，但是有些问题不可避免……

A. 4号餐的汉堡餐配的是可乐还是柠檬汁？
B. 芝士汉堡在先，还是不要洋葱的芝士汉堡在先？
C. 9个土耳其烤翅涂的是萨尔萨辣酱还是烧烤酱？
D. 咖啡是什么时候点的？
E. 土耳其烤翅快乐套餐搭配的是哪种饮料？
F. 有人点了不要腌菜的芝士汉堡吗？

Q75 家谱 第四级

根据你对第39页的家谱的研究，看看自己能够回答出多少问题。

A. 托马斯·菲茨杰拉德妻子的爱称是什么？
B. 罗丝·伊丽莎白·菲茨杰拉德父母的名字是什么？
C. 迈克尔·汉农的在世时间范围是什么？
D. 玛格丽特·M. 菲尔德的女儿叫什么名字？
E. 布丽奇特·墨菲去世那年出生的孩子是谁？
F. 约翰·菲茨杰拉德·肯尼迪的祖父母和外祖父母中，谁活得最长？
G. 约翰·弗朗西斯·菲茨杰拉德的父亲是何时出生的？
H. 约翰·菲茨杰拉德·肯尼迪的曾祖父母和外曾祖父母哪两位在同一年去世？

Q76 掌控球杆 第四级

下面的四幅图中，哪一幅同第39页的原图一致？

Q77 晚餐聚会 第四级

享用了第一道菜后，主人感觉到气氛有些沉闷，于是建议客人们适当变换座位，有些人顺时针移动，有些人逆时针移动。利用下面的信息，你能将客人们的新位置确定下来吗？

没有人坐在原来的位置上，每对夫妇依然分开坐。布鲁斯和亚当顺时针移动了八个位置。理查德移动了六个位置。简、莎伦、拉里和莎拉移动了四个位置。戴安娜、迪恩和桑德拉移动了两个位置。哪位女客人仍旧挨着原来的邻座呢？

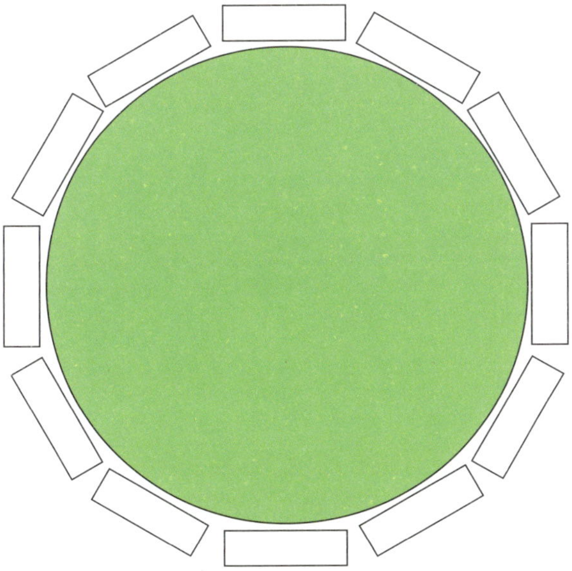

Q78 发生了什么？ 第四级

看过第40页的时间表之后，你能正确回答出哪些问题，让雇主对你刮目相看呢？

A. 7日，安娜·琼斯的结婚对象姓什么？

B. 哪一场年会参加人数较多？

C. 联系人莎拉·哈吉森所举办的活动是什么？

D. 谁的生日会规模最小？

E. 哪项活动在15日举行？

F. 总共有多少场研讨会？

Q79 卧室陷阱 第四级

你有三分钟时间把以下禁用警报系统的步骤按正确的顺序排列出来。

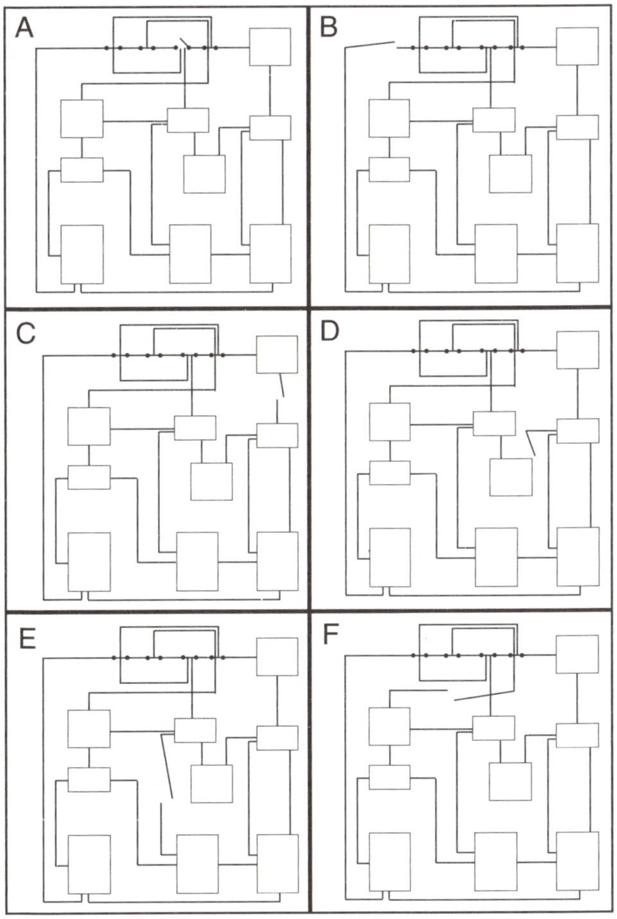

Q80 扑克牌速记 第四级

第41页的扑克牌少了五张，你知道它们分别是什么牌吗？

拓展思维

（空间谜题）

视觉假象、图形谜题和棘手迷宫，挑战你的视觉和空间想象力

拓展思维

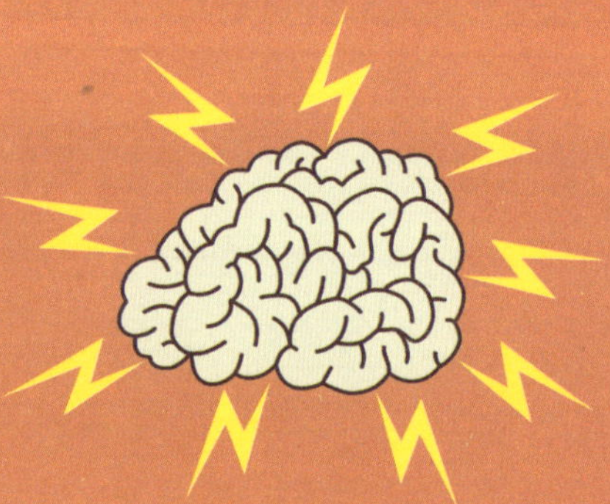

本部分的问题同我们如何观察周围的世界有关。我们能够完全相信自己的眼睛吗？我们曾经被自己的大脑戏弄过吗？若被戏弄过，又是出于何种原因呢？尝试解决本部分的谜题，你会慢慢发现，即使有着高度发达的感官和足智多谋的头脑，你也不一定能够看到事情的真相。

视觉假象

假象的定义是“不符合事物本质的表面现象”，是欺骗我们的事物。在本部分中，你将发现许多带有欺骗性的图片，而且无论你多么努力尝试摆脱其影响，都徒劳无功。就拿下面这幅图片来说，你看到了什么？可能你看到了一个三角形，它的三个角分别嵌在三个玫红色的圆形中。但实际上，如果你认真观察一下，就会意识到这幅图片不过是三个玫红色图形的组合——三角形不过是我们自己的想象。

填补差距

那么，我们为何会想象出一个根本不存在的图像呢？在前面的例子中，相较其他简单、易于识别的图形，大脑发现这三个不规则的玫红色图形实在难以理解和归类。因此，大脑自己填补了中间的差距，创造出一个更易于理解和识别的图形。于是，一个虚幻的三角形就出现在我们眼前——或者说，是出现在大脑的眼前；它其实根本就不存在。

你是如何思考的？

当然，人们大脑的运行方式并非毫无差异。有些视觉假象在不同的人看来会有不同的效果。许多著名的视觉假象都具有奇妙的两重性。在下面这张由漫画家W. E. 希尔在1915年创作的图画中，你看到的是一个年轻的女孩，还是一位老妇人呢？如果你都能看出来，哪一个是你最先看到的？研究表明，年轻人通常会看到女孩，而年龄大一些的人更容易看到老妇人。这也表明大脑会根据个人的经验对图像加以解读。在本例中，有些人会发现自己很难看出两个图像，如果你也遇到同样的问题，请阅读右下角的提示。

提示：女孩的下巴是老妇人的鼻子

识破假象

如果你想了解更多有关大脑解读图像的知识，就立即着手解决本部分的谜题吧！我们精心搜集了各种视觉谜题。有些谜题需要实际动手操作，但你将要面对在大脑中解决它们的挑战。例如，每个绳结谜题（如谜题1）都要求你在只看图片的情况下，判断出纠缠在一起的绳子在拉紧的时候会不会打结。要想得出答案，你需要在头脑里想象绳子被拉紧的过程。正方体谜题（如谜题6）同样如此，你要想象将平面展开图合起来后的情形。一开始你可能会觉得这些问题太难，但这就是我们将本部分称为“拓展思维”的原因。通过解决这些视觉谜题，你将会发现自己的大脑究竟有多厉害。

徜徉迷宫

当然，本部分肯定少不了五花八门的迷宫谜题，而且随着级别的增加，难度也在不断提高。在解决此类谜题时，大脑不得不进行超前思维，在采取实际行动前就要想好怎么走。随着进度的推进，你会发现自己在解题过程中越发得心应手。当然，我们也在许多谜题中对你回忆过去的能力提出了要求和考验，一切将在后面的内容中揭晓，赶快行动吧！

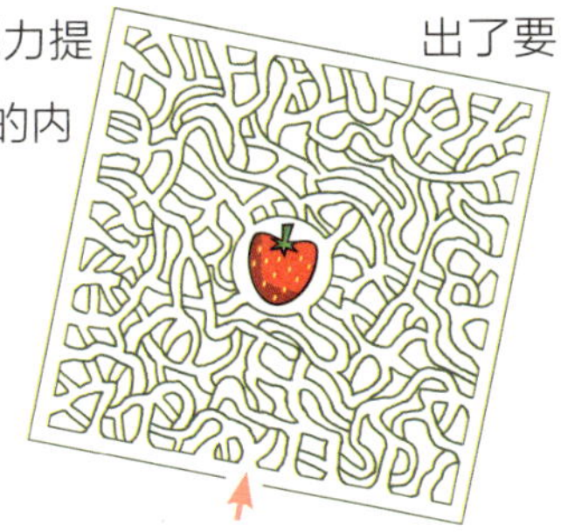

再现图形

你还需要准备一些白纸和一把剪刀，因为本部分有许多七巧板谜题。如果你不熟悉七巧板，也无须担心，因为其原理相当简单，就是将各种形状的小图形拼成题目中给出的大图形。但实际操作并不容易。如果你对自己的实力足够自信，可以尝试在大脑中完成整个过程。但真正动手操作，用剪刀剪出各种形状的图形，会为你带来更多的乐趣。无论怎样，解题过程都会充满挑战！

七巧板是操作性强、娱乐性足的游戏

耐心解答

在你即将面对的谜题中，可能有很多题你都无法立即给出答案。这些谜题需要你进行缜密的思索，但是我们建议你不要轻易放弃努力，直接去翻看答案！因为正跟本书中的很多谜题一样，你可能只是暂时没有思路，当你休息过后再次解题时，可能就会有完全不同的思路，这样你就能绕过之前的思维障碍，顺利解决谜题。

做好准备

现在你即将进入视觉谜题的世界了。记住，一定要循序渐进。祝你好运！

拓展思维

谜题 1~20

第一级

我们先从难度最低的第一级开始，循序渐进，不断提高难度。

1 绳结谜题 第一级

如果你将绳子的两端拉紧，绳子会系成结吗？

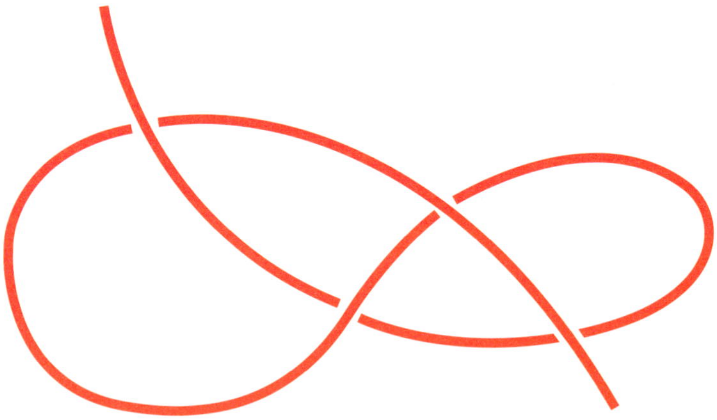

2 支离破碎的句子 第一级

这是一个与众不同的迷宫。从字母T开始，每次经过一个字母，且不能重复，以这种方式拼出一个完整的句子。你能解决这个谜题吗？

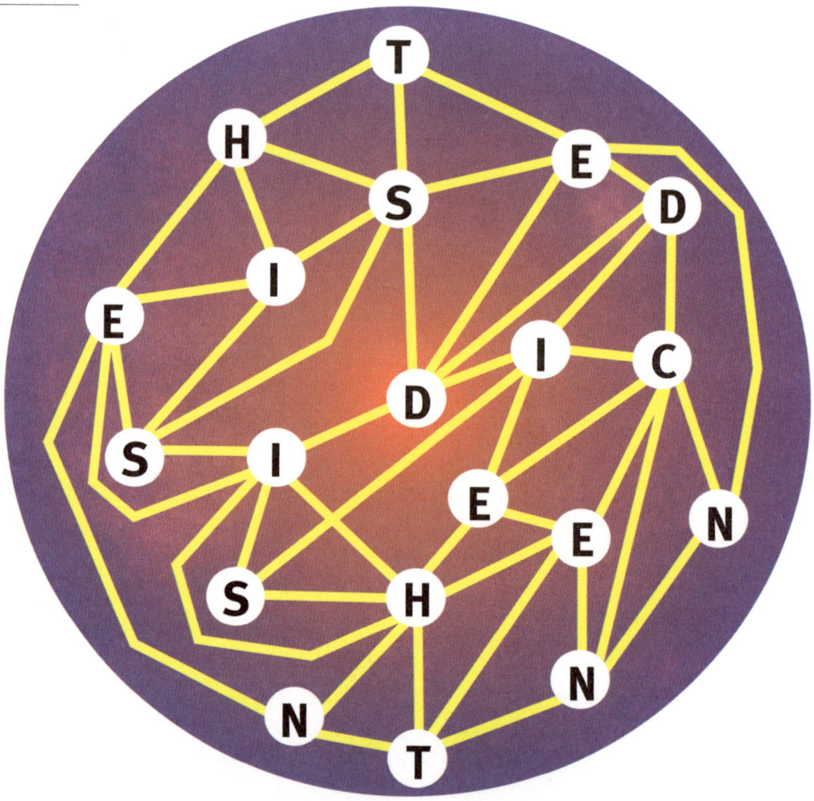

提示：

如果你找到了正确的路线，那么你将拼出一个有四个单词的句子。

3 杯子谜题 第一级

这四根火柴代表一个杯子。在只能移动两根火柴的前提下，你能将樱桃放到杯子里去吗？

提示：

杯子不一定非要保持直立！

4 圆形面积 第一级

下面哪一个中心圆的面积更大——左边还是右边？

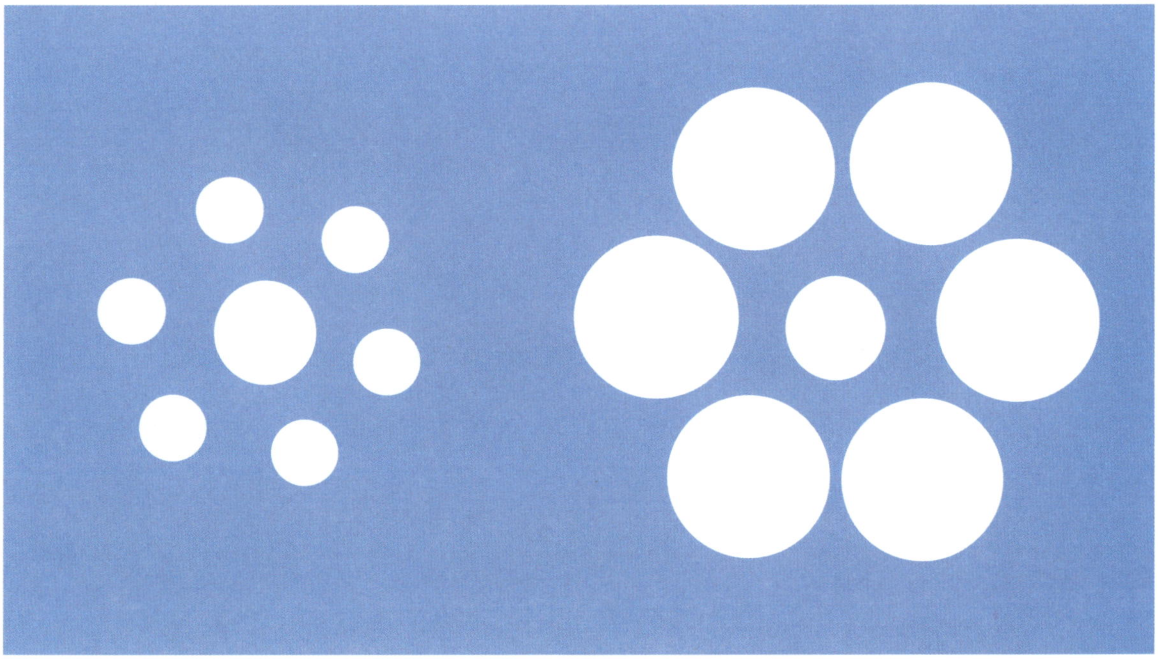

答案见183页

5 斑点游戏　第一级

右边是一个由九个斑点组成的正方形。你的任务是，在只能移动四个斑点的前提下，将其改造成一个面积更小的正方形，而且每一行、每一列依旧是三个斑点。你能做到吗？

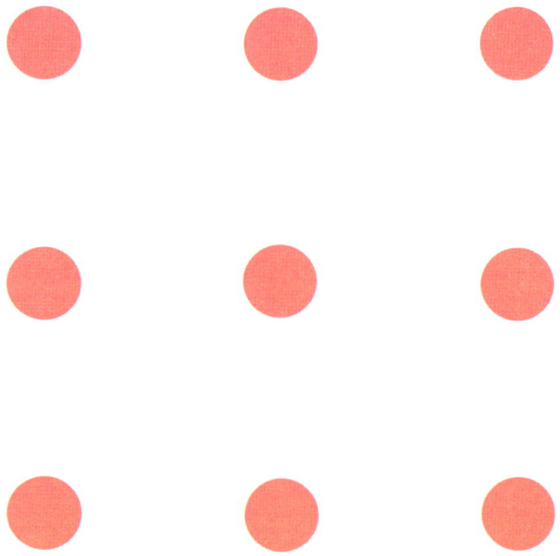

提示：

移动位置的四个斑点都朝同一个中心移动。

6 正方体谜题　第一级

下面的五个正方体中，哪一个的平面展开图符合右侧的要求呢？

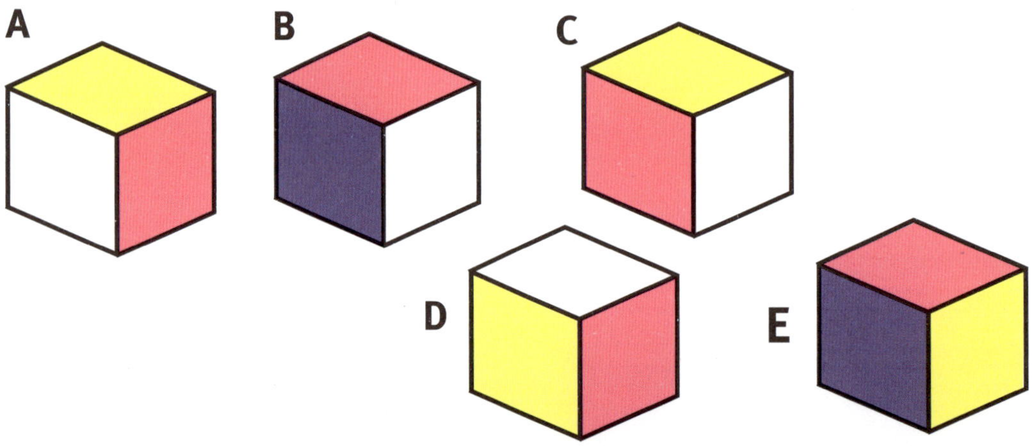

7 野外宿营 第一级

在右图所示的营地中，四个角落的帐篷需要个人隐私空间，想跟其他的帐篷隔开。与此同时，中间的四个帐篷住的是一个大群体，他们也想跟四个角落的帐篷分开。而且，他们坚持自己的区域必须是正方形。你能用四道笔直的栅栏将它们隔开吗?

8 重现正方形 第一级

跟本部分中其他同类型的谜题一样，为了更好地解决谜题，你可能需要亲自动手用纸张或硬纸板制作出同样的图形。本题中总共有六个图形，其中四个与A相同，两个与B相同。你的任务是将这六个图形拼成一个完整的正方形。动手尝试一下吧!

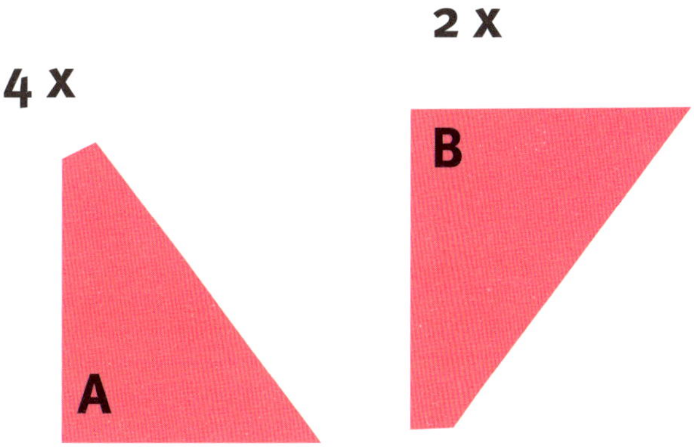

答案见 183 页

9 七巧板拼图 第一级

下面的长方形由七块图形组成（你可以将它们剪下来），你能利用它们拼出右侧的四个图形吗？

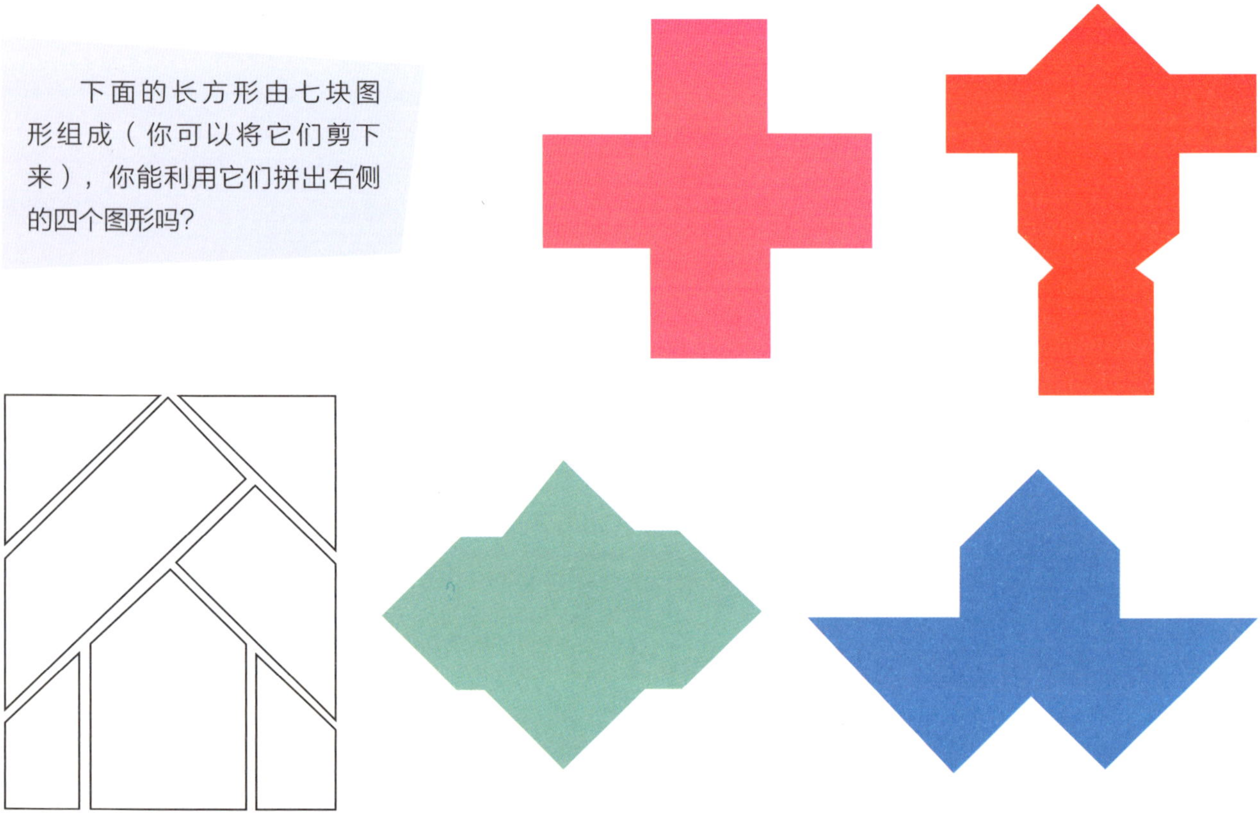

10 硬币谜题 第一级

将下面的圆形想象成八枚硬币。你的任务是，在四次移动中将这些硬币分成四组，每组两枚摞在一起。每次移动要跨过两枚硬币，停在下一枚硬币的上面。被跨过的两枚硬币可以是相邻的，也可以是已经摞在一起的。

提示：

建议先尝试在大脑中完成这个任务，因为用真实硬币模拟会简单很多。

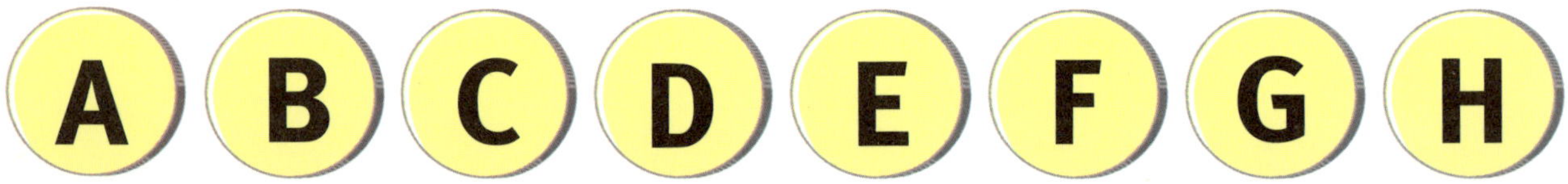

11 计数技巧

第一级

你曾被双眼欺骗过吗？在右侧的图形中，你能数出多少根柱子呢？

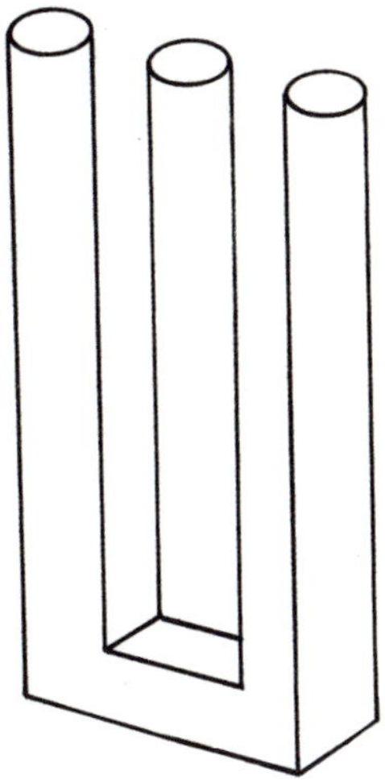

12 荆棘迷宫

第一级

你能顺利穿越荆棘密布的迷宫，品尝到中心美味可口的草莓吗？你能在多短时间内完成呢？

答案见 183 页

13 利益均分　第一级

如右图所示，一块正方形地产中有一栋房子和十棵树。五个子女继承了该地产，因此他们有权享受平等的利益。他们希望平分这块地产，保证每个人都有一块同等面积和形状的地，而且每个人都能分到两棵树。你能合理划分地产，满足他们的心愿吗？

提示：

先想一下如何将最靠近中心的两棵树划分给一个人。

14 倒转方向　第一级

仔细观察右侧的这堆光盘。如果要把这个三角形翻转过来，使其变成倒三角形，最少要移动多少个光盘？

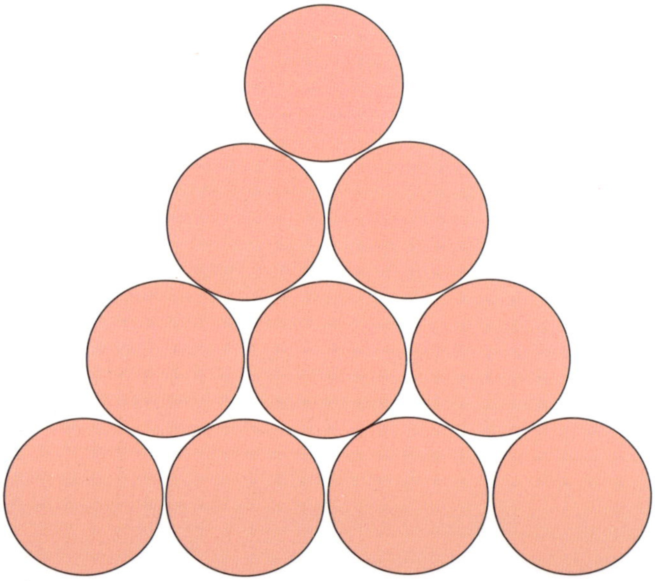

15 耀眼群星 第一级

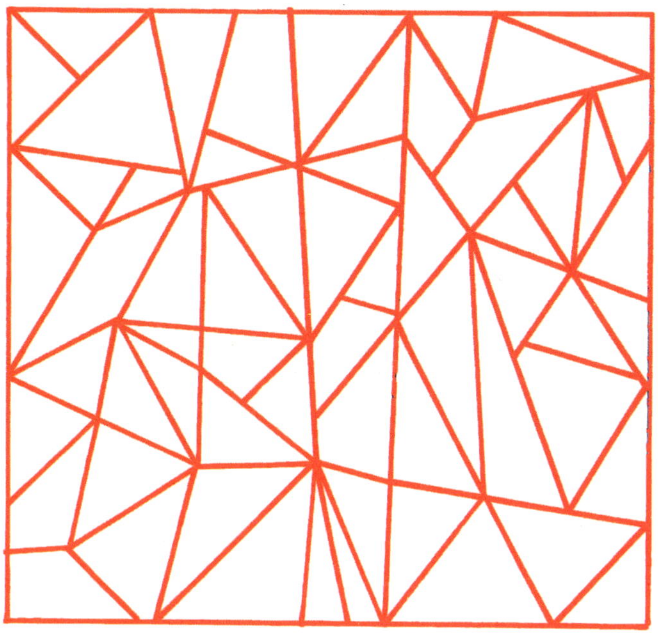

左侧的图片中有一个完美的五角星，你能将它找出来吗?

16 绝不右转 第一级

如果你经常因为不能正确右转而迷路，那么该迷宫最适合你了！在从入口抵达出口的过程中，你只能向左转。你能完成这个任务吗?

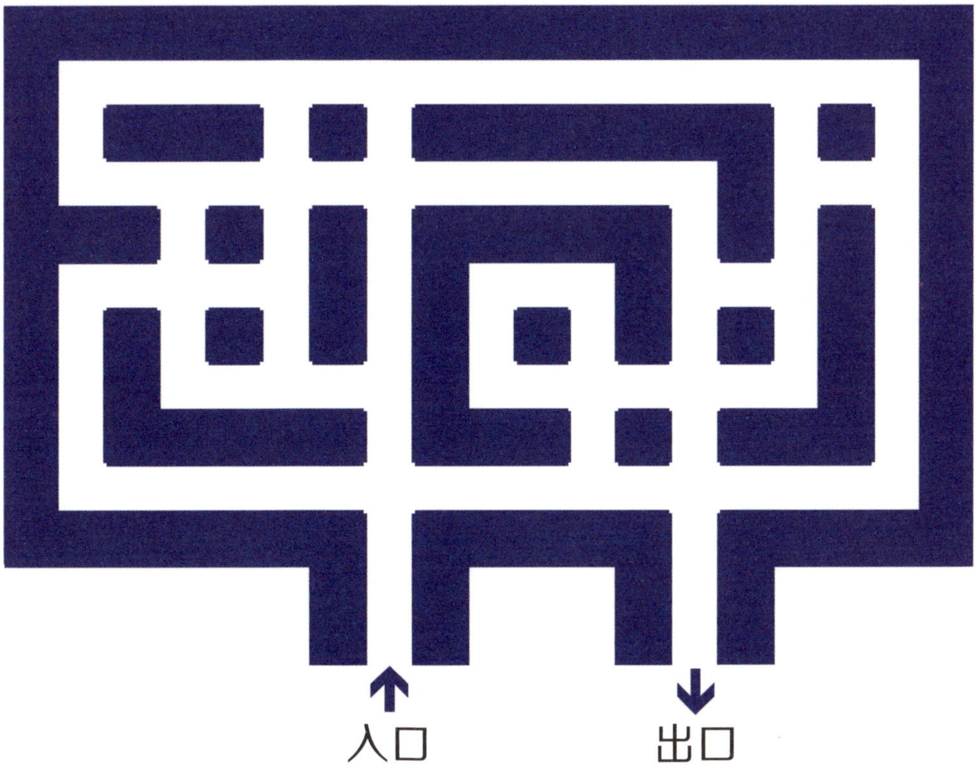

17 重现正方形　第一级

要完成该任务，你需要四个图形A、四个图形B以及八个图形C。你能利用这16个图形拼出一个正方形吗？

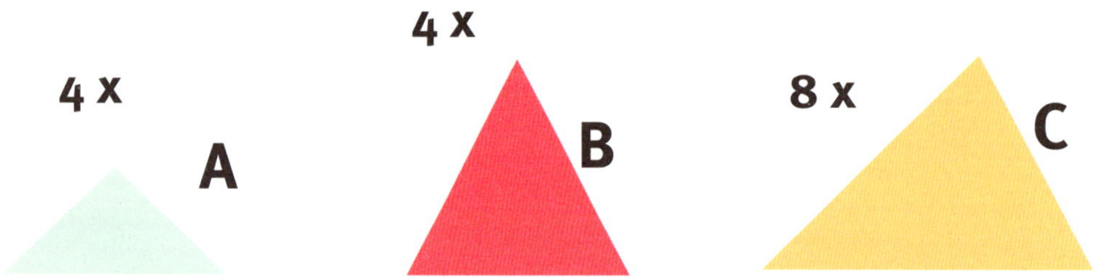

18 蜗牛轨迹　第一级

把右图中的粉色斑点都想象成蜗牛，它们都想逃离这个网格，但相互之间的路线不能有任何重叠。而且，每只蜗牛都要在与出口的数字对应的步数（不包括当下所在的方格）内走出网格。它们可以左右、上下移动，但不能沿对角线方向移动。你能画出每只蜗牛的移动轨迹吗？每条路线都不能重叠，要牢记这一点！

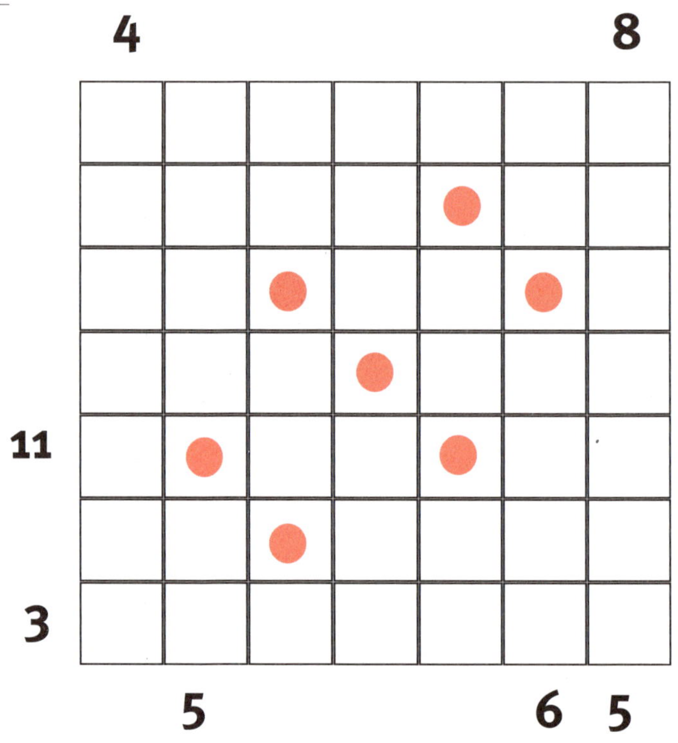

提示：

当你完成谜题时，所有的方格内都会有蜗牛的移动轨迹。

19 是直还是弯？ 第一级

仔细观察下面的图片。这两根最粗的线条是直的还是弯的？不用急于下结论！

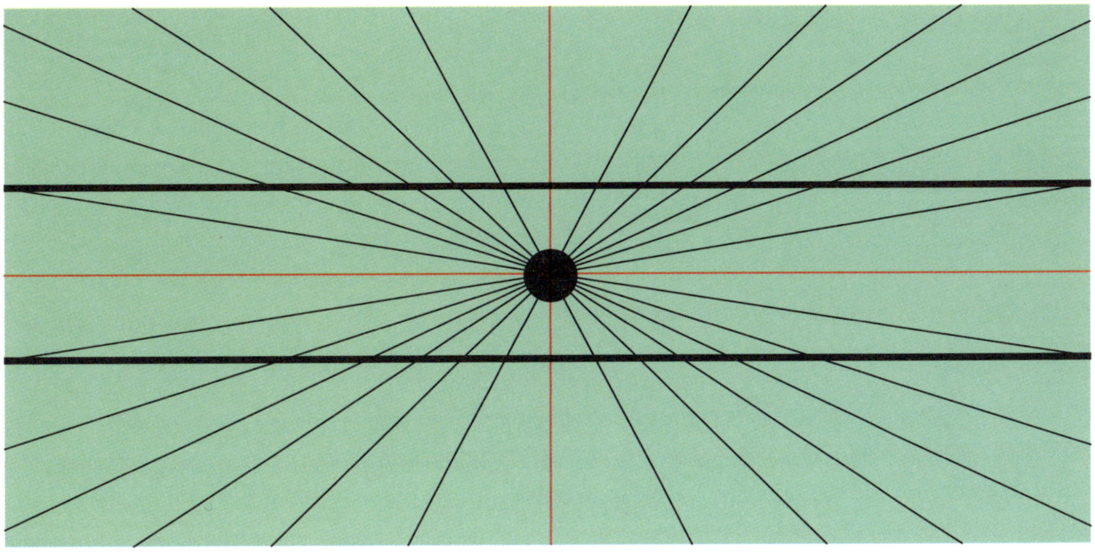

20 一笔画信封 第一级

你能一笔画出图中的信封吗？不能中途回笔，不能交叉线条，也不能二次起笔。

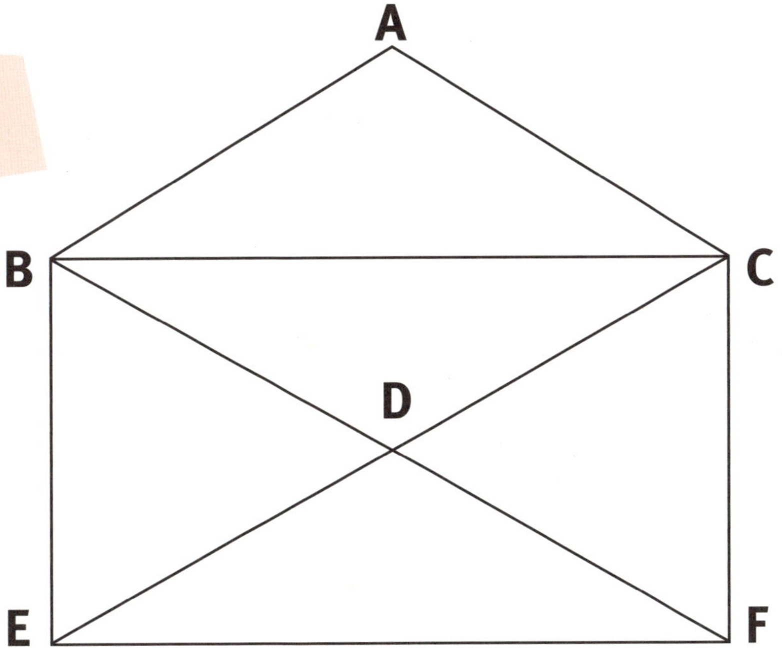

答案见 184 页

拓展思维　第二级

谜题 21~40

现在即将开始第二级的挑战，所以当你发现题目有些难时，不要吃惊，我们慢慢来。

21 绳结谜题　第二级

如果你将绳子的两端拉紧，绳子会系成结吗？

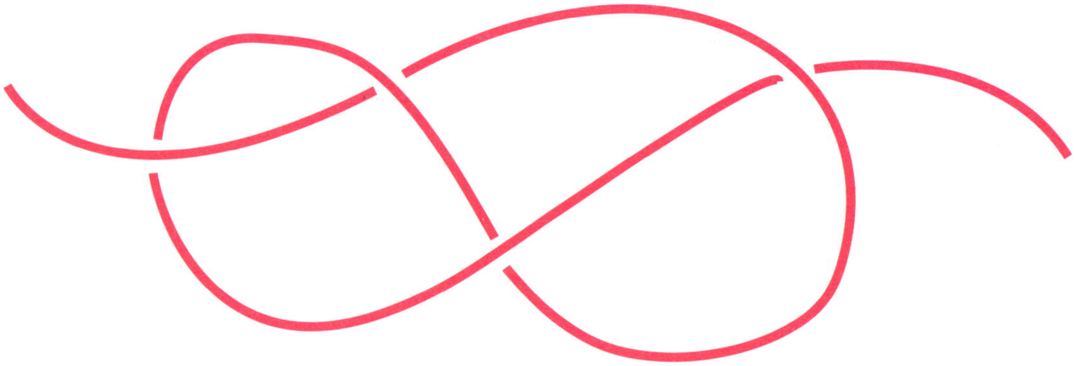

22 跳格谜题　第二级

如下图所示，共有六个圆形，每种颜色各三个。你的任务是将粉色的圆形和蓝色的圆形互换位置。可以将一个圆形移到相邻的空格中，也可以一次跳过一个圆形进入空格中。

提示：

正确的方法需要15步。你能顺利找到思路吗？

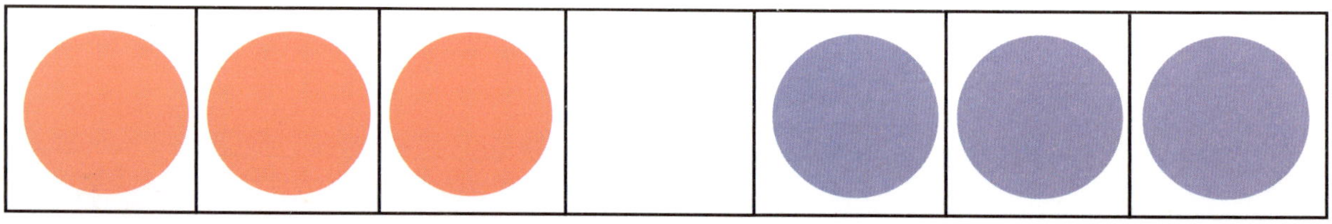

23 脑力挑战 第二级

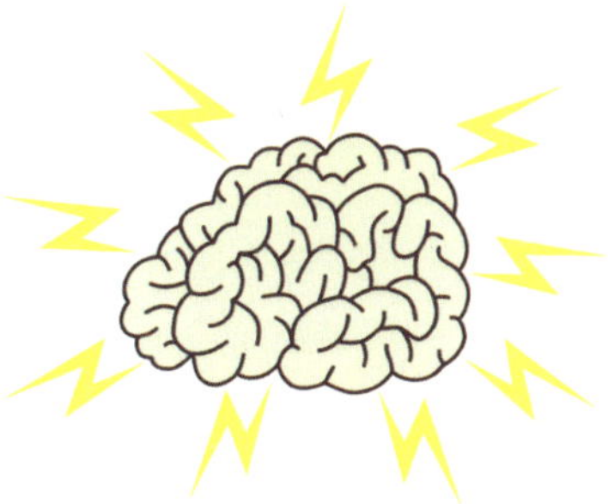

迅速阅读一遍第一段文字，看看里面有多少个字母F。然后查看答案，确定正误。然后以同样的速度阅读第二段文字，看看能否找到任何错误。如果不能，就放慢阅读速度，仔细寻找其中的小错误。

1

RUFUS REACHED THE FINISHING
LINE IN FRONT OF ALL OF HIS
FRIENDS. HE WAS PROUD OF THIS
FINE ACHIEVEMENT, ESPECIALLY
SINCE HIS SPEED WAS THE FASTEST
OF THE YEAR SO FAR.

2

MANY PEOPLE THINK THAT
THAT OPTICAL ILLUSIONS ARE
ARE TRICKS OF THE EYE, BUT THEY
THEY ARE NOT. THEY ARE TRICKS
TRICKS OF THE BRAIN – OUR EYES
EYES SEE THEM AND OUR BRAINS
BRAINS MISINTERPRET THEM.

24 正方形的数量 第二级

仔细计算右侧的图片中到底隐藏着多少个大小不一的正方形。斑点就是正方形的顶点。

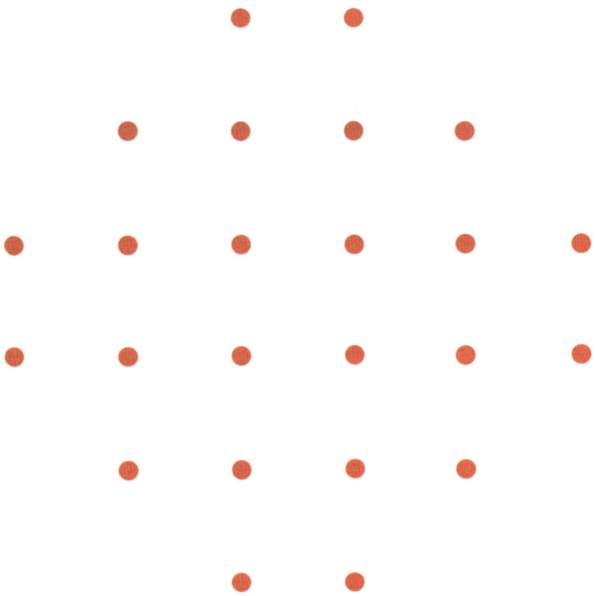

提示：

不要忘了考虑对角线！

答案见184页

25 扭曲的三角形 第二级

仔细观察这个看起来很怪异的三角形。要想建造这样一个三角形，你认为需要多少根木头呢？

26 驾驶测试 第二级

这是一个比较特别的驾驶测试。以红色圆形为起点，你要穿过整个图形中的每一个方格，总计64个方格。在这一过程中，你必须尽可能多地转弯。转弯的最大次数是多少？你可以以任一方格作为终点。

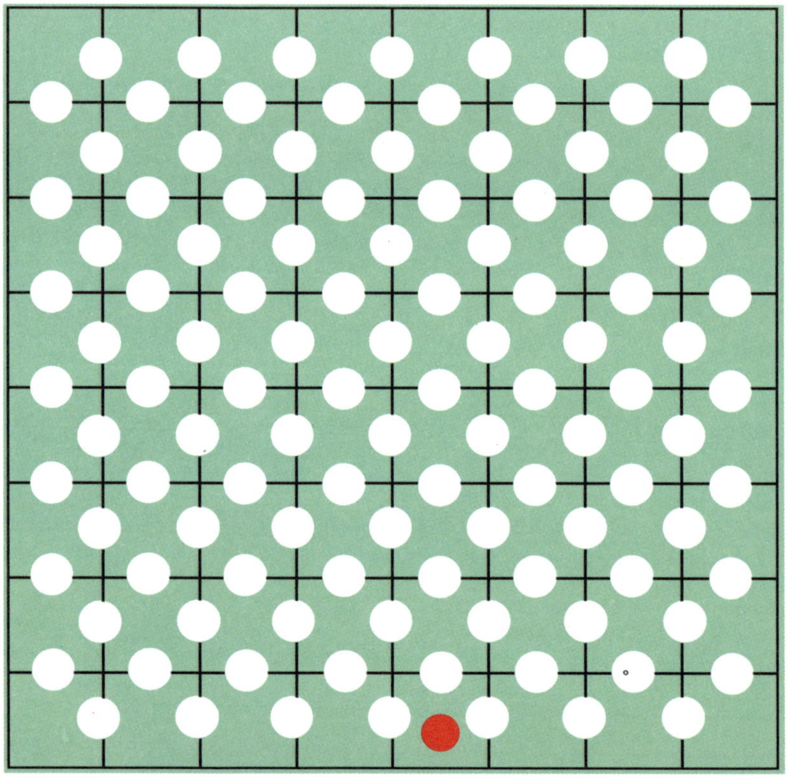

提示：

因为你不能一次成功，所以最好用铅笔尝试画出路线。

27 动中求变 第二级

用12根火柴按照右边的图形摆成4个小正方形。然后，尝试在只移动4根火柴的前提下，摆出3个同等面积的小正方形。

28 3D困境 第二级

右侧的平面展开图合起来后，能组成下面的哪个正方体呢？

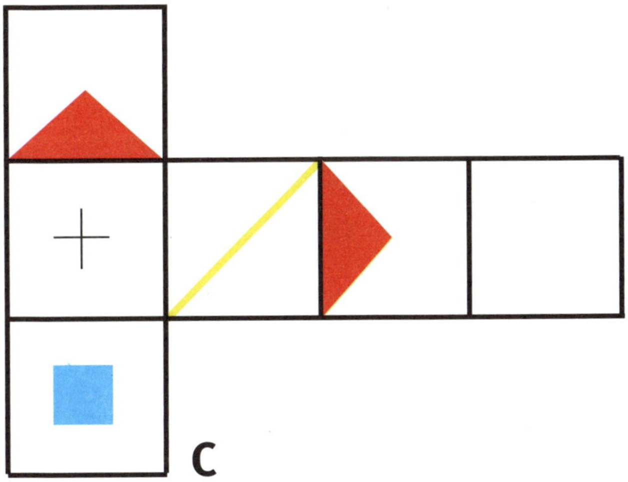

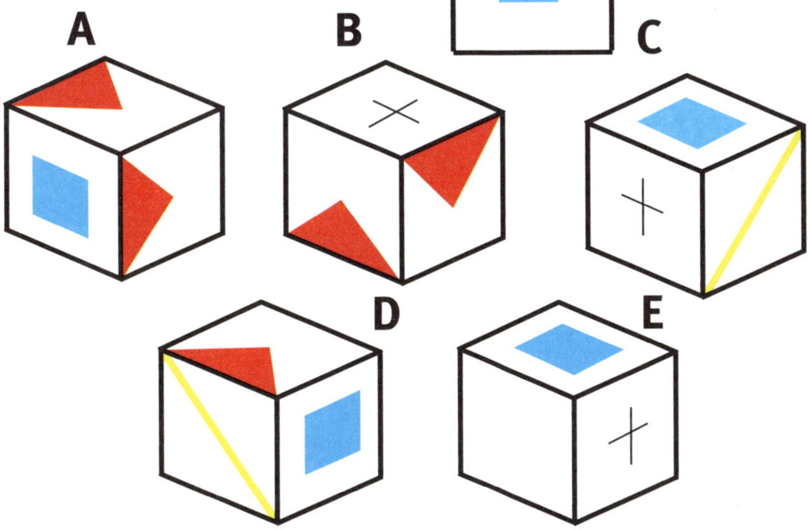

答案见184页

29 齿轮谜题　第二级

当图中的控制手柄转动时，四个重物中哪个会上升，哪个会下降呢？

30 一笔带过　第二级

用四条直线穿过所有的绿色斑点，整个过程中，不能二次起笔。

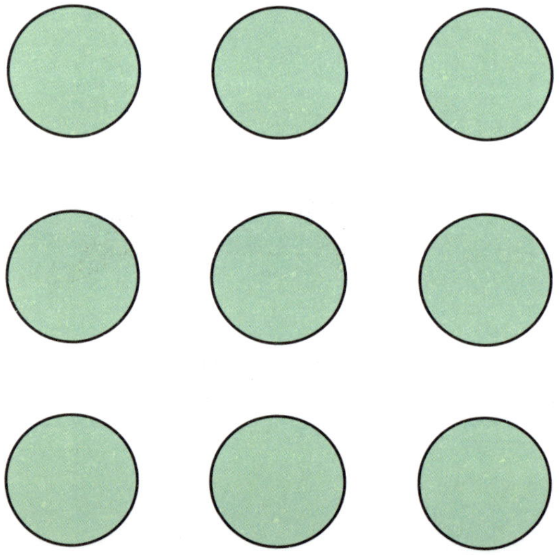

31 湖边别墅　第二级

四个富人在湖边建了自己的别墅。但是，有四个露营者决定在别墅前支起帐篷，紧靠湖边。富人们想要将湖据为己有，因此打算建起一道墙，将露营者隔离在外。他们想让自己的别墅和湖泊在墙内，而露营者则被隔离在外。如何做才能使建起的墙是最短的？

32 拼图谜题　第二级

这道题目相当难！你要用七个图形拼合成一个三角形。为了顺利解决谜题，你可以用纸张或硬纸板剪出相应的图形。这些图形包括一个图形A、三个图形B以及三个图形C。你必须利用它们拼出一个等边三角形；也就是说，三角形的三条边长度相等。

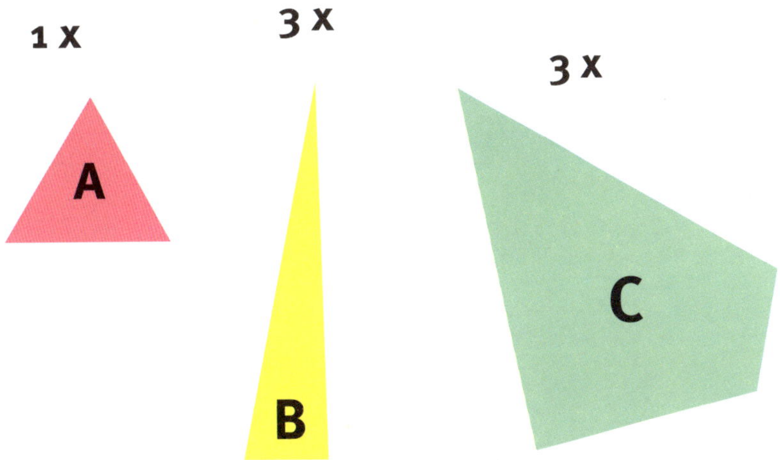

答案见 185 页

33 邪恶圆形　第二级

这也是一道棘手的难题。下面的圆形由十个形态各异的图形组成，有些图形边缘是曲线。你能用这些图形组合出左侧的三个图形吗？为了顺利解决问题，你可以用纸张或硬纸板剪出相应的图形。

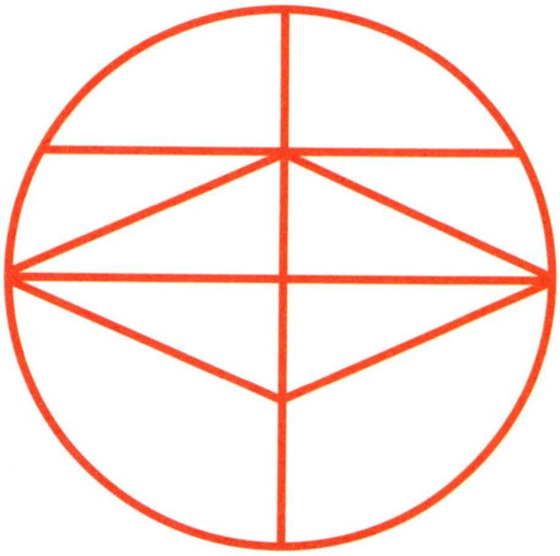

34 巧画正方形　第二级

在右图中画出一个完美的正方形，要求正方形的每条边都要经过字母X的交叉点，而且任何一条边都不会接触到原来的图形。另外，你所画的正方形的边不能同原来的图形平行。

35 进进出出　第二级

这是一个你绝对不愿意踏足的迷宫！幸运的是，我们给了你在纸上解决它的机会。从图片下方的箭头处开始，你必须先抵达迷宫中央的树下，然后再设法走出迷宫。不要在里面迷失太久！

36 填充谜题　第二级

下面的五个L形物体能够填充到左侧4×4的方格中，但是始终会有一个方格空着。当五个物体都填充后，哪个方格会空着呢？

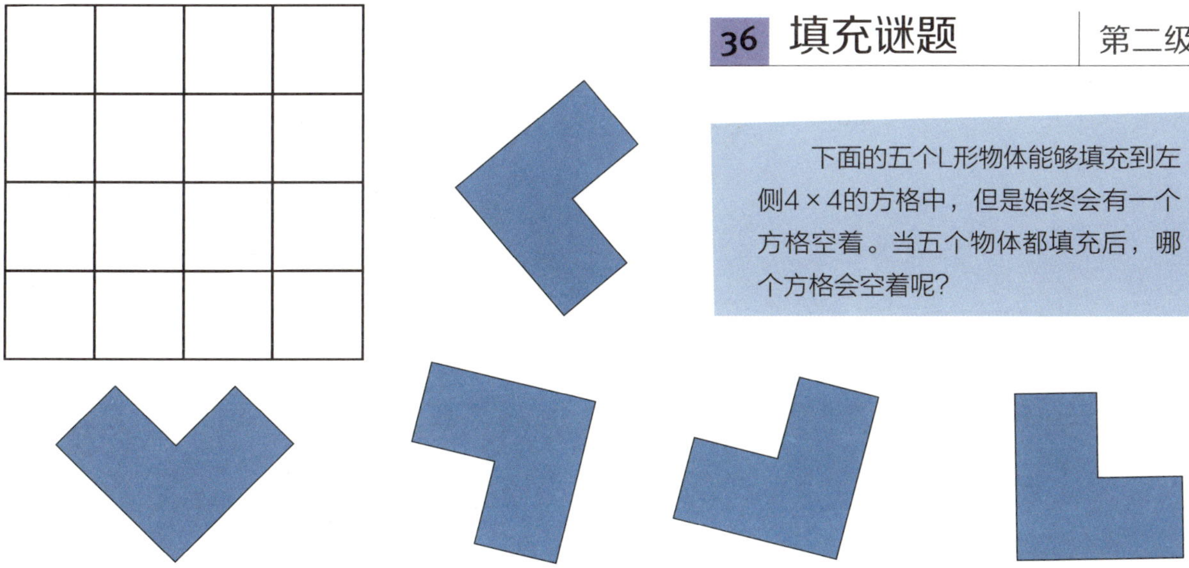

37 词语方格 第二级

你能将右侧的六个单词填到4×4的方格中吗？

AREA
BALD
BRAT
DAFT
DEED
LEAF

提示：

有些单词不论是横向读还是纵向读，都是一样的。

38 公平的份额 第二级

这块海绵蛋糕上嵌着美味可口的草莓。母亲要把它切成四块，分给孩子们，每块蛋糕都要保持同样的形状和大小，而且各有三个草莓。那么，她要如何下手呢？

提示：

母亲所有的切线都是水平或垂直的（而不是对角线）。

39 比萨大派送 第二级

由于人手紧张，这位比萨派送员要一次性递送21份比萨。为了不让整个路程单调乏味，他打算不重复经过任何一条道路，从A点到B点一次性路过21个递送点，中途不能折回。你能正确地引导他抵达终点吗？用数字编号描述你规划的路线。

40 正方体困惑 第二级

花几秒钟时间仔细观察该正方体。这个蓝点是在正方体的正面还是背面？

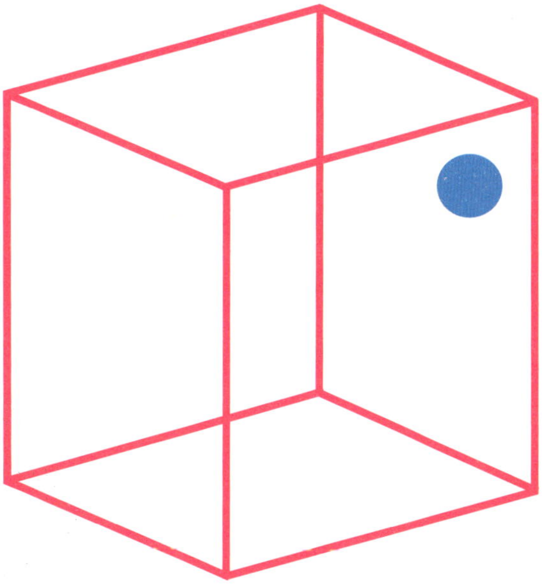

答案见185页

拓展思维

第三级

谜题 41~60

恭喜你顺利晋级，这一级需要你更加认真对待。

41 多样图形 第三级

跟其他同类型的谜题一样，你可能更倾向于将这些图形剪下来，以帮助自己解决谜题。下面的长方形由11个图形组成，你能用它们拼出右侧的四个图形吗？

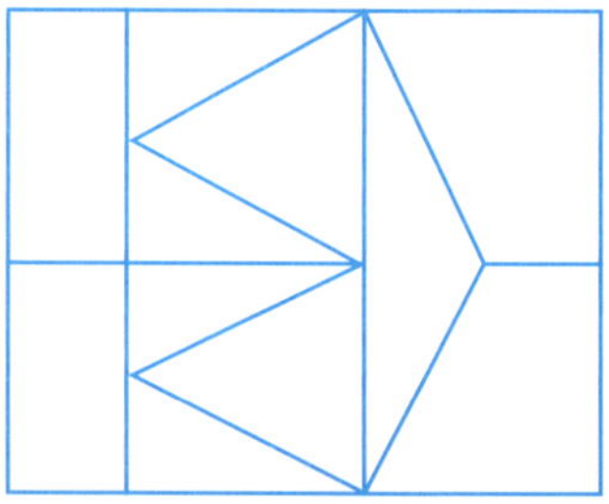

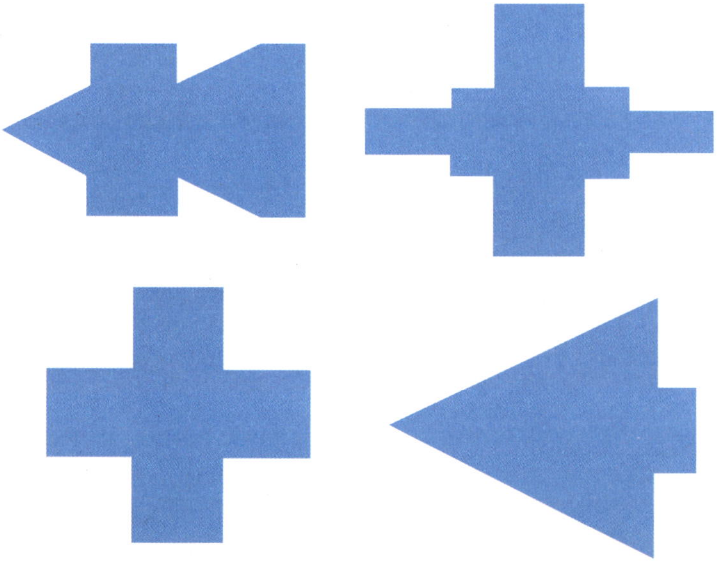

42 追星者 第三级

用18根火柴摆出右边的金字塔形状。通过移动六根火柴，你能够构造出一个对称的星形吗？

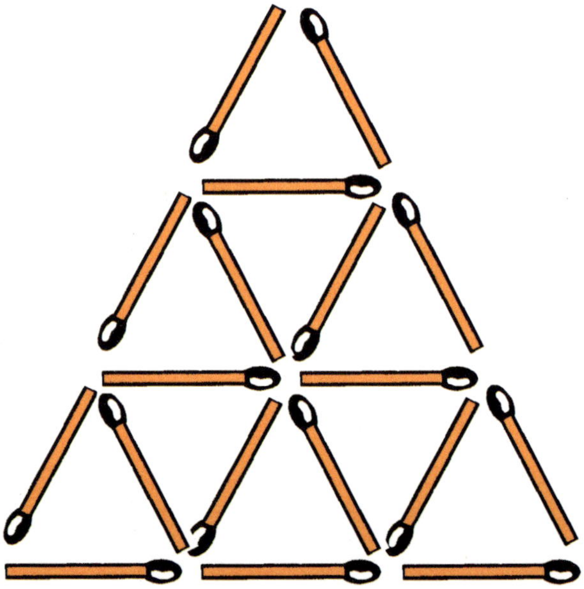

43 11个元素 | 第三级

下面总共有11个图形，其中包括一个图形A、两个图形B、两个图形C、一个图形D、三个图形E、两个图形F。你要用它们组合出一个正方形。简单！

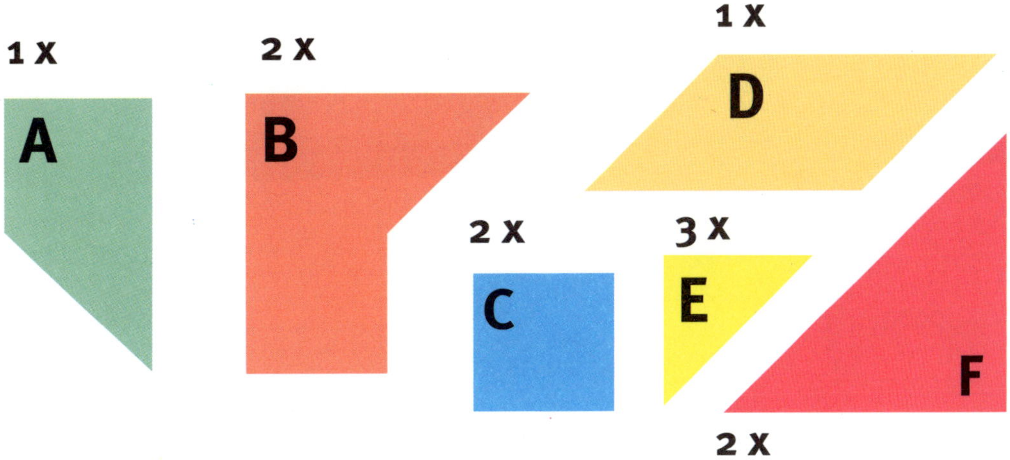

44 圆心 | 第三级

仔细观察右侧的图片。图中的三个圆点中有一个是圆心，你知道是哪个吗？

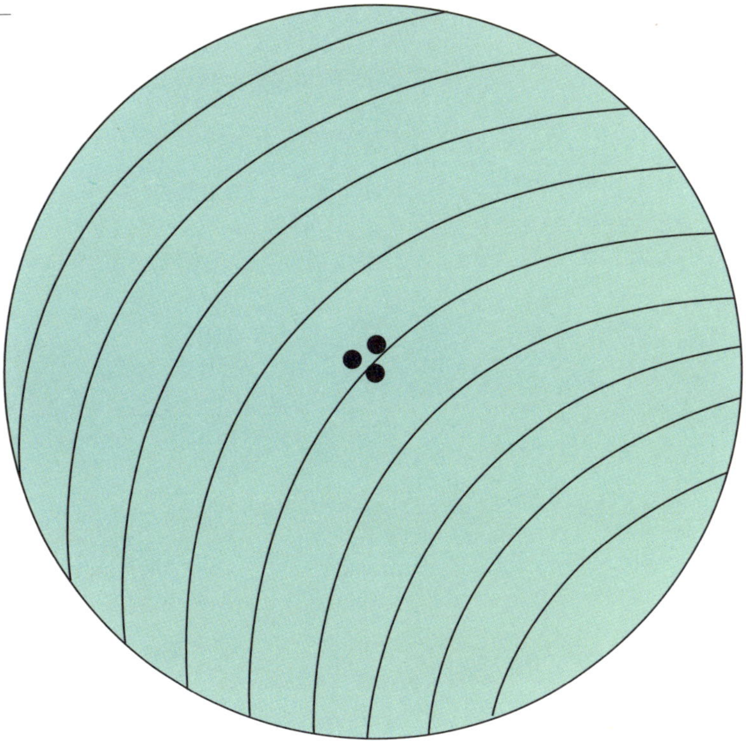

答案见 186 页

45 人形拼图

第三级

该谜题同样是拼图问题。下面的正方形由七个图形组成，用剪刀剪下这七个图形，然后尝试用它们拼出右侧的四个人形图案。

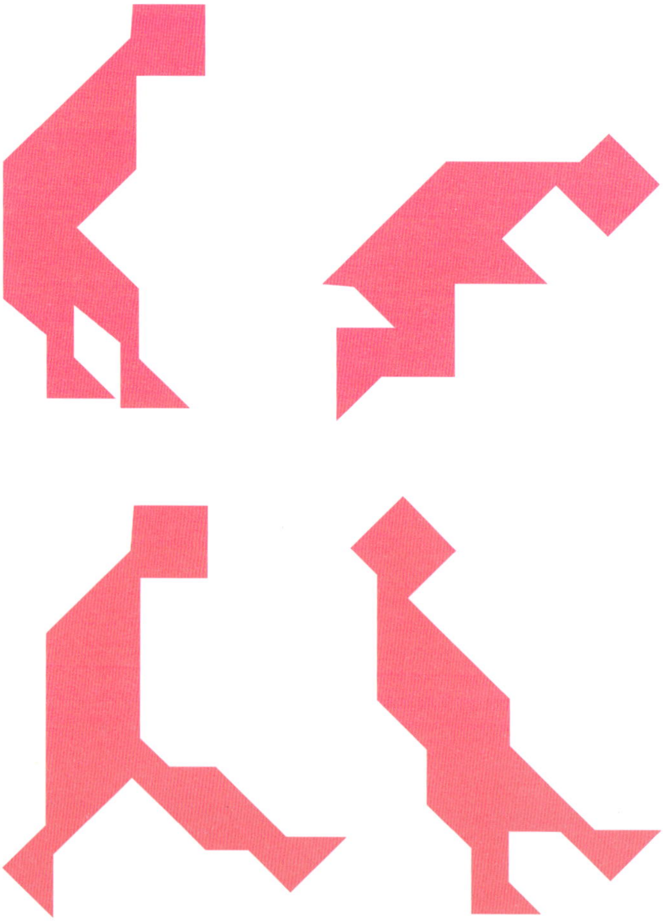

46 双重正方形

第三级

找一张白纸，画出右侧的图形，即一个正方形连着一个面积为其四分之一的小正方形。在只能剪两刀的前提下，如何使剪后的图形再次组合成一个新的正方形？

47 猫的领地　第三级

仔细观察右侧圆圈中的十只猫，它们互不侵犯各自的领地。你能在大圆圈中画出三个小圆圈，证明每只猫都有自己的领地吗？

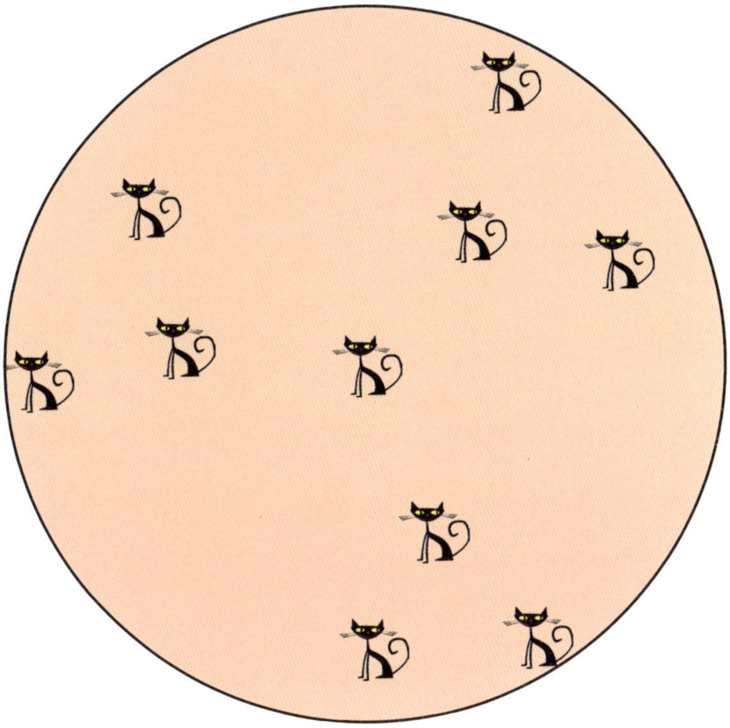

提示：

这三个小圆圈的面积相同。

48 不可思议　第三级

从起点A到终点G，这一路上你要不断地拼出"AMAZING"才能前进。移动方向可以水平或竖直，但不能是对角线方向。

↓ A																									
M	A	Z	N	I	Z	I	N	G	A	M	A	Z	I	N	M	I	N	G	A	M	A	N	A	G	N
A	Z	I	N	G	A	N	I	A	N	G	Z	I	A	M	A	Z	Z	A	N	I	Z	I	N	A	I
N	I	N	Z	A	M	A	Z	M	I	M	A	N	G	A	N	G	I	M	A	M	M	A	G	A	Z
G	A	G	A	M	Z	I	Z	A	Z	A	G	N	A	M	I	I	Z	A	G	A	Z	I	G	M	A
A	M	A	I	Z	G	N	G	A	M	A	Z	I	Z	A	Z	N	Z	I	N	A	G	N	N	A	Z
Z	A	Z	N	A	A	M	A	Z	I	N	I	G	N	I	I	Z	A	A	G	M	A	Z	I	N	G
I	A	I	G	M	G	N	I	N	G	A	N	M	A	Z	Z	A	M	M	A	N	I	Z	A	M	A
N	G	N	G	A	M	A	Z	M	A	M	G	A	M	I	N	G	A	I	Z	G	A	M	A	Z	I
G	A	N	I	Z	A	Z	I	N	Z	I	A	M	A	N	G	A	M	A	Z	I	N	G	Z	G	N
																									G ↓

答案见 186~187 页

49 类鱼形拼图 第三级

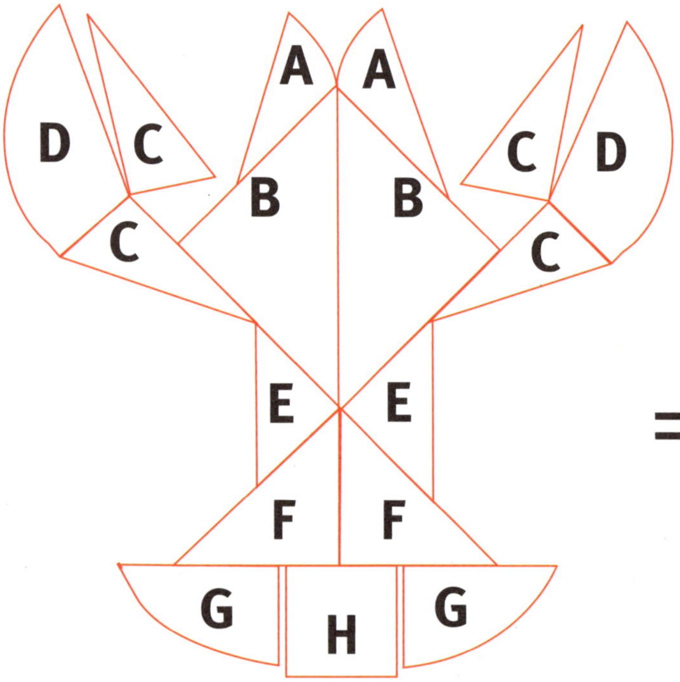

照着左侧的图案剪出17个图形，利用它们同时拼出一个正方形和一个圆形。

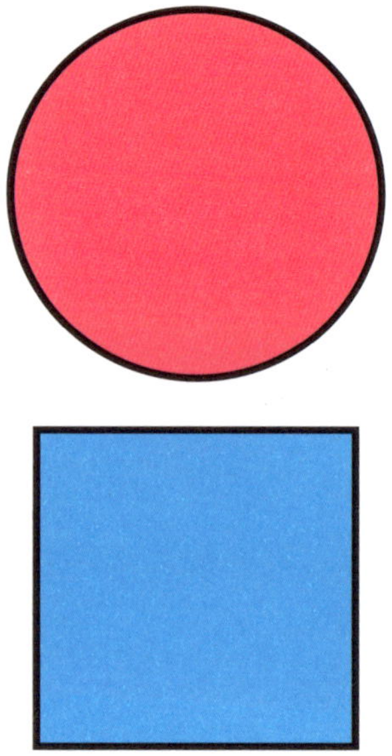

50 不可能的谜题？ 第三级

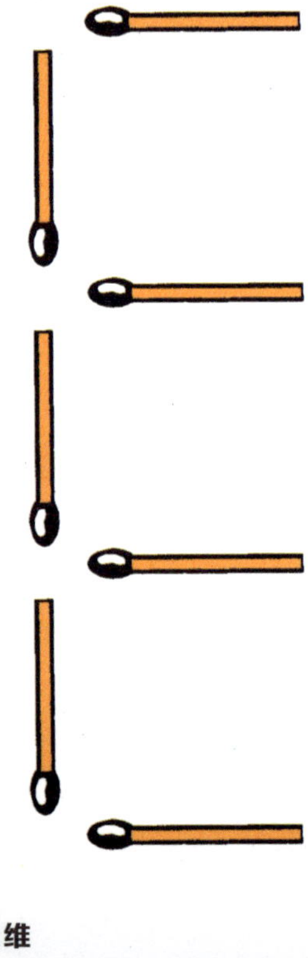

仔细观察左侧火柴的摆放。你能够移走三根火柴，剩下“八”吗？

提示：

这个谜题需要横向思维！

51 拉丁十字架拼图 第三级

在本题中，你要剪出五个图形，其中包括一个图形A、一个图形B、三个图形C，然后将它们组合成右侧的拉丁十字架。

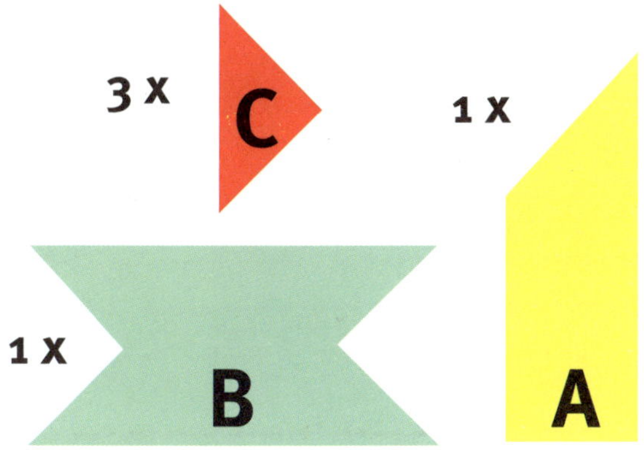

52 棘手三角形 第三级

左侧的图形中总共有多少个三角形？

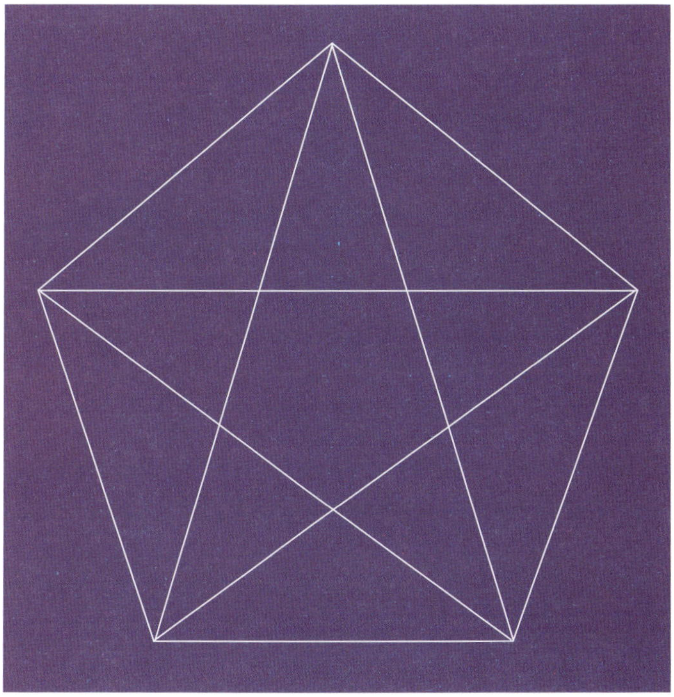

答案见 187 页

53 绳结谜题

第三级

这个绳结谜题更加复杂。当你拉紧绳子的两端时，会发生什么？绳子会打结吗？

54 正方体谜题

第三级

右侧的平面展开图折起来后，会形成下面的哪个正方体呢？

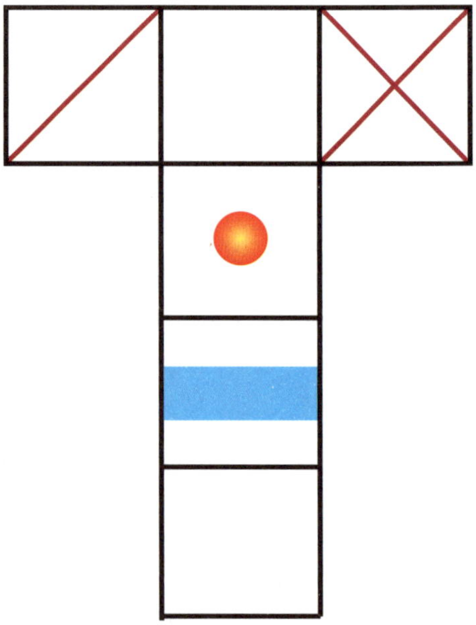

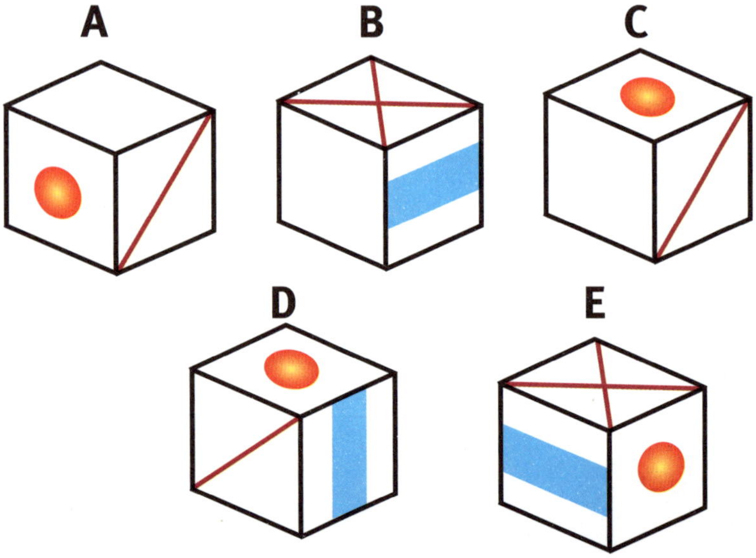

55 完美契合 第三级

在从A到E的五个图形中，哪个能够同左侧的图形结合，形成一个完美的圆形呢？

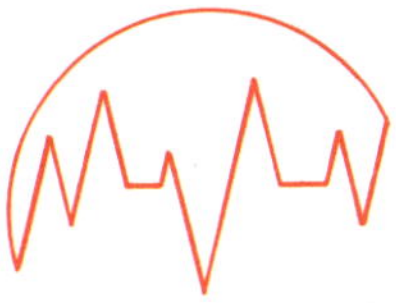

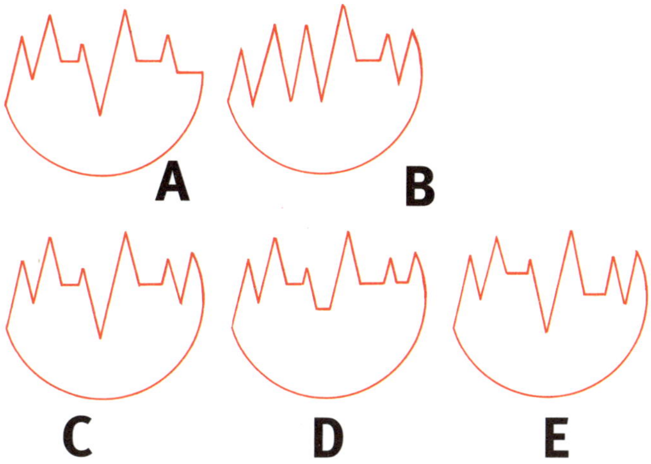

56 犬类谜题 第三级

一个人接了一份照顾七条狗的工作，但是这些狗之间相互仇视。为了把它们全部隔开，他必须在场地里装上三条笔直的隔板，以确保每条狗都有自己的领地。你能帮他解决问题吗？

提示：

每条狗的领地都是不同的形状和大小。

答案见187页

57 汉普顿迷宫　第三级

无论你是否真正参观过，你都可以尝试穿越英国最著名的迷宫——汉普顿皇宫的花园。你必须尽快穿过迷宫，抵达中心（两个粉色圆点处）。

58 火柴谜题　第三级

用17根火柴拼成如右图所示的由6个正方形组成的图案，然后拿走5根火柴，确保剩下的火柴能够组成3个正方形。

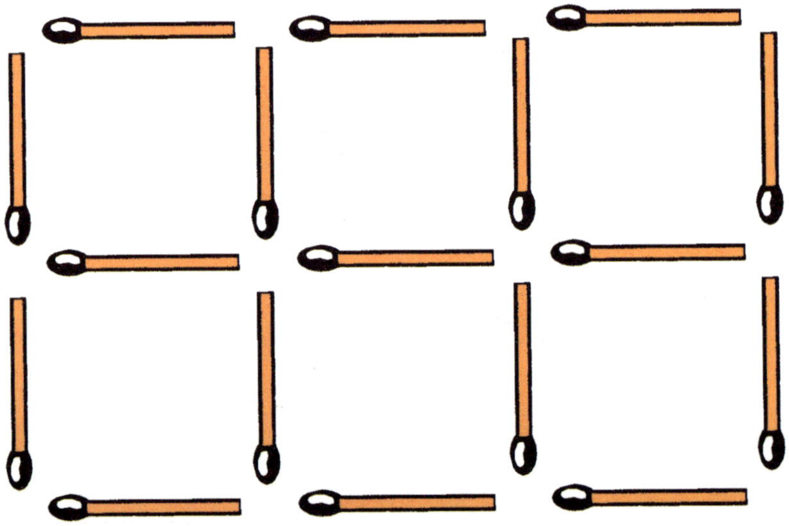

59 希腊十字架拼图 | 第三级

在一张白纸或硬纸板上画出如右图所示的希腊十字架。然后，在只能剪两刀的前提下，使剪后的图形拼成一个正方形。

提示：

你所剪出的两条切线将会合于同一个角上。

60 残破的棋盘 | 第三级

一个国际象棋的棋盘碎成了八片。你能将这些碎片重新拼成一个8×8的棋盘吗？最简单的方法是把这些碎片剪下来，当然，在白纸上画出方格也可以。

答案见 188 页

拓展思维　第四级

谜题 61~80

终于到了最高级别——你有信心应对接下来的挑战吗？

61 移动的楼梯　第四级

仔细观察这几节楼梯，绿色斑点是在楼梯的前面还是背面？这几节楼梯到底朝向什么方向呢？

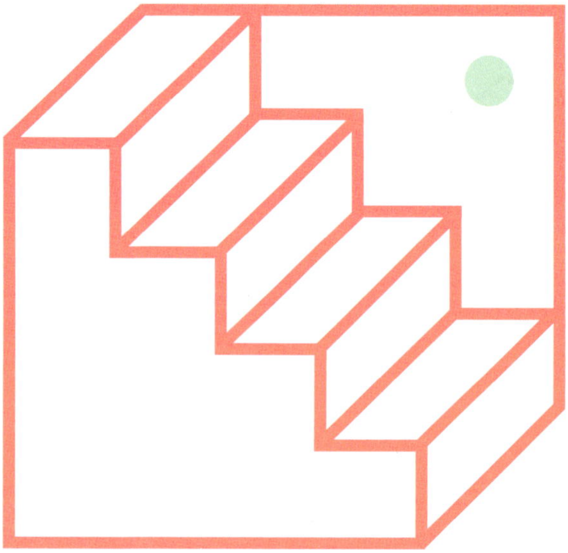

62 在何处打叉？　第四级

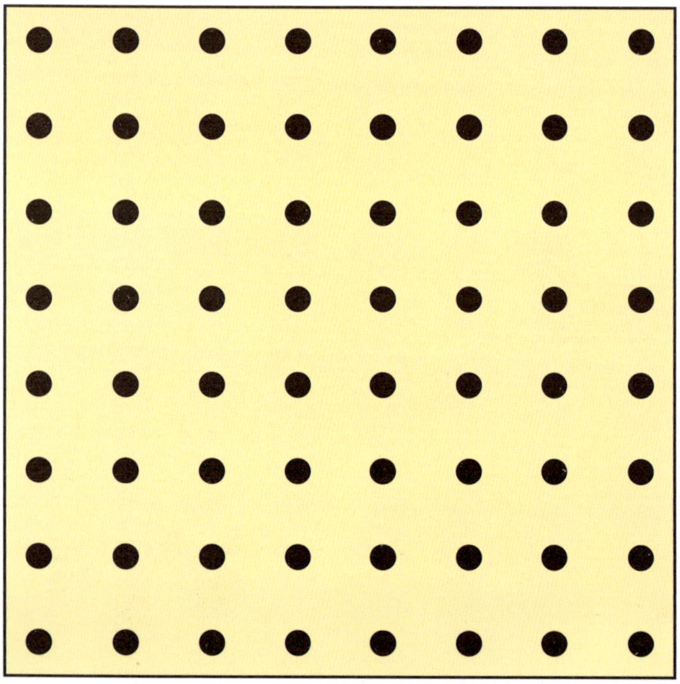

观察正方形中的64个圆点。你能在其中的8个圆点上打叉，并且确保任意两个叉号不在同一行、同一列、同一对角线上吗？

63 正方形拼图　第四级

该题需要更多的分割图形！你需要九个图形，其中包括三个图形A、三个图形B、三个图形C。将它们组合成一个大正方形或者三个小正方形。当然，拼出小正方形要简单一些，但是拼出大正方形能带给你更大的成就感。一步步来吧！

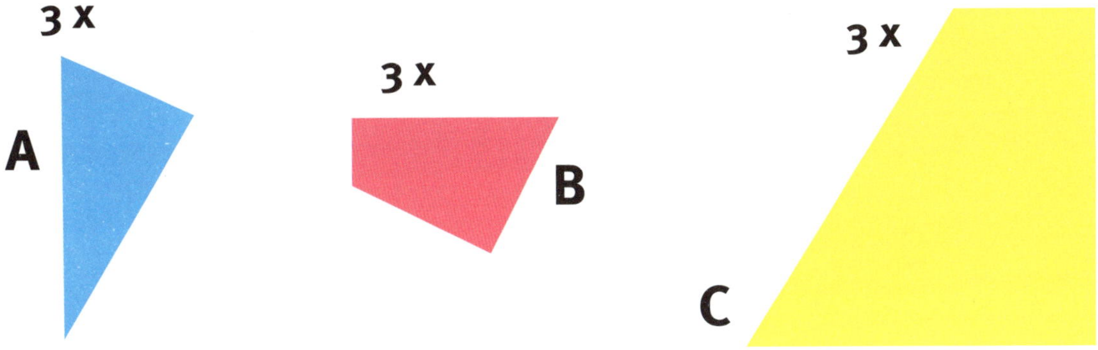

64 灵活的齿轮　第四级

下面是一台结构奇特的咖啡机。你的任务是弄清楚怎样操纵手柄A和手柄B，才能倒出一杯咖啡。

答案见 188 页

65 樱桃馅饼 第四级

又一道美味甜点等着你来瓜分啦！这次有四个人想要分一块馅饼，而且要保证每个人分得同样的大小和形状。这倒不算什么，每个人还非得要一颗樱桃，这就困难了！你能顺利地切分馅饼，满足这四个斤斤计较的人吗？

66 五格骨牌 第四级

五格骨牌由加利福尼亚的数学家所罗门·W. 戈洛姆发明。一张五格骨牌由5个小正方形组成。如下图所示，一组牌里有12张五格骨牌。用纸片剪出这些图形，然后尝试着解决右侧的5个问题。

1. 用任意4张五格骨牌，拼出一个4×5的长方形。
2. 用任意5张五格骨牌，拼出一个5×5的正方形。
3. 用任意6张五格骨牌，拼出一个5×6的长方形。
4. 用任意7张五格骨牌，拼出一个5×7的长方形。
5. 用任意8张五格骨牌，拼出一个4×10的长方形。

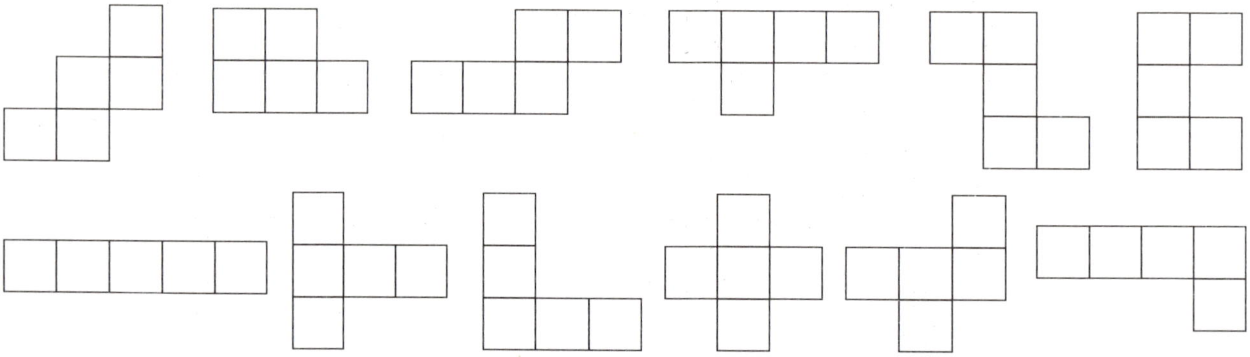

67 六边形拼图 第四级

剪出同右边一样的五个图形，然后用它们拼出一个六边形。

68 逃离学校 第四级

一个在要求严苛的寄宿学校上学的学生想要逃学一晚上。学校里总共有145道门，只有9道门是关着的（用蓝色方块标出）。学生（用红色圆点表示）必须到达出口（字母E）处，但是要确保不触发警报，因此他必须遵守以下几条要求。首先，在通过一道关着的门之前，必须先通过8道开着的门。其次，虽然不用穿过每道开着的门，但是必须经过所有的房间和9道关着的门。你能帮他逃离学校，去城里狂欢一晚吗？

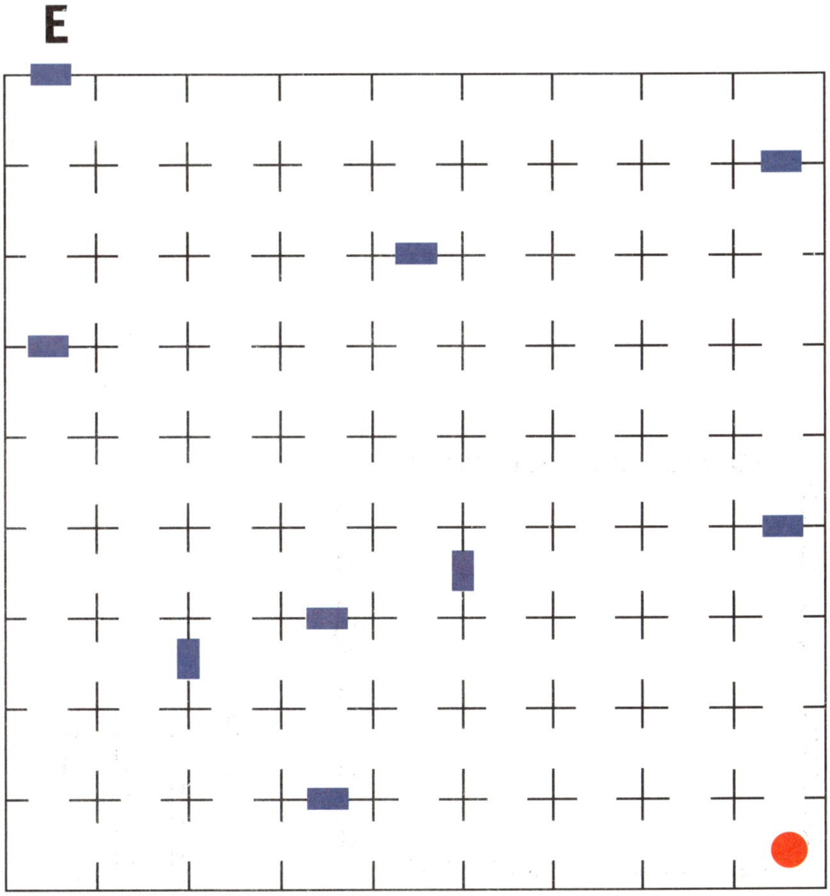

答案见189页

69 千回百转 第四级

你能顺利地从左侧箭头标示的入口走到右侧箭头标示的出口吗？你能在多长时间内完成这一挑战呢？

70 火柴游戏 第四级

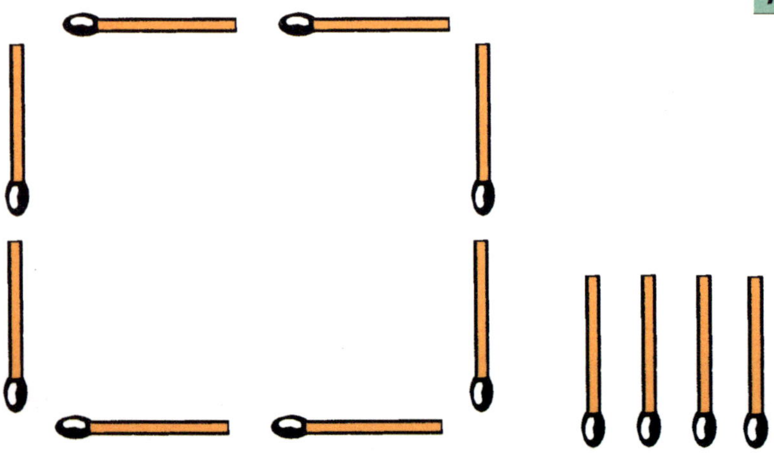

用八根火柴摆出左侧的正方形。你能再用四根火柴将其划分为面积和形状完全相同的两部分吗？

71 碎片游戏　第四级

如右图所示，八个碎片组成了一个正方形。将它们剪下来，你能够用它们拼出下面的四个图形吗？

72 一分为二　第四级

这是一个有难度的挑战。仔细观察右侧的希腊十字架，你的任务是将其分割为两个大小相似的希腊十字架，分割的部分越少越好。祝你好运！

答案见 189~190 页

73 星座　第四级

你能将右侧的星星划分为五个部分，并且确保每个部分都有三颗星星吗？这些区域的面积应该差不多大。

74 正方体谜题　第四级

下面的五个正方体中，哪个的平面展开图同右侧相同呢？

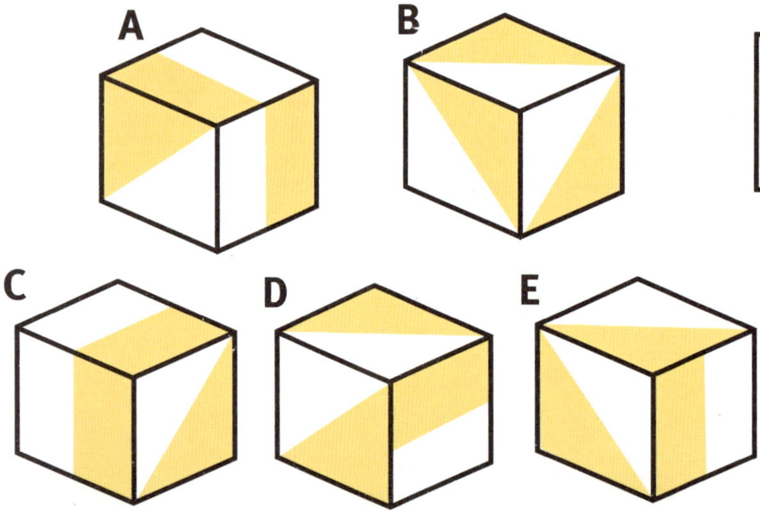

75 火柴游戏 第四级

用16根火柴摆出右边的图形，然后从中移出4根火柴，确保所剩火柴组成4个三角形。

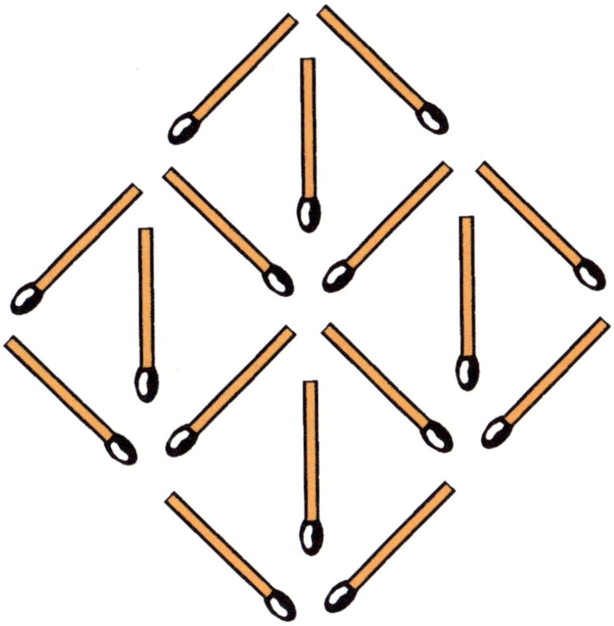

76 找到出路 第四级

你能顺利地通过这个棘手的迷宫吗？起点是左上角的粉色圆点处，终点是右下角的紫色圆点处。

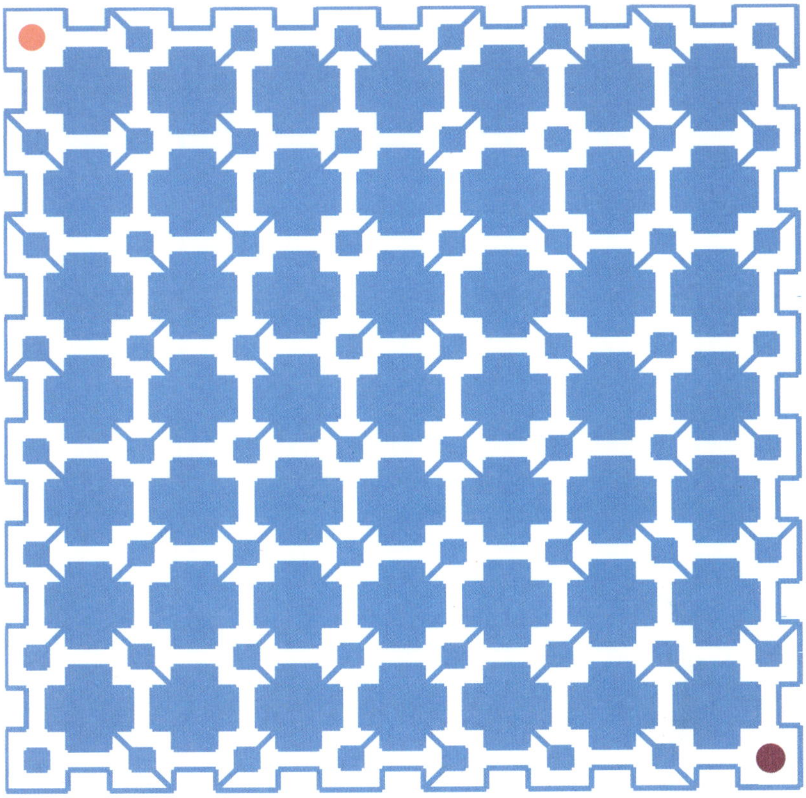

答案见190页

77 会打结吗？ 第四级

拉紧绳子的两头，绳子会打结吗？

78 快乐假日 第四级

8个同事分散生活在同一个城市的8个郊区（1~8），他们决定在周围风景迷人的小镇来次短暂的休假。因为铁路线路问题，他们无法经过彼此的郊区，或者穿过整个城市，而且他们必须在经过的第一个小镇停下来。字母A~H代表周围的小镇，也就是所有旅行的目的地。同事1~4决定他们都在同一个地方度假，同事5~8也选定了同一个度假地，但是后者不想跟前者相遇，因此他们决定去前者到达不了的地方。你能推测出两组人分别在哪个地方度假吗？

79 幸运七巧板 第四级

这次的正方形由七个部分组成。剪下这些图形，然后尝试用它们拼出右侧的五个图形。

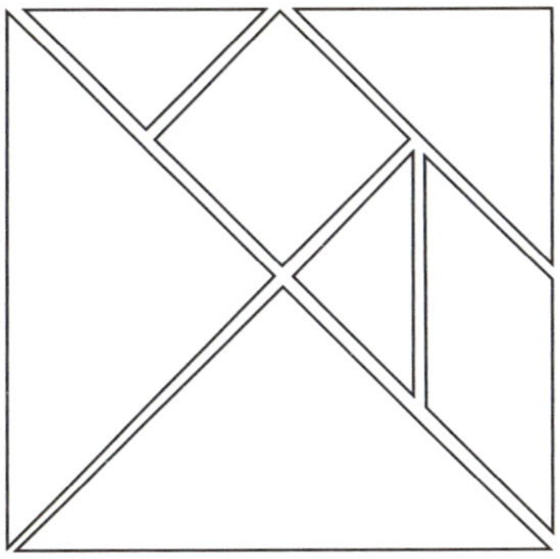

80 滑动拼图游戏 第四级

这是当下流行的滑动拼图游戏。按照A图剪出标有数字1~8的八个小方块，并将它们按照A图排列，右下角保持空白。你的任务是每次移动一个方块，最终使所有数字按照B图的方式排列。你能在多短时间内完成该挑战?

A

3	2	1
4	5	6
8	7	

B

1	2	3
4	5	6
7	8	

答案见190页

推理

（图形识别 / 归纳推理 / 数学推理）

数字、文字和数列谜题，测试你的推理能力

推理

我们的推理能力同其他解决问题的技能一样——用得越多，就越强。在本部分中，你会遇到各种需要运用推理才能解决的谜题。当然，推理的方式多种多样，尽管有些谜题相比其他谜题，可能需要你花费更长的时间，但最重要的是找到正确答案，而不是如何找到答案。当你通过前两个等级后，你就会发现自己的推理能力有所提高。只要坚持，每一分努力都会转化成能力的提升。

数字谜题

快速浏览一下本部分的内容，你会发现许多谜题都属于数字谜题。但不要想当然地认为数学知识是这些题目最重要的考察点，大多数题目都在考察你的推理能力，而不是运算能力！仔细阅读下面的谜题，这道题需要运用代数知识。尽管这些谜题看起来异常复杂，但它们都基于逻辑推理，实际上要比看起来简单许多。如果你碰到了此类棘手的问题，不要急于翻看答案，而应该仔细思考，反复验证自己的答案，直到得出正确答案。

基础中的基础

为了给同伴传递秘密消息，许多孩子都会花数小时的时间创造密码。即便对成年人来说，这个过程也趣味十足。只要发挥些许想象力，你就能创造出难以破解的简单密码。在本部分中，各种密码对你的推理能力提出了挑战。大多数时候，你

比萨

这是一道需要运用代数知识解决的谜题。后面的内容里有许多这种类型的题目，如果你不熟悉这种方法，那么阅读下面的例题可能会对你有所帮助。

饥肠辘辘的孩子们在尽情地享用比萨。阅读下面的线索，你能算出每个孩子吃了多少比萨吗？

1. 艾米、贝琳达和凯瑞总共吃了24块。

2. 凯瑞一人吃的数量相当于艾米和贝琳达两人吃的数量。

3. 凯瑞和贝琳达两人吃的数量是艾米的5倍。

如果艾米吃的块数为A，贝琳达吃的块数为B，凯瑞吃的块数为C，那么根据上面的线索，我们可以得出以下结论：

1）$A+B+C=24$

2）$A+B=C$

3）$B+C=5A$

现在你能算出每个人所吃的块数了吗？如果遇到困难或者想要知道答案，请翻到下一页（右下角）。

需要调动自己的横向思维，而不是按部就班地寻找答案。这个过程可能相当耗时，但是不要轻易放弃。有时候，灵感会突然降临到你身上！

放松大脑

陷在一个谜题里几个小时，无论如何努力，都毫无进展，你肯定遇到过这种情况。但是，经过一夜的休息，第二天便柳暗花明，答案突然出现在你的脑海里。在解决本部分的谜题时，你要记住这一点。如果你发现自己卡在一个难题上，最明智的选择就是暂时放弃，或许可以过一晚再来解题。大多数时候，第二天早晨你都会豁然开朗。这是因为一夜的睡眠给了身体和大脑充分的休息时间，有利于新思路的拓展。同时，休息也使你终止了之前错误的思路。当你以饱满的精神，从全新的角度看待这个问题时，成功的概率就大了许多。

被难题卡住时，适当休息有助于你开拓思路

需要提示?

为了帮助你解决难题，我们在接下来的谜题中提供了许多小提示，但如果你能独立解决问题，就更好了。

切忌急于求成！

有时候，在着手解决问题前，整理一下思路，确定解题方向，能为你节省大量时间。或许，你会想到一个有利于解决问题的模型。一位德国数学家的经历证明了这一点，当时他只是一个7岁的孩子，要把1~100的所有数字加起来。他在很短的时间内就得出了答案，这让老师大吃一惊。当老师询问他是如何做的时，他说自己发现这个数列的头尾两个数字相加总是等于101，例如1+100=101，2+99=101，等等。于是，他用101乘以数字的一半，也就是50，便得到了答案（101×50=5050）。通过事先仔细的观察，他找到了简便快捷的解题方法。本部分的有些谜题也需要运用这样的数学模型（例如谜题32）。当然，很多密码谜题和数列谜题中也藏有各种模型。最重要的是，对于大多数谜题，事先思考解题方法很有帮助。

勇于尝试

许多谜题看起来相当复杂，但是不要气馁。只是扫一眼题目就断定自己无法解决，这样实在可惜，因为当你真正下手解题时，你会发现它们其实没那么难。从第一级开始小试牛刀，建立信心，不断提升自己的脑力，直至解决最高级别的难题！

"比萨"谜题答案：
如果A+B=C（方程式2），那么我们可以把方程式1写为C+C=24，所以C=12。所以，凯瑞吃了12块比萨。如果B+C=5A（方程式3），那么我们可以把方程式1写为A+5A=24，所以A=4。根据方程式1，我们可知B=24-A-C，所以B=8。所以，贝琳达吃了8块，艾米吃了4块。

推理

谜题 1~20

第一级

第一级的谜题最简单，为接下来的挑战热热身！

1 比比重量　第一级

若要让第三座天平保持平衡的话，要在右侧放多少个苹果？

2 年龄差异　第一级

阅读下面的信息，你能算出约翰、卡罗尔和托尼的准确年龄吗？

1. 约翰、卡罗尔和托尼的年龄总和为48。
2. 约翰和卡罗尔的年龄之和等于托尼的年龄。
3. 再过6年，托尼的年龄就会是卡罗尔年龄的2倍。

他们现在的年龄各是多少？

3 下一个数字是多少？ 第一级

下面的每组数列中都有缺失的数字，你能将其补全吗？

A. 1, 2, 5, 10, 17, 26, 37, ?

B. 100, 81, 64, 49, 36, 25, ?

C. 324, 433, 542, ?

提示：

仔细观察C组中组成每个数字的每位数，它们之间有何关系？

---

4 圆形之和 第一级

你的任务是将数字0~11填到右侧的圆形中，每个数字只能出现一次。我们在下面的列表中赋予每个数字新的值。也就是说，每个圆形中的数字所代表的值应该同与其直接相连的圆形中的数字之和相等。感觉有点绕？仔细阅读下面的例子，加深对题目的理解。

例子

1 = 14 (4+7+3)
4 = 8 (7+1)
7 = 5 (4+1)
3 = 1

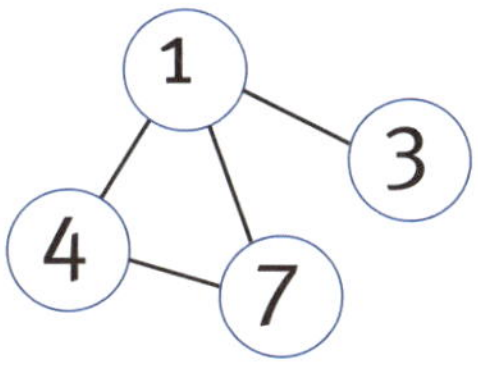

0	=	9
1	=	14
2	=	7
3	=	5
4	=	19
5	=	5
6	=	2
7	=	17
8	=	16
9	=	25
10	=	24
11	=	10

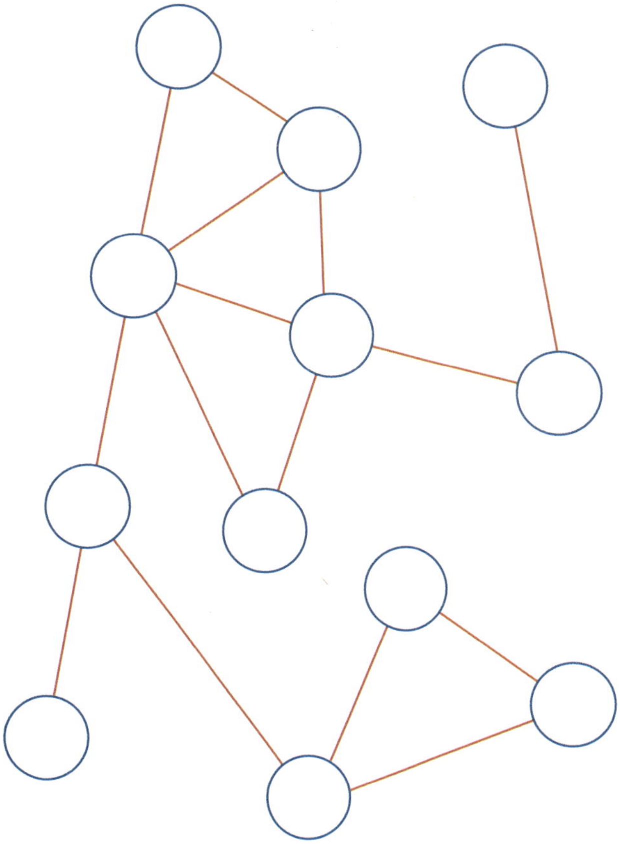

答案见 192 页

5 秘密信息　第一级

本部分的谜题中有许多密码和秘密信息，需要你充分运用自己的思考能力。我们先从简单的开始吧！你能找出这封信中的秘密信息吗？

dearest oli via,

how is your l ittle bro ther? much recov ered hope fully. Y ou are both in o ur thou ghts and prayers.

james

6 星球算数　第一级

3个星球的名字总共包含10个不同的字母，可以用10个不同的数字表示。你能用数字0~9替换字母，从而使算式的和最大吗？

	M	A	R	S	+
V	E	N	U	S	
E	A	R	T	H	

提示：

在另外一张纸上计算，最好用铅笔，因为要得出答案，你可能需要尝试多次。

7 红球还是蓝球？ 第一级

一个袋子里有五个红球和五个蓝球，从中随机拿出五个球来。这五个球是同一颜色的概率是多少？

提示：

解题之前，你要牢记从袋子里随机取出一个红球或蓝球的概率都是50%。

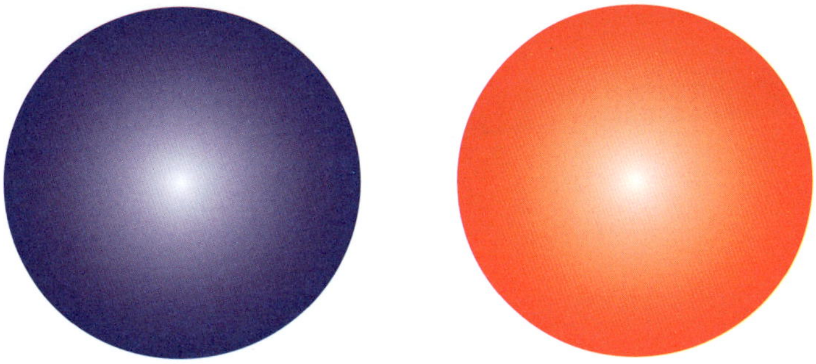

8 跳过沼泽 第一级

把右边的网格想象成一片无法穿越的大沼泽，但你必须挑战这个不可能完成的任务。幸运的是，沼泽中分布着许多石块，如果你能在穿越前识别出它们的位置，就能安全地跳过沼泽。石块的轨迹可能向上、向下、向左或向右，但绝不会出现对角线的情况。网格中，每个方格不是垫脚的石块，就是致命的沼泽。方格中的数字表示该方格及相邻的四个方格内总共有多少石块。识别出所有石块的位置后，你就能找到一条安全的道路，从A侧到达B侧。

A

3	3	4	3	3	2	1	1	2	1	2	2	4	3
3	3	2	2	2	2	1	1	3	3	2	3	4	4
3	1	2	2	3	3	3	2	4	3	3		3	4
3	3	2	3	4	3	3	2	3	3				3
4	2	3	2	3	2	3	2	4	3	3	3	2	3
3	3	2	3	3	2	3	3	3	2	2	2	2	2
3		4	3	4	2	3	3	3	2	1	2	0	2
2		2	3	3	2	2	2	3	3	3	3	3	2
3	2		1	4	3	3	3	3	3	4	3	3	3
2	3	1	1	2	2	1	1	1	2	1	2	1	1

B

提示：

蓝色方格是确定无疑的沼泽，所以要注意。留意这些方格有助于你开始解题。

答案见 192 页

9 丢失的物品　第一级

一群大大咧咧的人去度假，当他们到达度假区，才发现丢失了各种各样的物品，具体信息见下图。所有人剩下的物品都不超过一件。你能算出有多少比例的度假者丢失了全部四件物品吗？

在所有度假者中：

70%　丢失了行李

75%　丢失了门票

80%　丢失了旅行支票

85%　丢失了钱包

10 金字塔　第一级

该金字塔中的每一个数字都是下方相邻的两个砖块中的数字之和。根据已有的数字，你能够补全金字塔中的空格吗？

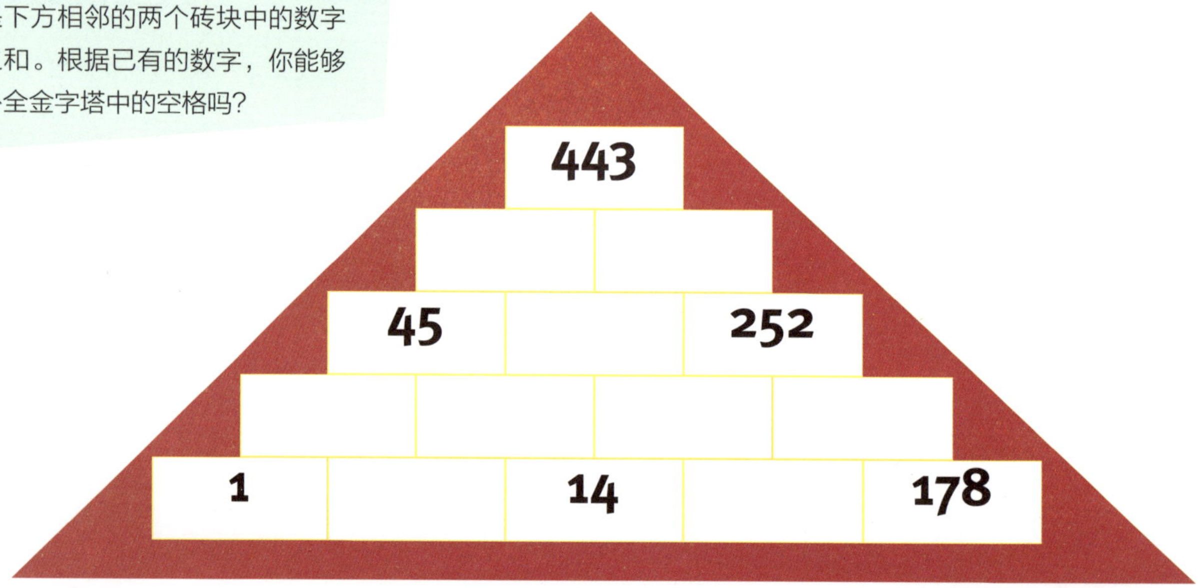

11 猫王的演讲 第一级

埃尔维斯·普雷斯利（猫王）说了右边的话。你能猜出他到底说了些什么吗？

12 文字奇迹 第一级

看看自己能在多短时间内完成这些字谜。

A

右侧的单词中，哪个同左侧是同一类？（语音方面）

ABLE	ISSUE	EXIT FLEA LORE
ECHO	ULTRA	OKAY ONCE
INTO	?	

B

横线下的单词中，哪个同横线上是同一类？（字母顺序方面）

DOOR	POOL	TIME
DRAY	STOP	?
BARD	CALM	SLIP
BOOT	EASY	SPRY

C

下面的12个单词中，哪2个单词与其他单词格格不入，原因是什么？（单词形变方面）

DEFER	DIRECT	STORE	PLEASE
SHELF	ROAST	FLESH	LASTED
ASLEEP	SALTED	CREDIT	FREED

答案见192页

13 算出准确数字　第一级

完成下面的数字挑战，测试一下你的心算能力吧！

1. 一个苹果重4盎司，一个容量为2磅的袋子能装多少个苹果呢？（1盎司=0.0625磅。——译者注）
2. 把40个桃子装入1个盘子中，有5%的桃子在移动中不慎被碰伤。若装入9个盘子中，会有多少被碰伤的桃子呢？
3. 一家旅馆煎了3打鸡蛋，煮了1打半带壳鸡蛋和15个荷包蛋。该旅馆总共做了多少个鸡蛋呢？
4. 一圈跑道长400米，在一场10千米的长跑中，运动员要跑多少圈？
5. 一个包装盒中有15块曲奇饼。如果要让27个孩子每人分得2块曲奇饼，那么要买多少盒？分完后，又会剩下多少块曲奇饼呢？
6. 5个小时总共有多少秒？
7. 算出一个盒子的边数（盒子的一个面有4条边）、一个六边形的边数和一个直角的度数之和。
8. 一个受过训练的运动员的静息心率为52次/分钟。那么，他的心脏一个小时要跳动多少次呢？
9. 如果一个元音字母的值为25，一个辅音字母的值为18，那么单词“exercise”和“bicycles”的值相差多少呢？（“exercise”有4个元音字母，4个辅音字母；“bicycles”有2个元音字母，6个辅音字母。——译者注）
10. 钟表上的分针一天要走多少圈呢？

---

14 绘画挑战　第一级

下面是一项绘画挑战，但是无须担心，你并不需要有高超的绘画技巧，只需要仔细思考！挑战任务：画出一个由10条直线组成的图形。10条直线上总共要有9个圆点，每条直线上都要有3个圆点。

提示：

解题时要多尝试几次——你或许无法一次就解决问题，但完成挑战后，你一定会很有成就感。

举例：右侧的2条直线上共有5个圆点。

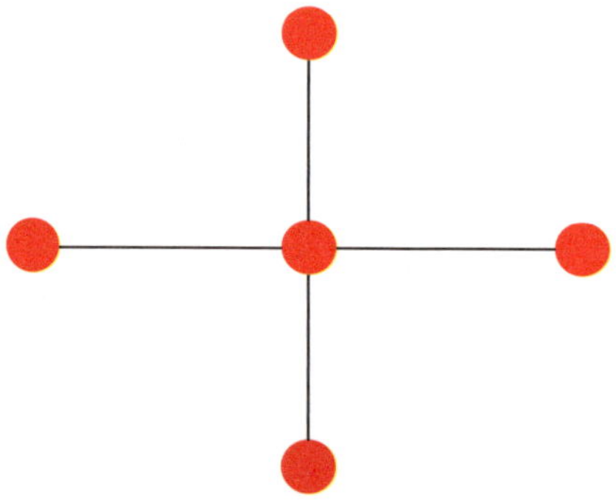

15 紧急信息　第一级

下面是美国内战时期使用的栅栏密码。这是一条罗伯特·爱德华·李传递给尤利塞斯·辛普森·格兰特的消息，时间是在1865年两人举行历史性会晤之前。信息的具体内容是什么？

p a n n t s r e d r l a e o d i e

l n i g o u r n e p e s h l f r

---

16 九宫格单词　第一级

每个九宫格都包含一个由九个字母组成的单词，从任何一个字母开始，你可以上下左右移动字母，但是不能沿对角线移动。你能补全缺失的字母，确保每个九宫格都包含一个完整的单词吗？

1.

Y	R	
R	D	M
	D	E

2.

	T	L
I	N	A
R		B

3.

A	L	
	S	I
N	O	A

答案见 192 页

17 母女二人 第一级

阅读下列信息，你能算出母女二人的具体年龄吗？

6年前， 母亲的年龄是女儿年龄的3倍。

36年后， 母亲的年龄是女儿年龄的1.5倍。

那么，母女二人的年龄各是多少？

提示：

尝试利用数学方程式解决该问题，可以用X和Y表示未知数。例如，可以设母亲的年龄为X，女儿的年龄为Y。

18 值得铭记的日子 第一级

算出下面提示算式的答案，并将其填到对应编号的方格中，中间紫色方格中的数字就是一个具有历史意义的日期。

横向

1. $2^5 \times 3^4$
4. $5^{11} \div 5^9$
6. 199×36
9. $8352 \div 87$
10. 614×706
13. $\sqrt{5929}$
14. 29×22
16. 31×21
21. 21^3
23. $\sqrt[3]{6859}$
24. 397×21
27. $11223 \div 129$
28. 703^2
29. $\sqrt[3]{2744}$
30. 112×43
31. $\sqrt{1849}$
32. 113×48

纵向

1. $14^2 + 10^2$
2. $9571 \div 17$
3. $7^2 - 5^2$
4. $\sqrt[3]{12167}$
5. $3942 \div 73$
6. $\sqrt{5476}$
7. $5^2 \times 3^3$
8. $81954 \div 174$
11. $6^3 + 145$
12. 31×27
15. $31 \times 13 \times 2$
16. $24161 \div 37$
17. 439×14
18. $2^3 \times 893$
19. $90381 \div 47$
20. $14333 - 6438$
21. 41×24
22. $38642 \div 139$
25. $\sqrt{97344}$
26. 31×24

19 合适的数字　第一级

请将下面的正方形填到对应的位置，确保每一行和每一列的数字之和与网格外的数值相等。

A		B		C		D		E		F		G		H	
5	9	4	6	4	3	1	5	9	8	4	9	3	6	2	1
2	3	9	7	8	7	2	9	1	3	1	1	1	3	2	9

I		J		K		L		M		N		O		P	
7	1	1	8	5	4	6	8	1	3	6	7	3	9	5	8
1	3	7	8	2	1	3	7	7	2	2	5	4	5	5	6

					8											96
																66
																65
																70
14	24	12	29	17	25	15	17	25	23	16	28	12	15	12	13	

20 增加一个数　第一级

在每一个算式中，你能在算式左侧插入两个相同数，以确保得到右侧的答案吗？注意：数字只能加在左侧！

A

4　+　7　=　517

B

9　x　2　=　2375

C

6　÷　8　=　27

提示：

对于算式A，你需要插入两个相同的两位数。对于算式C，你将要面临更加困难的挑战。提示就是这些，剩下的要靠你自己了。

答案见 193 页

推理

第二级

谜题 21~40

欢迎来到第二级。在这一级里，难度将提高一个等级，你能顺利解决问题吗？

21 快速逃离 第二级

侦探发现嫌疑人最好的朋友在看了下面的两个图形后，突然蹿上汽车逃走。匆忙中，他将这两个图形落下了。你能帮助侦探找出其中的隐含信息吗？

L	S	N	O
U	O	H	A
W	R	N	E
K	S	P	S

22 魔力方格 第二级

在右侧的网格中，用数字1~25补全空白的方格，确保每一行、每一列和每条对角线的数字之和均为65。

	16			
				2
17		12		22

23 小偷之间的暗号 第二级

警察拘留了一名罪犯，后者向同伙传递了一条信息，而且拒绝透露一个字。你能破解密码，弄清楚该信息的具体内容吗？

D,OYJ OD FRSF/ YJRTR
OD MP RBOFRMVR
SHSOMDY ID/ FP MPY
VPMGRDD SMUYJOMH/

24 金字塔 第二级

相对第一级的金字塔谜题而言，这道题更难，所以更值得挑战！与之前一样，该金字塔中的每一个数字都是下方相邻的两个砖块中的数字之和。根据已有的数字，你能够补全金字塔中的空格吗？

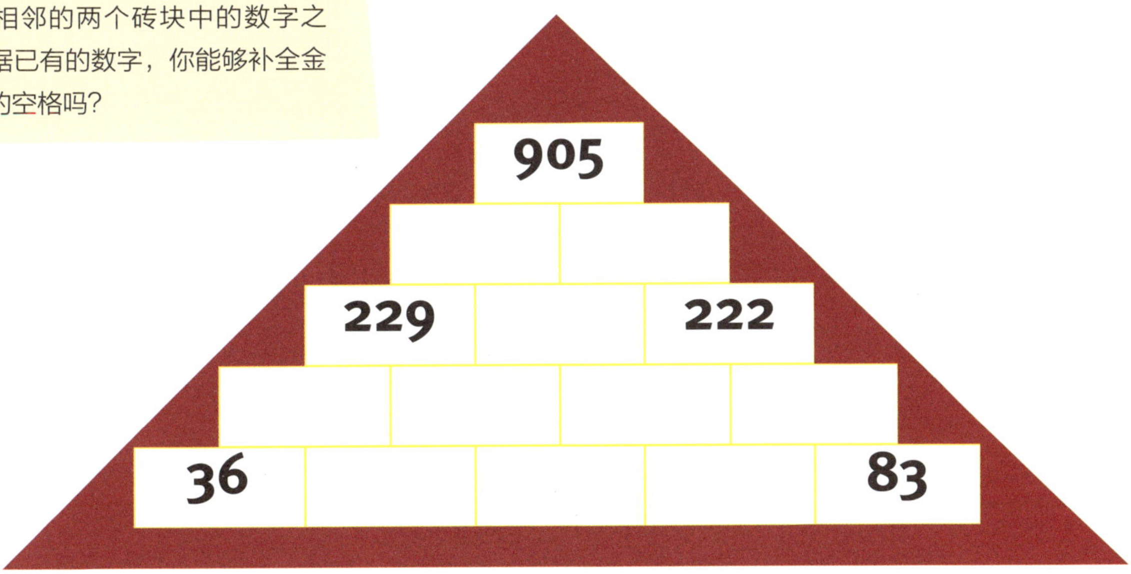

答案见 193 页

25 词语大师 第二级

珠玑妙算是一种简单而经典的密码破译游戏，在世界上许多地方都盛行一时。玩家有四个不同颜色的桩子，以特定的顺序排列，且对手无法看到。然后，对手要猜出四个桩子的排列顺序，每次只能猜一次。每次猜完后，玩家要告知对手有多少个桩子颜色正确，但位置错误；有多少个桩子颜色正确，位置也正确（但不要说出是哪个桩子）。我们对游戏做了改变，用字母代替颜色。根据玩家给出的提示，你能在第五次猜中答案吗？

		✔✔	✔
猜测 1	**NEED（需求）**	1	1
猜测 2	**LAWN（草坪）**	1	2
猜测 3	**LEAN（倾斜）**	0	2
猜测 4	**WEAL（福利）**	1	1
猜测 5	**____？**		

关键：

正确的字母，正确的位置=√√

正确的字母，错误的位置=√

26 年龄谜题 第二级

詹姆斯想给朋友汤姆出一道难题。你能帮助汤姆解决这道难题吗？

提示：

要用代数解决该谜题，首先设从两人初次相遇到现在经过的年数为x。然后，设詹姆斯当前的年龄为j，汤姆当前的年龄为t。根据假设列出等式：$t-x=3(j-x)$。然后再根据其他条件列出其他等式，这道题目就完成一半了。

“汤姆，假设我们初次相遇时，你的年龄是我的3倍，而我现在与当年的你同岁。当我的年龄是现在的3倍时，我们两人的年龄之和恰好是100。如果这些都是真的，那么我们两人现在的年龄各是多少？”

27 圆形之和 第二级

该题同谜题4如出一辙，但难度更大！记住，每个圆形中的数字所代表的值应该同与其直接相连的圆形中的数字之和相等。复习一下谜题4中的例子，加深对题目的理解吧。

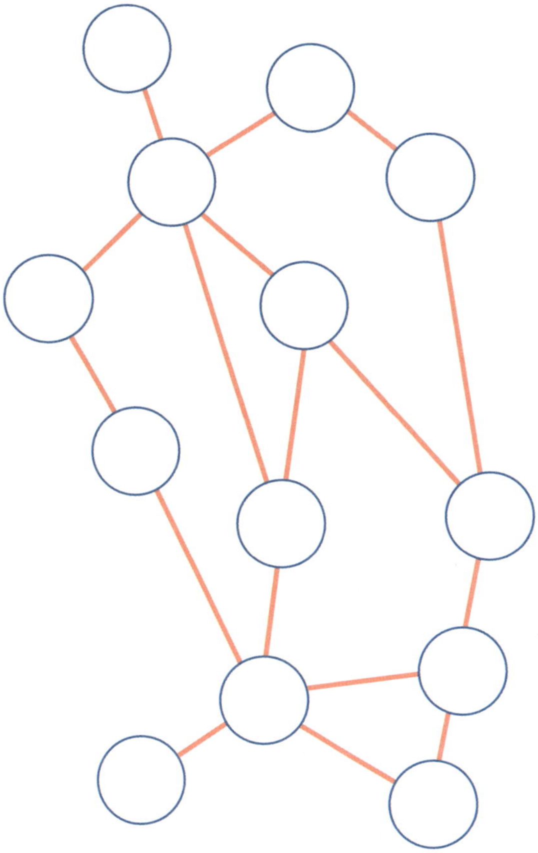

0	=	17
1	=	11
2	=	6
3	=	12
4	=	21
5	=	12
6	=	29
7	=	26
8	=	17
9	=	11
10	=	10
11	=	32
12	=	18

28 格格不入 第二级

你能分别从第一组和第二组中找出与同组格格不入的数字和名字吗？

1	2
8432	JAMES
7963	SIMON
6696	KAREN
3972	ALEX
5840	SUSAN
9657	SAUL

答案见 193 页

29 算出准确数字 第二级

下面的数字挑战比第一级的更难一些。你准备好了吗?

1. 黄石国家公园占地面积为220万英亩，位于南非的克鲁格国家公园占地面积为2万平方千米。两者相比，哪个面积更大?

2. 下面哪个数可以被17整除?
   A. 16,252　　B. 15,497　　C. 18,218

3. 你已经降落在瓦格星球上。一走出飞船，你就面对着390只充满敌意的眼睛。与有2只眼睛的人类不同，瓦格星人通常有3、6、7或者10只眼睛。他们对外星人充满敌意，你要确保你的手枪就在手边的枪套里，以便随时应对危机。每种类型的瓦格星人的数量相同。你能算出自己要消灭多少个每种类型的瓦格星人吗?

4. 你知道最后一个数字是多少吗：5, 9, 17, 33, 65?
   A. 112　　B. 129　　C. 131　　D. 108　　E. 116

5. 萨拉的哥哥的年龄是她的1.5倍。4年后，萨拉的年龄将是哥哥年龄的3/4。兄妹两人现在的年龄是多少?

6. 你要为晚上的聚会外出采购。主菜的原料价格是开胃菜原料价格的2倍，开胃菜的原料价格又是甜点原料价格的2倍。全部消费为21美元。那么，开胃菜的原料价格是多少?

7. 若6杯咖啡和3个小松饼花费15美元，3杯咖啡和9个小松饼也是15美元，那么要买14杯咖啡，需要多少钱?

8. 你能将等式中缺失的运算符号补全吗？（（4？8）？5）？7=13.4

---

30 魔力方格 第二级

你能创造属于自己的魔力方格吗？将数字1~9填到右侧的方格中，确保每一行、每一列、每条对角线的数字之和为15。

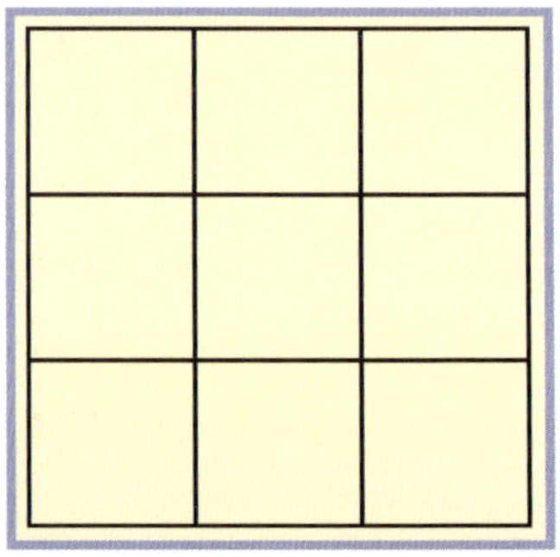

31 数字迷宫　第二级

从左侧的任意一个六边形开始，一步步前进，尝试走到右侧。每一步都要遵照所在列上方的运算规则（例如×4）进行计算。当然，路上有许多无法前进的死路。你能顺利通过吗？

+	×	−	×	−	÷	+	÷	+	×	−	÷	+	×	−	×	−	÷
12	2	14	3	24	4	42	3	21	2	58	2	25	2	31	2	18	2

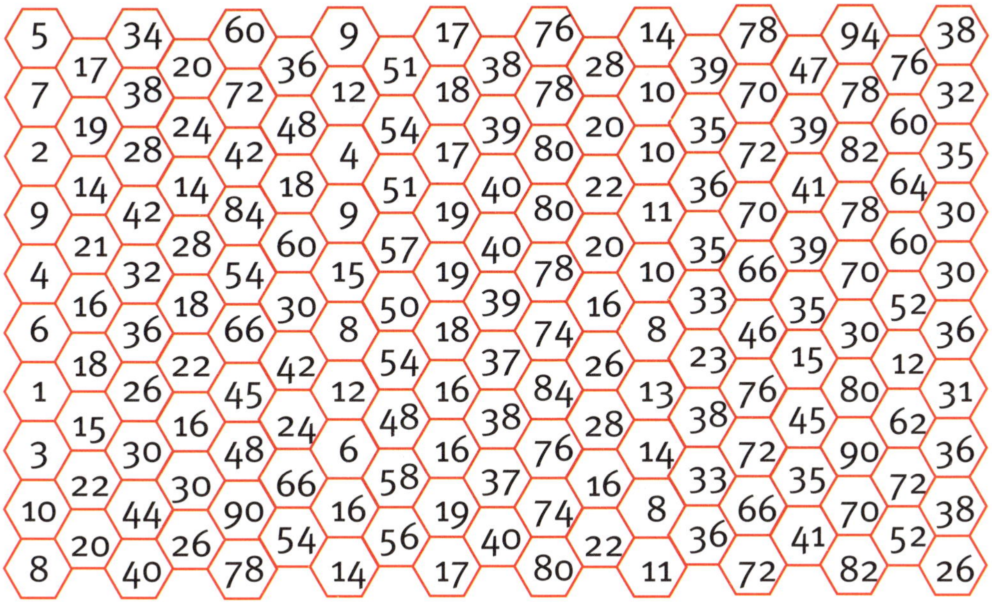

32 找出所有正方形　第二级

仔细观察右侧的棋盘。你能从中找出多少个正方形？如果你能从中找到排列规律，那么解题过程就会变得更加顺利。到底是什么规律呢？

答案见 194 页

33 希望之光 第二级

约翰·特尔维尼恩爵士是一名权势显赫的英国保皇党骑兵，在失势后遭受了牢狱之灾。就在等待审判时，他收到了一封神秘来信，当时他正在教堂里被迫忏悔自己的罪孽。当狱卒打算将他带走时，却发现他凭空消失了。你能根据下面这封信，找到他逃离的方式吗？

提示：

仔细观察这封信的标点符号，并且牢记“3”这个数字。

Worthie Sir John:—Hope, that is ye beste comfort
of ye afflicted, cannot much, I fear me, help you now. That
I would saye to you, is this only: if ever I may be able to re-
quite that I do owe you, stand not upon asking me. 'Tis not
much that I can do; but what I can do, bee ye verie sure I
wille. I knowe that, if dethe comes, if ordinary men fear it,
it frights not you, accounting it for a high honour, to have
such a rewarde of your loyalty. Pray yet that you may be
spared this soe bitter, cup. I fear not that you will grudge
any sufferings; only if bie submission you can turn them
away, 'tis the part of a wise man.
Tell me, an if you can, to do for you anythinge that you
wolde have done. The general goes back on Wednesday.
Restinge your servant to command—R T.

34 水果鸡尾酒 第二级

一个袋子中总共有10颗樱桃、4颗草莓和3个李子，从中随机拿出4个水果。这4个水果都是樱桃的概率是多少？

10 樱桃
4 草莓
3 李子

提示：

该谜题同第95页谜题7的解题策略相同。

35 棘手方格　第二级

在右侧的网格中，所有空白方格中的数字都小于10。在确保所有运算都成立的前提下，将缺失的数字补全。

6	x	3	÷		=	9
+		+		x		+
	+		÷	4	=	
−		−		÷		÷
	−	5	x		=	
=		=		=		=
7	−		−		=	

36 数字成堆　第二级

仔细观察下面的数字，你知道缺失的第七个数字是多少吗？

1. 1315144125
2. 20215194125
3. 2354145194125
4. 2082118194125
5. 61894125
6. 1912021184125
7. ?

答案见 194 页

37 重量几何？ 第二级

观察右侧的三座天平，为了确保第三座天平保持平衡，要放多少顶帽子呢？

38 隐藏的词语 第二级

下面的每个句子中都隐藏着一个同标题相关的词语，你能将它们找出来吗？

FRUIT（水果）

1. When he saw his daughter climbing the ladder, he ordered her to come to the bottom at once.
2. The flippant tone of the doctor angered the woman, who had been waiting to see him for over an hour.

1. 看到女儿爬梯子，父亲命令她立即下来。
2. 医生轻浮的态度激怒了那位女士，因为她已经等了一个多小时。

CURRENCIES（货币）

3. Knowing he only had twenty minutes to pack, Ronald emptied the contents of his drawers into the suitcase and threw his passport on top.
4. As the play ended, the audience rose and cheered to show their appreciation of a flawless first night performance.

3. 知道自己只有20分钟的时间打包后，罗纳德将自己抽屉里的东西全部倒进了行李箱，并且把护照扔到了上面。
4. 演出结束后，观众全体起立欢呼，对完美的首夜表演表达欣赏之情。

HERBS（香草）

5. The cell phone he called went straight to the answering machine, although he was reluctant to leave a message.
6. “Do not let this terrible piece of prose mar your feelings about the book as a whole,” instructed the teacher.

5. 尽管他不愿意留语音信息，但对方的电话自动开启了语音信箱。
6. “不要让这篇糟糕的散文破坏了你对整本书的认识。”老师提醒道。

EUROPEAN COUNTRIES（欧洲国家）

7. On all accounts, we deny responsibility for the disappearance of the cream cakes.
8. While climbing the mountain, we found ourselves in serious danger many times.

7. 无论如何，我们都不会对奶油蛋糕的丢失负责。
8. 爬山过程中，我们遇到了很多惊险时刻。

MUSICAL INSTRUMENTS（乐器）

9. During the interview, Simon hoped nobody noticed the loud rumblings from his stomach.
10. Due to a lack of finances, the couple had to cancel lots of upcoming social events.

9. 面试时，西蒙希望没人注意到自己的肚子咕咕作响。
10. 因为缺乏资金支持，这对夫妇不得不取消一系列社交活动。

FURNITURE（家具）

11. The perspiring woman mopped her brow, declaring, “There’s not much air in this place!”
12. “This concealer is just the job if you want to hide skin blemishes,” explained the heavily made-up clerk.

11. 汗流不止的妇人擦去额头上的汗珠，抱怨道：“这个地方实在是太闷了！”
12. “如果你想要遮住暗斑，那么这款遮瑕膏最合适。”那位化着浓妆的职员介绍道。

39 圈中圈 第二级

你能解码出下面的句子吗？右侧的螺旋图形可以帮助你。仔细思考解题方法，怎样才能顺利得出答案呢？

OYDID UTI RAL? PD NIF HES

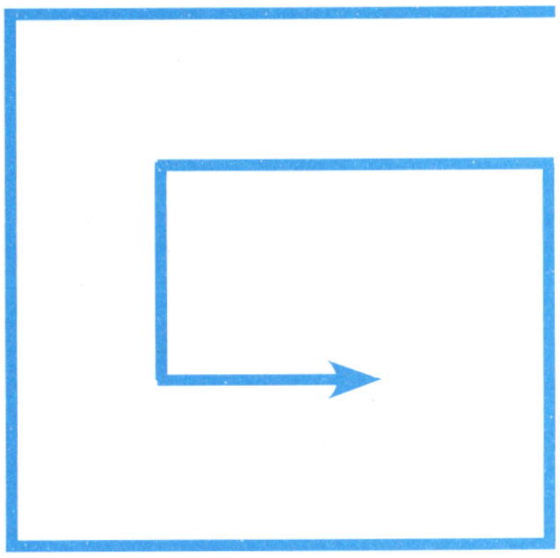

40 数字大师 第二级

我们在前面的珠玑妙算中用词语代替了颜色。这次我们换成了数字！如果盒子中的数字是猜过的结果，那么你能根据已有信息得出正确答案吗？

关键：

正确的数字，正确的位置=√√

正确的数字，错误的位置=√

				√√	√
9	5	7	7	2	0
3	7	1	2	0	3
5	7	3	9	0	2
1	3	6	7	2	0
4	0	8	1	0	1

				√√	√
7	3	2	0	1	1
4	1	3	5	0	1
2	4	1	7	0	2
4	1	0	8	1	2
6	9	5	4	0	1

答案见 194 页

推理

第三级

现在你已经来到了第三级，是时候挑战一下脑细胞了！

谜题 41~60

41 算出准确数字 第三级

这一级的数字挑战题目会更加棘手，但不要急躁，花些时间慢慢解决。

1. 一趟旅行总共需要5个小时，前3个小时的平均速度为58英里/小时，而后2个小时的平均速度只有43英里/小时。那么，此次旅行的平均速度是多少？
2. 杰森想把245美元兑换成英镑。如果兑换率是1美元=64便士，同时银行要收取2%的手续费，那么他最多能兑换多少英镑呢？
3. 一位农民估计，在9天时间里养10匹马要花费450美元。那么，在7天时间里养12匹马要花费多少呢？
4. 吉姆和乔两人的年龄之和为13。下一年，他们的年龄比值会变成3：2。两人现在的年龄各是多少？
5. 凯利要参加比赛，她现在的体重为175磅。要想达到目标体重，她必须减掉16%的体重。那么，凯利的目标体重是多少呢？
6. 在享受10%的折扣后，一台DVD播放器的价格为162美元。如果现在买下，跟原价相比，你能省下多少钱？
7. 573的4/5的$83\frac{1}{3}\%$是多少？
8. 一只青蛙距离池塘2米。它跳出的距离总是自己与池塘距离的一半，那么它要跳多少次才能到达池塘边？

42 魔力方格 第三级

将数字1~25填到右侧的方格中，确保每一行、每一列和每一条对角线的数字之和为65。这一次我们事先给出了几个数字，希望你能享受这次挑战！

	24			
		13		
11				9

43 密码文字　第三级

在密码文字中，每一个字母都代表着另外一个不同的字母，并且以完全无序的方式排列。下面是两句名言，你能猜出具体内容是什么吗？

提示：

从句子中的简单词语开始猜，例如and、to、the等，借此打开局面。

1. **IADUD FUD IPL BRTGN LW GRUDSILUN RT IAD IADFIDU; IALND PAL IARTB IADV FUD QLG FTG IALND PAL FUD SDUIFRT LW RI.**

瑞塔·休斯

2. **FJVV OYEE SCWAMS, FAUR JU EHCZ JU TSHTES ISJM YR RIMHAZI RISYM KSSR YCURSJW HK RISYM QMJYCU.**

约翰·菲利普·苏萨

---

44 词语大师　第三级

同第104页的谜题25相同，该题也是珠玑妙算游戏。根据前四次的猜测结果，你能在第五次猜中答案吗？

		✔✔	✔
猜测 1	ROBE（袍子）	1	2
猜测 2	NEAR（临近）	0	2
猜测 3	LEAN（精瘦）	1	0
猜测 4	ACRE（英亩）	1	0
猜测 5	____？		

关键：

正确的字母，正确的位置=√√

正确的字母，错误的位置=√

答案见 194 页

45 箭头数字 第三级

方格中已经出现的数字是箭头所指方向所有数字的总和。数字中不包括0。在任意一个总和中，每个数字只能出现一次。例如，8不能由4+4组成。组成同一个总和的数字不能重复。例如，如果8=3+5，那么另外一个8就不能由3+5或5+3组成，而必须由另外一组数字组成，例如7+1或6+2。你能得出正确答案吗？

	6▼	20▼	27▼	4▼		31▼	13▼	14▼
12▶					19▶ / 6▼			
38▶			8			4		
	13▶ ▼			12▶ ▼			12▼	14▼
19▶		5			20▶			
19▶					20▶	9		

46 数字大师 第三级

虽然你在前面已经遇到过这种题目（第111页的谜题40），但是切忌粗心大意。这一次每行有五个数字，较之前多出一个。你能猜测出正确的数字，并将它们填到答案盒子里吗？

关键：

正确的数字，正确的位置=√√

正确的数字，错误的位置=√

					✔✔	✔
7	2	8	4	1	0	3
0	3	5	1	6	0	2
1	9	7	8	5	1	2
4	7	9	5	0	0	1
9	3	1	8	2	2	2
2	4	9	7	8	1	2

					✔✔	✔
9	8	4	6	3	2	0
2	9	5	8	1	0	2
1	8	4	0	2	0	2
4	6	3	0	7	0	3
9	0	7	1	3	1	1
1	5	7	4	6	1	1

47 补全网格 第三级

每个数字方格周围都有四个单词，或从左到右排列，或从上到下排列。你能根据线索猜出每个单词，将网格填充完整吗？

线索

方格1：周围单词全都不以L或D开头。
方格2：周围单词全都不以P或T开头。
方格3：周围单词全都不以G或T开头。
方格4：周围单词全都不以G、L或P开头。
方格5：周围单词全都不以D或G开头。

DALLY
DEBIT
DREAD
DUCAL
DUMPS

GATED
GRASP
GREAT
GRILL

LAPEL
LOCUS
LOGIC

PANEL
PARED
PETAL
PETIT
PRIED

TANGY
THIRD
TOPIC

48 本和珍 第三级

1988年时，本比珍大10多岁，且两人年龄的平方之差恰好为1988。你能据此算出两人当时的年龄吗？

49 多才多艺 第三级

也许你已经注意到，如果你将5平方，那么其结果同样以5结尾。这一现象在其他一位数的平方中也可以看到（0和1除外），比如6（结果为36）。如果我们将一些二位数平方，会发现其结果的后两位数同样保持不变，例如25的平方（结果为625），76的平方（结果为5776）。对一些三位数来说，结果依然如此，例如625的平方（结果为390,625），376的平方（结果为141,376）。然而，只有一个四位数符合这个规律。你能猜出正确答案吗？

提示：

你可以用代数方法计算，但你会发现用计算器更加高效！

50 下一个是什么？ 第三级

在本题中，你的任务是猜出下一个是什么。

1. 在下面的序列中，下一个字母是什么？

A, S, O, N, D, J, F, M, ?

2. 排在下面四个国家之后的国家应该是哪个？从方格中选择答案。

ARGENTINA（阿根廷），ENGLAND（英格兰），ITALY（意大利），OMAN（阿曼）

TANZANIA（坦桑尼亚）
URUGUAY（乌拉圭）
VIETNAM（越南）
YEMEN（也门）

3. 问号处的数字是多少？

23 8 1 20　　3 15 13 5 19　　14 5 24 ?

51 秘密社团　第三级

想要加入秘密社团的人必须破解下面的密码，否则就无法获得加入社团的资格。题目一开始看起来非常棘手，但是解题的关键在提示中已提及。所以，你有信心成为秘密社团中的一员吗？

提示：

SECURITY（安全）这个词至关重要！

OYRMR AN JHFX JHR LPSFAOX VJMNR OYSH YSMUHRNN JI YRSMO SHU OYSO AN NJIOHRNN JI YRSU.
I MJJNRQRFO.

52 一路做加法　第三级

在第一行，圆圈A~E内都包含一个由数字0~9组成的两位数，而且每个数字仅能出现一次。因此，在第一行，数字0、1、3、5、6、9都需要被填入圆圈内。从第二行起，每个圆圈内的数字都是上方相邻两个圆圈内的单个数字之和。因此，圆圈F内的数字应该是7+4+8+2=21。在已经给出某些数字的前提下，你能补全所有缺失的数字吗？

提示：

若答案正确，那么解题后圆圈内应该有15个不同的数字。

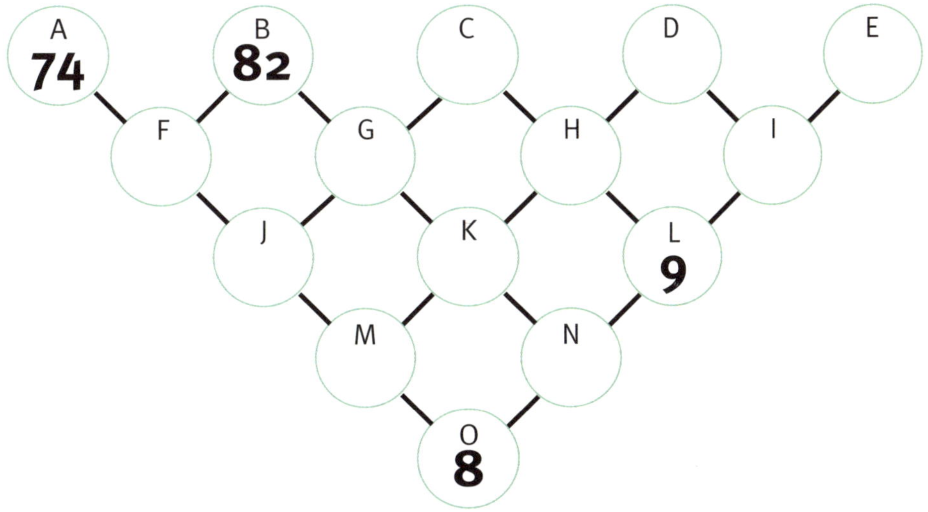

答案见 195 页

53 外星符号 第三级

下图中共有8个不同的外星符号，每个符号具有1~8之间的一个值，且所具有的值保持不变。图片上方和右侧的数字是所在行或列内所有数字之和。根据这些数字，你能猜出每个符号所具有的值吗？

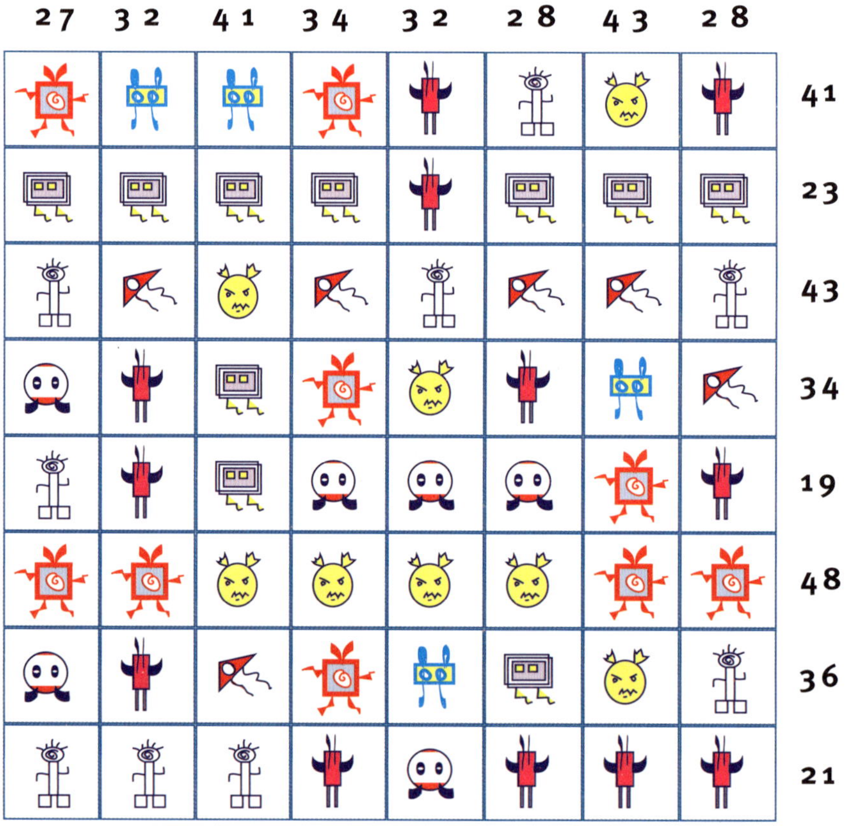

54 行李箱密码 第三级

吉米忘记了行李箱密码锁的密码。幸运的是，当初设下密码时，他留下了各种帮助自己回忆的提示信息。阅读这些信息，你能帮助他找回由五个数字组成的密码吗？

提示：

1. 第二个数字是第三个和第五个数字的乘积。
2. 其中的三个数字是质数（只能被1和这个数本身整除的数，如17）。
3. 第一个数字比第二个数字小1。
4. 第一个数字为第三个和第四个数字之和。
5. 第二个和第三个数字之和等于其他三个数字之和。

55 魔力方格　第三级

这里又有一个魔力方格，这一次每行、每列和每条对角线的数字之和是285。我们已经给出了第1、3、5行的所有偶数数字和第2、4行的所有奇数数字。你能在多短时间内将缺失的数字补充完整呢？

	24	4		2
		7	33	39
2	48	4		8
9	9	1		3
6		8	84	0

56 与众不同　第三级

下面两组数字中，各有一个与众不同的数字，你能凭一双火眼将其挑出来吗？

A

5432
7106
3646
3227
9113

B

5496
3284
8197
2555
6379
1472

答案见195页

57 魔力全开 第三级

该魔力方格只能用10~34之间的数字补充完整。为了便于你着手，我们事先给出了数字中包含的所有3或者是3的倍数的数字。在确保每行、每列、每条对角线的数字之和相同的前提下，你能将缺失的数字补充完整吗？问题是，我们这一次不会告诉你数字之和是多少！

	3			3
	21		30	12
33			24	
		3	3	15
	18		27	3

提示：

你要知道，该方格任意两条对角线上的五个数字相加，都能得到相同的和，如下图中的a+b+c+d+e。

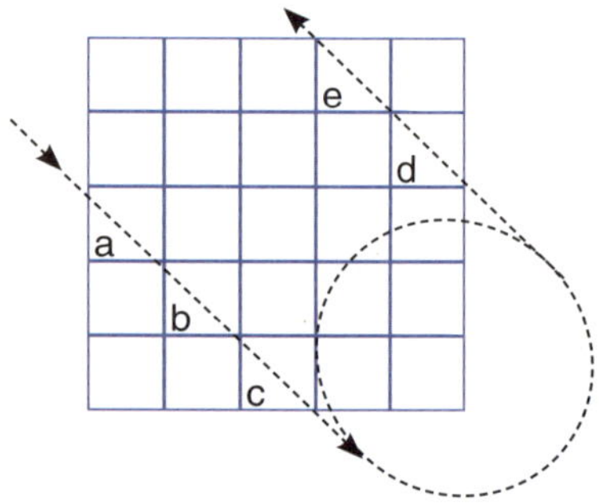

58 红酒价格之谜 第三级

这家酒庄外的广告独树一帜，是一个简单却又非凡的加法算式，组成算式的不是数字而是字母。其中，字母E的值为8，且每个不同的字母有不同的值。你能算出红酒的确切价格吗？

提示：

T×T×T=ROT

O×O×O=E

			R	E	D
	+	R	O	S	E
+	W	H	I	T	E
	W	I	N	E	S

59 棘手方格 第三级

相较之前的棘手方格谜题，这道题更加棘手。你能将正确的数字填到方格中吗？要确保每个算式都成立，并且每一行、每一列中，前五个方格中的运算结果同后五个方格中的运算结果不同。

	+		=		−	22	=	
÷		+		−		−		−
	+		=	38	−		=	
=		=		=		=		=
	+	42	=		−		=	46
+		÷		−		−		+
52	−		=		÷	5	=	
=		=		=		=		=
	÷		=	11	X		=	

60 多大年龄？ 第三级

仔细阅读以下信息，你能算出这家人现在的年龄吗？

提示：
对这一类型的题目来说，最简单的解题方法就是使用代数。

1. 父亲、母亲和儿子的年龄之和为100。
2. 9年后，父亲的年龄是儿子的2倍，母亲的年龄比父亲现在的年龄大1岁。
3. 三个人现在的年龄是多少？

答案见 195~196 页

推理

第四级

谜题 61~80

做得好——你终于来到了第四级。从这里开始，你将迎接终极挑战！

61 缺失的连接 第四级

这是一道文字密码谜题。你能推测出每个数字所代表的字母吗？在该谜题中，所有带圆点的横向单词都可以放到绿色方格中的单词后，组成新的单词或短语；所有带圆点的纵向单词都可以放到绿色方格中的单词前，组成新的单词或短语。例如，如果绿色方格中的单词为TIME，那么其中一个横向单词可能是TABLE（可以组成TIMETABLE），其中一个纵向单词可能是LIFE（可以组成LIFETIME）。当你确定某个数字所代表的字母后，将其填到参考表格里，然后从网格左右两侧的字母列表中将其划掉。

	14•	5	24	7	4	15	16•	20•	22•	4•	10•	20•	18•	15•	
A	2•	14•	2•	18•	1•	12	5•	22	2	1	24	6	13	2•	N
B	5•	14	14	13	18	14•	15•	18	26	21	5	2	4	15•	O
C	17•	21	14	18	22	25•	22•	12	14	14	24	7	2	5•	P
D	18•	21	1	20	18	18•	1	11	2	5	10	25•	24	1•	Q
E	20•	18•	13•	14•	15	•	15	18	5	15	13	5•	22	13	R
F	24	4	16•	24	18	15		2	24	10	8	7•	4	18	S
G	14	12	5•	1	2	18	22		15	14	4	8•	2	7	T
H	14	18	10•	25	21	22	2	18	•	14	16•	18•	7•	7•	U
I	14•	5	20•	18	24	5	4	14	18•	2	2	7	18	8•	V
J	24•	17	5	19	1	7	4	8•	5•	15	14	20	13	15•	W
K	23•	5	13	12	18	5	15	24•	15•	4	4	8	15	4•	X
L	18•	7	5	3	18	3	18	15•	4	20•	22•	4•	16•	22•	Y
M	25•	5•	22•	23•	7•	18•	14•	18•	15	18	9	18	10	2•	Z

参考表格

1	2	3	4	5	6	7	8	9	10	11	12	13
14	15	16	17	18	19	20	21	22	23	24	25	26

62 完成加法算式 第四级

将数字1~9填到右侧的方格中，确保算式能够成立。你能在多短时间内完成该题呢？

	□	□	5
	□	4	□
+	□	□	□
1	1	9	7

63 数字谜题　第四级

用数字而不是字母填充右下方的网格。你能顺利完成吗？

横向

1. 下面三个数是由另外三个数两两相乘得到的结果：287,82、80,730、42,435。此处是其中一个原始数字（另见横向4和横向11）。
4. 见横向1。这是另外一个原始数字。
6. 所有小于等于167的整数之和。
7. 连续方格中的数字之差。各个数字的总和为16。
9. 280,900的平方根。
11. 见横向1。这是另外一个原始数字。
12. 纵向5的2/5。
13. 横向12的1/2。
14. 一个偶数的回文数，各个数字之和为9。
16. 其中一个数字是另一个数字的5倍，它们的乘积为68,445。此处是其中的一个数字（另一个数字见横向18）。
18. 见横向16。这是其中的另外一个数字。
20. 所有小于等于359的整数之和。
21. 所有可以被245（包括1和245）整除的整数之和。
22. 其中两个数字相差2。这是相隔的两个数字的特征。各个数字之和为15。

纵向

1. 其中两个数字相差8。各个数字之和是一个平方数。
2. 一个素数。
3. 其中两个数字相差3，所有数字之和为9，最后一个数字是第一个数字的3倍。
4. 所有小于等于10的整数的平方数之和。
5. 1/0.002。
8. 两个数之和为53,069，两个数之差为18,987。此处是其中一个数（另一个数见纵向10）。
10. 见纵向8。这是另外一个数。
15. 连续方格中的数字之差。各个数字的总和为19。
16. 两个相差2的素数的乘积。
17. 其中一个数字是另一个数字的1.5倍，它们的乘积为387,096。此处是其中一个数字（另一个数字见纵向18）。
18. 见纵向17。这是另外一个数字。
19. 所有可以被369（包括1和369）整除的整数之和。

64 饼干碎屑　第四级

一个家庭有五个孩子，布拉德、凯蒂、汤米、杰克和山姆。他们在橱柜里发现了一包饼干，在父母回家之前，他们将饼干吃了个精光。但是每个人吃到的饼干并不一样多！阅读下面的信息，你能算出每个孩子吃了多少饼干吗？

1. 凯蒂所吃的饼干数量是杰克和布拉德两人之和。
2. 山姆比凯蒂少吃了两块。
3. 吃得最少的两个人，所吃的饼干数量相同。
4. 汤米比山姆多吃了一块。
5. 吃得最多的人，所吃的饼干数量不超过六块。

答案见196页

65 音乐消息 第四级

一条消息从下面这个小提琴形状的盒子中掉了出来，当事人是一个看起来鬼鬼祟祟的中年人，他当时正独自在深夜行走。这条消息是什么内容？你能够还原真相吗？下面的提示或许会助你一臂之力。

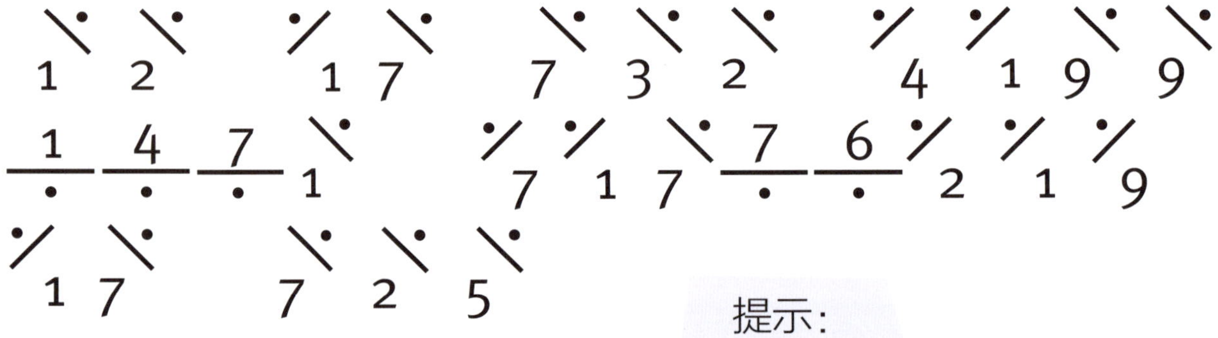

提示：

（图中的每个圆点代表一个字母。——译者注）

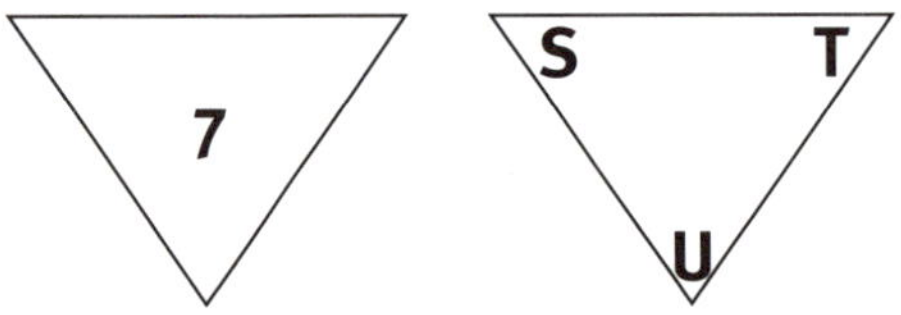

66 数字谜题 第四级

仔细思考下面的线索，将正确的数字填到方格中。在本题中，A表示横向，D表示纵向。

提示：

历史线索：粉色方格中的数字是莎士比亚的卒年。

线索

1A=122×5A

5A是一个素数

6A=101×4A

1D=101×5D

2D是一个平方数

3D=4A×2D

附加线索：数字7、8和9都不会出现在方格中。

67 圆形之和　第四级

同之前同一类型的谜题一样，每个圆形中的数字所代表的值应该同与其直接相连的圆形中的数字之和相等。如果你记不住解题方法，就去复习一下第93页谜题4中的例子。

0	=	1	7	=	39
1	=	29	8	=	13
2	=	27	9	=	5
3	=	24	10	=	12
4	=	24	11	=	10
5	=	24	12	=	7
6	=	6	13	=	19

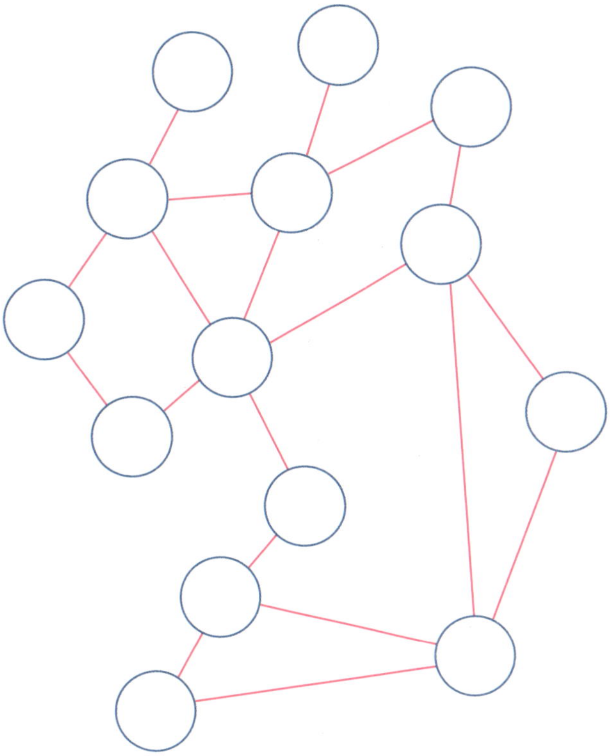

68 数字大师　第四级

该谜题同之前的数字大师谜题如出一辙，但是难度上了一个台阶，因为你猜测的次数少了。看看你做得如何吧。

关键：

正确的数字，正确的位置=√√

正确的数字，错误的位置=√

					✔✔	✔
1	3	7	4	8		
7	4	1	2	3	0	4
4	6	3	1	5	1	3
2	5	0	7	8	1	2
6	8	7	0	2	0	2
					2	0

					✔✔	✔
0	2	8	1	3		
3	6	5	0	9	1	2
6	2	0	8	9	0	3
3	0	7	5	6	0	3
2	8	6	9	3	2	1
					1	1

答案见197页

69 算出准确数字 第四级

下面是本部分最难的数字挑战谜题。你能顺利解决问题吗?

1. 5个人一起吃了一顿饭，消费金额为120美元。他们又给了女服务员10%的小费。如果要平摊所有花费，每个人要付多少钱呢?
2. 西蒙买彩票中了2000美元，他决定按照年龄的比例将钱分给孙辈。如果苏菲9岁，艾力7岁，那么每个孩子会分得多少钱呢?
3. 9个连续数字之和为189，那么这些数字是多少?
4. 哪种巧克力的价格更便宜——2盒单价为12.45美元（16盎司/盒）的比利时巧克力，还是8盒单价为3.75美元（4盎司/盒）的同一品牌巧克力?
5. 去年，汤姆的年龄恰好是他儿子的6倍；今年，汤姆的年龄是他儿子的5倍。他们下一年的年龄各是多少?
6. 威尔花1.51美元买了一袋薯片和两罐可乐，汉娜花1.25美元买了两袋薯片和一罐可乐。如果波利要买一袋薯片和一罐可乐，要花多少钱?
7. 参会的10个人，每个人都要和其他人握一次手。总共有多少次握手?
8. 一个家庭中的3个孩子的年龄之和为34。3年后，他们的年龄总和是多少?

70 称重谜题 第四级

仔细观察下面的图片，若要使第三座天平保持平衡，其右侧应该放多少个玻璃球呢?

71 棘手方格 第四级

相较之前的棘手方格，该题的难度是最大的。你能将正确的数字填到方格中吗？要确保每个算式都成立，并且每一行、每一列中，前五个方格中的运算结果同后五个方格中的运算结果不同。

	−		=	7	+		=	
+		−		x		−		+
	÷	3	=		+	35	=	
=		=		=		=		=
25	+		=		x		=	84
+		+		+		x		−
	+	51	=		−	19	=	
=		=		=		=		=
	+		=	94	−		=	

72 词语大师 第四级

该题也是珠玑妙算游戏，看看你能否在第五次猜测时得出正确答案。你会发现这次比之前更难一些。

关键：

正确的字母，正确的位置=√√

正确的字母，错误的位置=√

		✔✔	✔
猜测 1	SONG（歌曲）	0	3
猜测 2	GOLD（黄金）	1	0
猜测 3	DUET（二重唱）	0	1
猜测 4	GUTS（勇气）	2	1
猜测 5	____？		

		✔✔	✔
猜测 1	LILO（充气垫）	1	1
猜测 2	LOBE（耳垂）	0	3
猜测 3	LION（狮子）	0	1
猜测 4	BAIL（保释金）	2	0
猜测 5	____？		

答案见 197 页

73 箭头数字 第四级

同之前同一类型的谜题一样，方格中已经出现的数字是箭头所指方向所有数字的总和。复习一下右侧的规则，然后尝试解决这道难度更大的箭头数字谜题。

规则再现：

数字中不包括0。在任意一个总和中，每个数字只能出现一次。例如，8不能由4+4组成。组成同一个总和的数字不能重复。例如，如果8=3+5，那么另外一个8就不能由3+5或5+3组成，而必须由另外一组数字组成，例如7+1或6+2。

	4▼	27▼	24▼	17▼		27▼	9▼	16▼
24▶					12▶ / 11▼			
43▶		1				5		
	11▶ 11▼			9▶ 9▼			11▼	9▼
16▶					24▶			
24▶			2		12▶	7		

74 缺失的数字 第四级

仔细观察第一组数字，找到其中的规律，然后你能将下面的两组数字中缺失的部分补充完整吗？

A	69,282	1,728	112
B	59,317		180
C	26,377		

75 补全网格 第四级

同之前同一类型的谜题一样，每个数字方格周围都有四个单词。你能根据线索猜出每个单词，将网格填充完整吗？

线索

方格1：周围单词全都不以E或V开头。
方格2：周围单词全都不以E、G或V开头。
方格3：周围单词全都不以G或S开头。
方格4：周围单词全都不以S或V开头。
方格5：周围单词全都不以G或T开头。

EASEL
EQUAL
ETHIC

GAULT
GRASS
GRAZE
GREAT

SILLY
SPILL
SUGAR

TACKY
TIGER
TIMES
TONAL
TOPIC
TROUT

VAGUE
VAULT
VENUE
VENUS

76 文字加法 第四级

在右侧的算式中，每个不同的字母代表1~9中的一个数字。当然，每个字母代表的数字是不变的。在确保算式成立的前提下，你能够得出两个可能的答案，哪一个能使算式中的BRAIN（大脑）值最大呢？

B R A I N +
S T R A I N
T E A S E R

答案见197页

77 一路做加法　第四级

该题同之前同一类型的谜题相同。在第一行，圆圈A~E内都包含一个由数字0~9组成的两位数，而且每个数字仅能出现一次。因此，在第一行，数字1、2、3、5、6和8都需要被填入圆圈内。从第二行起，每个圆圈内的数字都是上方相邻两个圆圈内的单个数字之和。因此，圆圈G内的数字22应该是圆圈B内的数字之和+圆圈C内的数字之和（7+4）。在已经给出某些数字的前提下，你能补全所有缺失的数字吗?

提示：

若答案正确，那么解题后圆圈内应该有15个不同的数字。

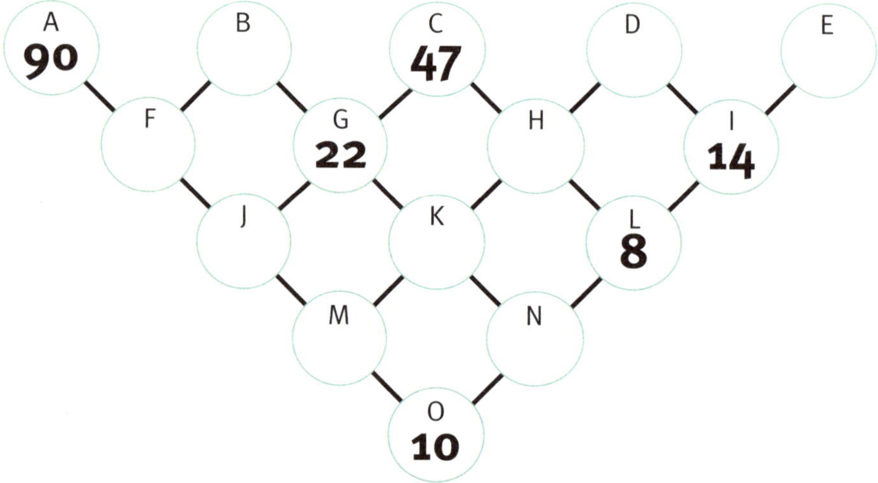

78 密码文字　第四级

同之前的密码文字谜题一样，每一个字母都对应着另外一个不同的字母。你能猜出下面两句名言的具体内容吗?

参考表格

A	B	C	D	E	F	G	H	I	J	K	L	M
N	O	P	Q	R	S	T	U	V	W	X	Y	Z

1. **VRQYL GRQ'D NEL MOCCSQYWW, NED SD GSBB COL DMY WOBOISYW RP O BOIKY IYWYOITM WDOPP DR WDEAL DMY CIRNBYV.**

比尔·沃恩

2. **WTIR OQEA TAR ARNGKEKRI QEG DRRA IYZARM DH OQR DIZSSZEAO NIZORI ZA OQR RMZOTI'G UQEZI.**

卡姆罗斯勋爵

79 回文数字　第四级

算出下面算式的正确答案，并将其填到右侧的网格中，确保每一行、每一列都有回文数字出现。回文数字是指无论正着读还是反着读都相同的数字（例如3553）。为了便于你下手，网格中已经给出了几个数字。

$111^2 =$

$43^3 - 3140 =$

$2{,}837^2 - 2{,}820^2 =$

$42^3 - 516^2 + 481^2 =$

$(12^2 + 4) \times 303 =$

$(22^2 - 31) \times 159 =$

$10{,}841^2 - 10{,}808^2 =$

$11^2 \times 455 =$

$(350 \times 271) - 1 =$

$4{,}000^2 - 3{,}879^2 =$

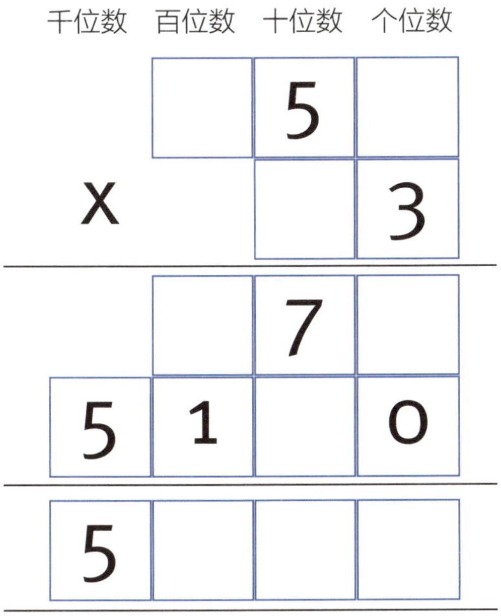

80 上吊游戏　第四级

上吊游戏是一种经典的猜单词游戏，由一个玩家想出一个单词，另一个玩家猜测该单词的每一个字母。我们在这里对游戏做了改变，用数字代替了字母。一个玩家给出一个两位数或三位数的加法、减法、乘法或除法算式，另一个玩家进行猜测。对方不会直接询问数字所在的位置，而是会问“十位数一栏有没有5？”，等等。如果有，就把这一栏中所有数字5的位置确定下来；如果没有，就将绞刑架上的小人画出一笔（完整的小人如左图所示）。当小人全部画出时，若对方仍未猜出答案，则输掉游戏。本题中的乘法算式已经给出了几个数字，而且已经确定：个位数一栏没有2或8。你能正确猜出该算式中的其他数字吗？

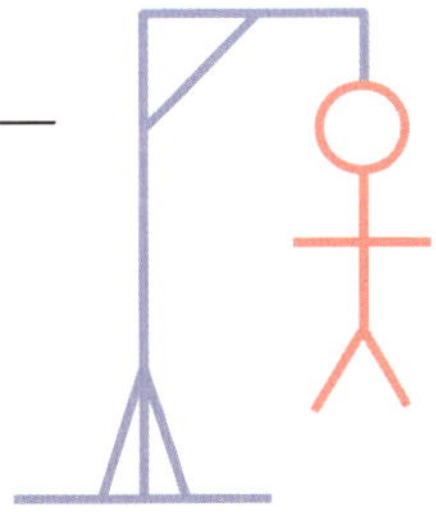

答案见197页

逻辑思考

（逻辑推理）

观察事实，运用你的策略技巧、推理能力和毅力破解谜题

逻辑思考

逻辑是一种奇怪的现象。我们都觉得自己是有逻辑的人，同时也认为他人亦如此。但是，很少有学校教逻辑学，我们往往被糟糕的逻辑甚至颠倒的思维所愚弄。

在接下来的谜题中，逻辑将是你唯一可以信赖的向导。你无须回忆起某些早已还给老师的知识，但是你要大胆地运用正确的逻辑思维方式。如果你想要靠猜测得出答案，那可就打错算盘了！

大多数谜题非常易于理解，只有少数需要加以解释。在你开始之前，仔细阅读以下指导，以便让解题过程变得更加顺畅。

图片谜题

海啸谜题

你的任务是将网格中的某些小方格填上颜色，使其构成一幅图画。唯一能够给你的线索是网格外面的数字，它们告诉你每个颜色块所包含的方格数量。每个颜色块被至少一个空白方格隔开。因此，“2 6”意味着这一列总共有两个颜色块，其中一个颜色块包含两个方格，另一个颜色块包含六个方格，中间被一个或多个空白方格隔开。要解决该问题，你需要充分发挥自己的逻辑推理能力。当你完成任务后，一幅图画就会展现在你眼前。

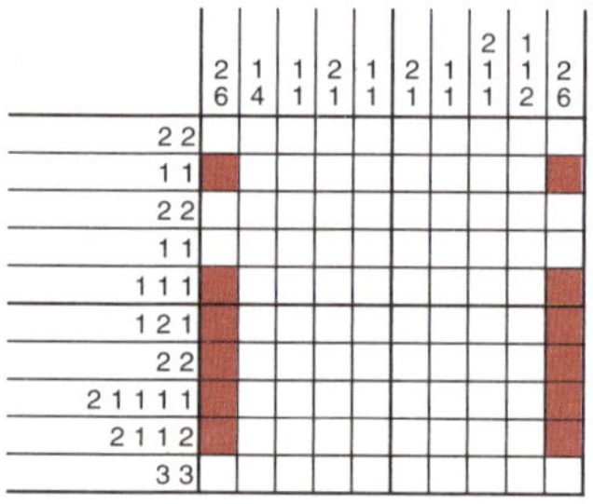

左侧网格的第一列（2，6）只有三种填色方式：

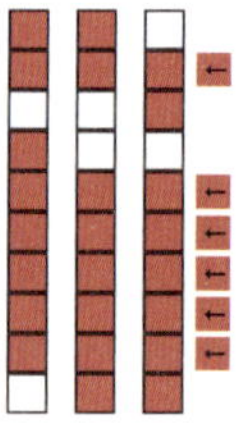

无论哪种方式是正确答案，箭头旁的方格都必须填有颜色，因此我们可以确定两个方格中的一个和六个方格中的五个。这一填充方式同样适用于第十列。

现在看网格的第二行（1，1）。因为有两个方格已经填色了，所以这一行的其他方格必须保持空白。你可以在该行的每个空白方格中画一个叉号做记号。以此类推，完成每一行和每一列的填色，直到完成整幅图画。

神秘谜题

这些谜题中的数字都在网格中，而不是在外面。除了1以外，其他数字都是成对出现的。你的任务是将这些成对的数字连接起来，形成一条路径，使路径包含的方格数量与数字相同。因此，两个6之间必须由六个方格连接——包括两端有数字的方格在内。这些路径必须彼此独立，不能相互交叉。

谜题内容

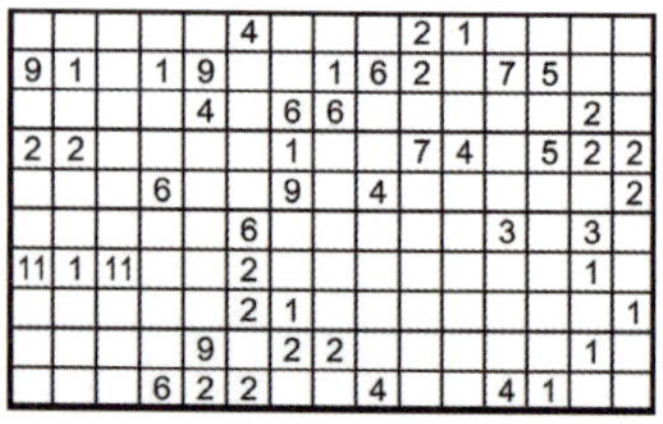

谜题路径

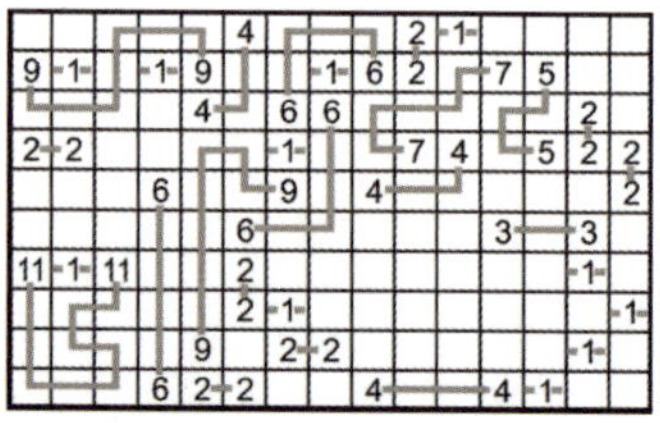

谜题答案

最好的方法是，确定路径之后，在方格中画一条线。当所有路径勾勒出来后，填充也就变得更加简单。当然，数字1所在的方格可以立即填色。然后，你可以依次连接数字2、数字3等等。左侧的示意图有助于加深你对题目的理解。

一般逻辑谜题

对于一般逻辑谜题，我们的解题策略是仔细阅读题干信息，然后充分思考给出的线索。接下来，你可以在表格中快速标记根据线索得出的显而易见的信息，用叉号表示“否”，用对号表示“是”。让我们来看例题：

例题

三个孩子住在同一条街上。根据下面给出的两条线索，你能确定每个孩子的姓名（包括姓氏和名字）以及年龄吗？

线索

1. 布朗小姐比玛丽大3岁。

2. 姓氏为怀特的孩子9岁。

解题思路：

布朗小姐（线索1）不可能是布莱恩（男孩名），所以你可以在布莱恩/布朗处打叉号。由线索1可知，她也不是玛丽，因此你可以在玛丽/布朗处打叉号。这样一来，布朗小姐就是安妮，这是唯一的可能。然后在表格中相应的位置打对号，其他位置都打叉号。

如果安妮·布朗比玛丽大3岁（线索1），那么她就是10岁，玛丽7岁。因此，在安妮/10、布朗/10和玛丽/7处打对号，其他位置都打叉号。表格现在显示布莱恩的年龄为9岁，所以你可以在布莱恩/9处打对号。由线索2可知，怀特也是9岁，所以他一定是布莱恩。在怀特/9处打对号，其他位置打叉号，然后在布莱恩/怀特处打对号，其他位置打叉号。你现在就可以判断出，其余没有标记的位置都可以打上对号了，因为其所在行和列只有叉号，所以7岁的玛丽姓氏为格林。

答案：

安妮·布朗 10 岁，布莱恩·怀特 9 岁，玛丽·格林 7 岁。

在本部分中，你会遇到形式各样的逻辑谜题，有些没有简单明晰的表格可以利用，所以你必须时刻开动自己的大脑，将推理能力发挥到极致。解决的逻辑难题越多，你的推理能力就会变得越强。还犹豫什么，马上开启锻炼之旅吧！

	布朗	格林	怀特	7	9	10
安妮	✓	✗	✗	✗	✗	✓
布莱恩	✗			✗		✗
玛丽	✗			✓	✗	✗
7	✗					
9	✗					
10	✓	✗	✗			

	布朗	格林	怀特	7	9	10
安妮	✓	✗	✗	✗	✗	✓
布莱恩	✗	✗	✓	✗	✓	✗
玛丽	✗		✗	✓	✗	✗
7	✗		✗			
9	✗	✗	✓			
10	✓	✗	✗			

逻辑思考

第一级

谜题 1~20

欢迎来到逻辑思考的第一级！我们将从一些简单的谜题开始，目的是让你找到感觉。

1 探险家 第一级

这一逻辑问题涉及三个探险家，以及他们的探险地和探险时间。你能追随他们的脚步，判断出谁在什么时候去过什么地方吗？

1. 詹姆斯·库克去世后，欧洲人探索了澳大利亚。
2. 1795年的探险地不是新西兰，探险家也不是斯图尔特。
3. 1828年，蒙哥没有进行探险活动。
4. 帕克探索了尼日尔河。

	查尔斯	詹姆斯	蒙哥	库克	帕克	斯图尔特	1769	1795	1828
澳大利亚									
新西兰									
尼日尔河									
1769									
1795									
1828									
库克									
帕克									
斯图尔特									

探险地	名字	姓氏	年份

2 一饮而尽 第一级

辛苦工作一天后，四个朋友终于有机会坐在一起喝酒。你能给每个人调配出钟情的饮品，让他们喝得尽兴吗？

1. 威士忌和苏打水不适合山姆。
2. 丽萨的杜松子酒不要加汤力水。
3. 汤姆喜欢姜汁啤酒，但不要伏特加。

（此题需要了解一点鸡尾酒知识。鸡尾酒通常由烈酒作为基酒，搭配汽水、果汁等混合而成。白兰地、杜松子酒、伏特加和威士忌为基酒，其余四种饮料与其搭配。——译者注）

朱莉

白兰地	杜松子酒
伏特加	威士忌
甘柠水	姜汁啤酒
苏打水	汤力水

汤姆

白兰地	杜松子酒
伏特加	威士忌
甘柠水	姜汁啤酒
苏打水	汤力水

丽萨

白兰地	杜松子酒
伏特加	威士忌
甘柠水	姜汁啤酒
苏打水	汤力水

山姆

白兰地	杜松子酒
伏特加	威士忌
甘柠水	姜汁啤酒
苏打水	汤力水

3 得出结论 第一级

作家路易斯 · 卡罗尔在逻辑思考方面是一位先行者。右边的例子是依据他的著作《符号逻辑》的第一部分给出的。在每个例子中，他要求读者仔细思考相应的言论，然后写出符合逻辑的结论。在本题中，我们也要借鉴这一做法。仔细阅读右边的言论，你能给出合理的结论吗？

提示：

这里无须考虑现实，因此这些言论是完全合理的，正如例子中的总结，猫有可能是小鸡或者其他任何一种懂法语的动物。

例子：
所有的猫都懂法语。
有些小鸡是猫。

结论 **有些小鸡懂法语。**

A
所有的芭蕾舞者都体格健壮。
有些体格健壮的人是足球运动员。

结论 ……………………

B
所有的政客都是我们信任的人。
所有的政客都是骗子。

结论 ……………………

C
所有成功的大学生都滴酒不沾。
所有年轻的大学生都是酗酒者。

结论1 ……………………
2 ……………………

4 多米诺骨牌大搜索 第一级

从0-0到4-4的15张多米诺骨牌都被排列在左侧的长方形中。你能用粗线将每张骨牌划分出来吗？利用右边的检验方格帮助你确定答案。为了便于你着手，我们已经找到了4-4这张骨牌（用粉色标出）。

3	4	4	0	2	3
0	2	4	1	1	1
4	1	1	3	2	0
3	0	2	2	4	3
3	1	4	2	0	0

0					
1					
2					
3					
4					✓
0	0	1	2	3	4

2	3	1	4	3	3
4	0	2	2	4	4
2	0	0	0	1	3
0	1	2	3	4	1
0	4	1	1	2	3

0					
1					
2					
3					
4					
0	0	1	2	3	4

提示：

如果你能先找到“成对”的骨牌，那么问题就会比较容易解决。

答案见 199 页

5 海上逃生 第一级

你还记得前面的战舰游戏吗？这道谜题正是由此而来。你的任务是确定战舰在海图中的位置。一部分战舰或者海水区域已经事先给出。每一行和每一列的数字告诉你所在行或列被占据的方格数量。这些战舰可以水平或垂直排列，但没有任何两艘战舰相邻，也不能沿对角线方向排列。

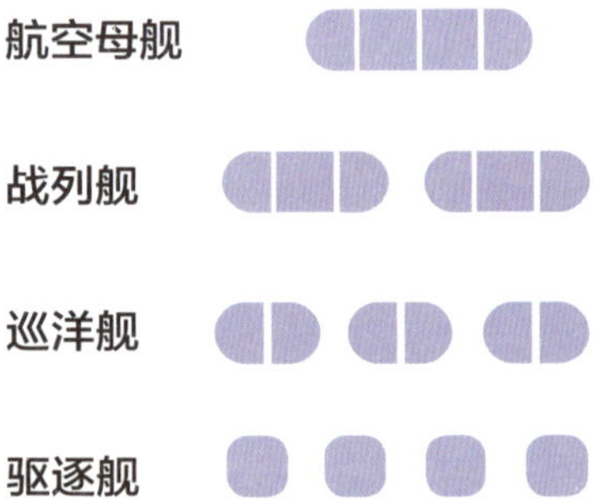

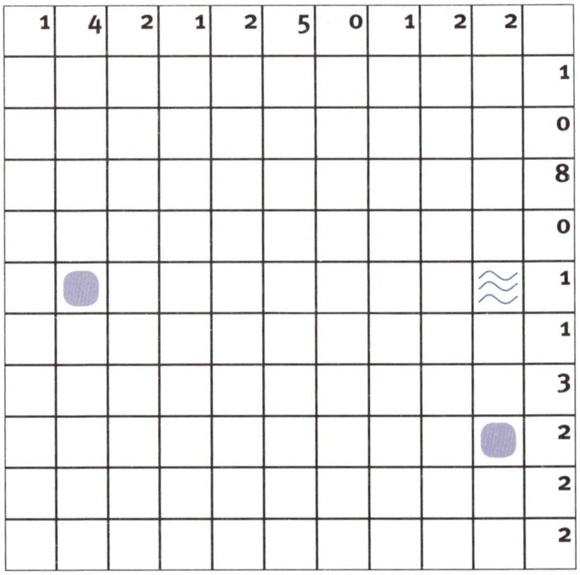

提示：

蓝色的波浪线表示海水区域——该区域不会有战舰。

6 合理划分 第一级

你能将这块地产划分成四块面积相同的区域，并确保每块区域都包括一栋房子、一只猫、一条狗和一棵树吗？

7 真相大白 第一级

任何事情都有两面性，善良中有邪恶，真实中有谎言，这一点在基斯通警察抓到的斯纳夫团伙成员身上得到体现。在一次橱窗抢劫犯罪中，罪犯虽然侥幸逃离了现场，但法网恢恢，疏而不漏，他们最终被警察逮捕。这伙人是哈利、巴瑟和克罗格，还有其他听从斯纳夫命令的小喽啰。他们的供述有真有假，企图靠这些信息混淆视听，让警察无法给他们定罪。但是这种做法不一定行得通。你能粉碎他们的诡计吗？

案件一：

早在多年以前，他们就企图用这种方法蒙混过关。下面是他们的供述：

哈利：巴瑟负责吸引店主的注意力。斯纳夫负责偷取糖果。

巴瑟：哈利负责偷取糖果。我没有吸引店主的注意力。

斯纳夫：巴瑟不负责放风。哈利负责吸引店主的注意力。

在该案中，其中一个人说了实话，其他两个人满口谎言。

你能搞清楚谁做了什么事情吗？

案件二：

还有一次，这个团伙抢了一个购物袋，结果却发现里面空空如也。他们的供述如下：

斯纳夫：我抢了购物袋。拿着袋子逃离现场的人不是哈利。

哈利：斯纳夫抢了购物袋。我拿着袋子逃跑了。

在该案中，一个人所说的都是谎话，另一个人则真假参半。目击者曼迪所说的也真假参半。

曼迪：哈利抢了购物袋。斯纳夫拿着购物袋逃跑了。

你能搞清楚谁做了什么事情吗？

---

8 观看电影 第一级

戴维·妮维雅邀请五位影迷前来观看《纽特·格拉斯哥》，这是一部相当成功的电影。你能根据下面的提示猜出每个人所坐的位置吗？

1. **约翰·韦恩**挡住了他正后方观众的视线。
2. 跟**杰克·莱蒙**坐在一起的人不是**艾娃·伽蒂娜**。
3. **克林特·伊斯特伍德**坐在**杰克·莱蒙**的正后方。
4. **莫里尔·斯迪克**的同伴坐在她的右侧。

答案见 199 页

9 火柴游戏 第一级

用15根火柴或牙签摆出右侧的图形。在只能移动3根火柴的前提下，使图形变为两个正方形。

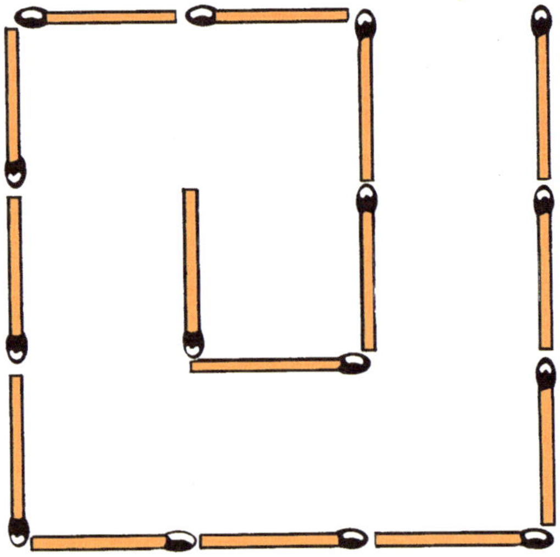

提示：
一个正方形可能在另一个正方形内部。

10 不分伯仲 第一级

在女子百米决赛中，三位裁判瞪大了眼睛。有四个女孩几乎同时越过了终点，裁判们的判决如下。照片显示，每个裁判的判决都对错参半，并且不存在并列的成绩。你能帮助裁判们排出女孩们的名次吗？

提示：
先假设裁判B的第一个判决是正确的，看看会发生什么。

裁判A：
朱迪第一，苏珊第二。

裁判B：
朱迪第二，凯蒂第三。

裁判C：
凯蒂第四，米歇尔第二。

11 该你了　第一级

大多数成年人都觉得井字游戏非常难，尤其是当两个玩家都非常出色时，游戏往往难分胜负。该题将井字游戏进行升级，最先有三个符号连成一条线的玩家输掉游戏。三个符号不一定彼此相邻，如下图所示，玩家X不幸输掉了游戏。

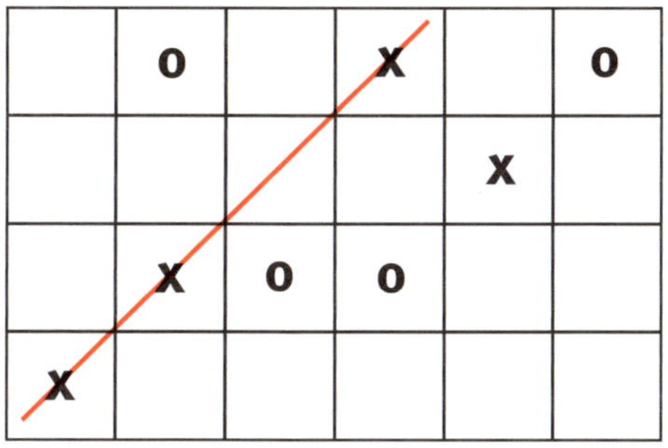

提示：

如果对手先走，那么你就有一个能够保证自己立于不败之地的简单策略。在开始玩游戏之前，你需要弄清楚是什么策略。

下面是空白的网格，你可以大显身手，同对手展开角逐。

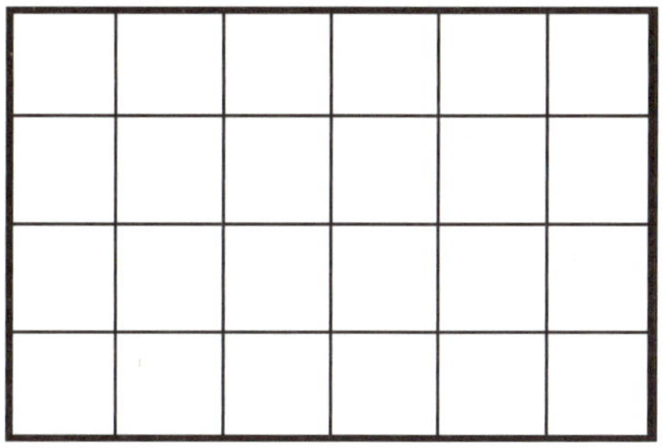

12 扑克牌之谜　第一级

如右图所示，一副扑克牌的一部分牌需要被填入5×5的网格中。网格外的数字、字母（8、9、10、J、Q、K、A）和花色（红桃、黑桃、方块、梅花）表示所在行或列中扑克牌的大小和花色。红桃A已经填入了网格中，左上方的两张牌应该填入粉色的方格中。你能将每张牌填入正确的方格中吗？

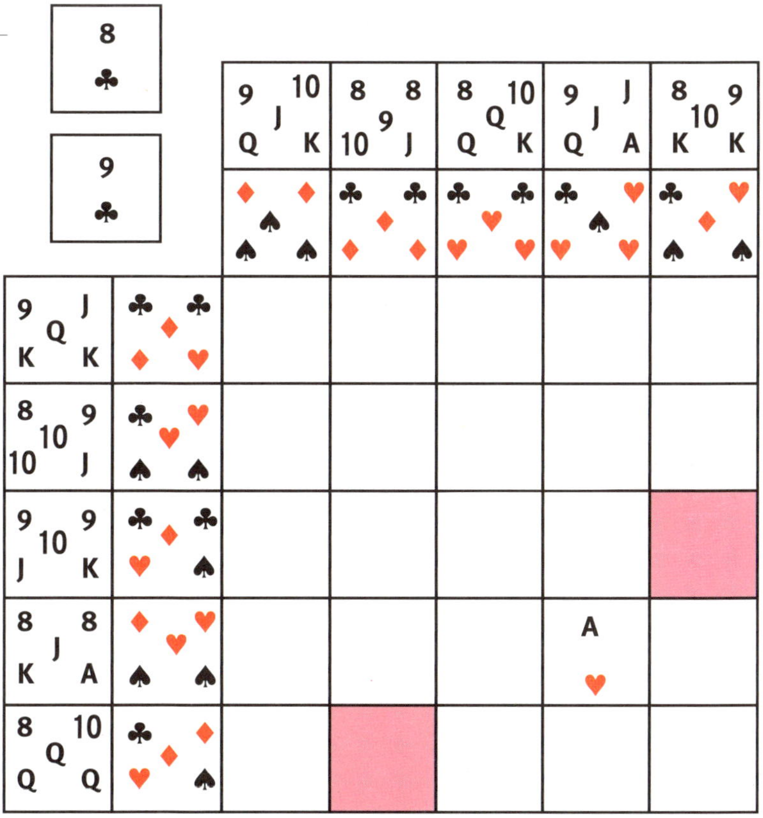

答案见 200 页

13 斯纳夫团伙 第一级

发现国内的产品对松香树脂的需求量很大后，斯纳夫一伙人决定干一票大买卖。三人的具体分工如下：一人负责砍树，一人负责剥树皮，一人负责收集树脂。这个团伙最终落入了法网。在警察局，他们再一次玩起了颠倒黑白的把戏，企图扰乱警察的判断。在受审时，一个人撒了两个谎，一个人真假参半，一个人讲了真话。仔细研究他们的供述，你能搞清楚团伙内部的分工吗？

巴瑟：
克罗格剥了树皮。
斯纳夫砍倒了树。

克罗格：
巴瑟收集了树脂。
我砍倒了树。

斯纳夫：
我砍倒了树。
巴瑟剥了树皮。

14 冰激凌 第一级

四个孩子各自从不同的小贩那里买了自己喜欢的冰激凌。你能根据下面的信息，判断出每个人所选冰激凌的口味，以及是从哪个小贩那里买的吗？

1. 蕾切尔从里科那里买了冰激凌。路易吉卖的是香草冰激凌，而这不是文斯的选择。

2. 亚历克的冰激凌不是薄荷口味的。

3. 一个女孩选了巧克力口味的冰激凌。安东尼奥卖的不是咖啡口味的冰激凌。

4. 一个女孩从路易吉那里买了冰激凌。

（蕾切尔和佩妮是女孩名，亚历克和文斯是男孩名。——译者注）

15 帮我搬石头！　第一级

迈克想要吉姆去后花园帮他的忙。他打算在那儿放置四块石头，而且每块石头与其他三块的距离必须相等。吉姆说，这个活在露台上很难完成，但若是在花园里，就不成问题。你知道吉姆的计划吗？

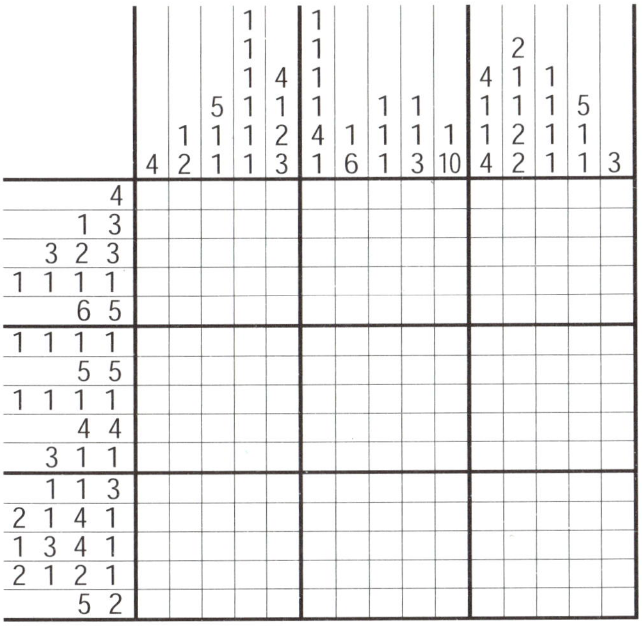

16 眼镜蛇　第一级

这是一个海啸谜题。网格中每一行和每一列外面的数字表示填色方格的数量。当你完成全部任务后，你会发现自己创造了一幅奇妙的图画！想要了解更多关于海啸谜题的内容，请翻到第134页。

提示：

完成后的图画看起来像一条蛇，但是在全部完成之前，你很难看出形状。

答案见 200 页

17 咖啡　第一级

这是一个神秘谜题。你的任务是将成对的数字连接起来，形成一条路径，而且路径中的数字应该同其所占方格的数量相同，因此两个6之间必须由一条包含6个方格的路径连接——包括两端有数字的方格在内。所有路径必须是独立的，不能相互交叉。正确完成任务后，你将会得到一幅图画。想要了解更多关于此类谜题的解题指导，请翻到第134页。

				5	4	4	12			8						3		3	
			5									11				11		2	2
			3					2	2				4	4			4		6
										8	3			5	8				
			3	2				6		3									
				2	1	6			12	1						4	4		
							1								8				
														5			4		6
							1							6			4		
			4			4		3		3	7			4		6			4
4			4				1							5		4	10		
3			3	3		3		8								7			
					3	10	5								7				6
3			3														10		
	3		3		3		4	4	5					5		4			
			2	2				10			7					4			11
				1						8				11				6	
					9				9										
			3								3		3		2		3		3
		3	7		7				9				9	9	2			9	

提示：

耐心解题，最后的结果肯定值得一看。但是同第143页的海啸谜题一样，不到最后，你很难看出完整的图画。

18 扑克牌谜题　第一级

一副标准的扑克牌中总计有八张K和Q，其中四张排在了下面。在给出的线索中，“左边”或“右边”意味着两张牌紧挨着。

一张K的右边是K。
一张Q的左边是K。
一张K的左边是Q。
一张黑桃的右边是Q。
一张黑桃的旁边是黑桃。
一张红桃的左边是梅花。
一张黑桃的右边是梅花。
你能判断出每张牌的大小和花色吗？

19 二选一 第一级

下面是三盒雏菊。盒外的标签本应该同里面的花保持一致，但不幸的是，每个标签都贴错了。无须一一查看，你从左边的盒子里拿出一朵花，立马就知道每个盒子里的具体情况了。选择哪种颜色的花，才能立马判断出每个盒子里的情况呢？

20 扒手 第一级

之前斯纳夫团伙干起了绑架孩子勒索父母的勾当，但让人庆幸的是，这些智商堪忧的家伙再次遭遇失败。即使是这样，他们仍然贼心不死，这一次他们决定做扒手。他们的想法是，一人在前面假装滑倒，吸引对方的注意力，另一人下手偷东西，第三人拿着赃物逃跑。不幸的是，他们的首次盗窃遭遇失败，当第三个人拿着赃物逃跑时，遇到了“行人止步”的标志，于是被抓。在警察局，三人商议后认为，最好的办法还是跟往常一样，做混淆视听的供述。这一次，他们决定让最能撒谎的人全说假话，排第二的人真假参半，最差劲的人实话实说。你能根据他们的供述，确定每个人做了什么，说了几分谎话吗？

哈利：斯纳夫偷了钱包。
我拿着它逃跑。

克罗格：哈利假装滑倒。
斯纳夫拿着钱包逃跑。

斯纳夫：哈利拿着战利品逃跑。
克罗格假装滑倒。

答案见 200 页

逻辑思考

谜题 21~40

第二级

欢迎来到第二级！你会发现谜题的难度有所增加，解题所需时间也相应延长。

21 一不小心就出错 第二级

“百变手指”夫人经常帮马克汉姆一家做家务，这个星期，她在打扫卫生时遇到了麻烦。幸运的是，星期三她可以休息一天，但是在其他工作日，每天都有不同使用期的物品遭受不可修复的损坏。线索1中的结论已经填入表格了——你能完成这张表格吗？

1. 使用了50年的物品在星期二摔坏了。该物品不是餐厅里的装饰性玻璃制品。
2. 烟灰缸在星期四摔碎了，但它不在门厅里。
3. 星期一在休息室损坏了物品，但它既不是花瓶，也不是那件使用了5年的物品。
4. 使用了10年的物品不在餐厅里，也不是台灯。

	5年	10年	50年	100年	烟灰缸	玻璃制品	台灯	花瓶	餐厅	门厅	休息室	书房
星期一			✗									
星期二	✗	✗	✓	✗		✗			✗			
星期四			✗									
星期五			✗									
餐厅			✗		✗	✓	✗	✗				
门厅						✗						
休息室						✗						
书房						✗						
烟灰缸												
玻璃制品			✗									
台灯												
花瓶												

时间	物品使用期	损坏的物品	房间

22 有多少成员？ 第二级

在所有这些家庭关系都存在的前提下，人数最少的家庭有几个成员？

姑妈	母亲	
哥哥	侄子	舅舅
表兄妹	侄女	父亲
女儿	妹妹	儿子

23 顺利渡河 | 第二级

三对热恋的情侣沿着河岸散步，突然看到河对面有一家引人注目的餐馆。他们这一边只有一艘最多能容纳两个人的小船，这意味着要有人把船划回来。然而，所有女生都不愿意单独同其他男生在船上或者岸上，除非自己的男朋友也在场。你能想出一个合适的方法，让这三对情侣顺利地到达河对岸，享用晚餐吗？

24 市场摊位 | 第二级

在一个市场的摊位上，各种水果和蔬菜沿横向和纵向交替摆放。甘薯和西蓝花同处一列，位于西蓝花下方，而西蓝花在香蕉的右上方。香蕉在樱桃的左上方，后者在豌豆的正上方，豌豆比豆瓣菜低了两行。豆瓣菜和菜花同处一行，位于菜花的右侧。菜花比枣低一行，后者位于苹果的上方。苹果位于葡萄的上方，后者在荔枝的右下方。荔枝位于萝卜的右侧，后者比无花果的位置高。无花果和芜菁不在同一行或同一列，后者在金橘的上方。金橘和洋葱同处一行。在我们已经给出洋葱位置的前提下，你能把其他水果和蔬菜的名字填到合适的位置上吗？

			洋葱

答案见 201 页

25 海上逃生 第二级

同第138页的谜题5相同，你的任务是确定海图中的舰艇位置。我们事先给出了三个海水方格（里面不会有舰艇）和一艘驱逐舰。每一行和每一列旁边的数字表示所在行或列被占据的方格数量。记住，舰艇可以水平或垂直排列，但不能两两相邻，也不能沿对角线方向排列。

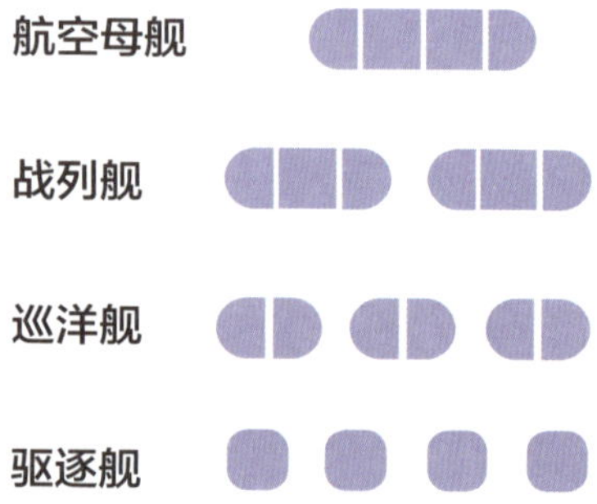

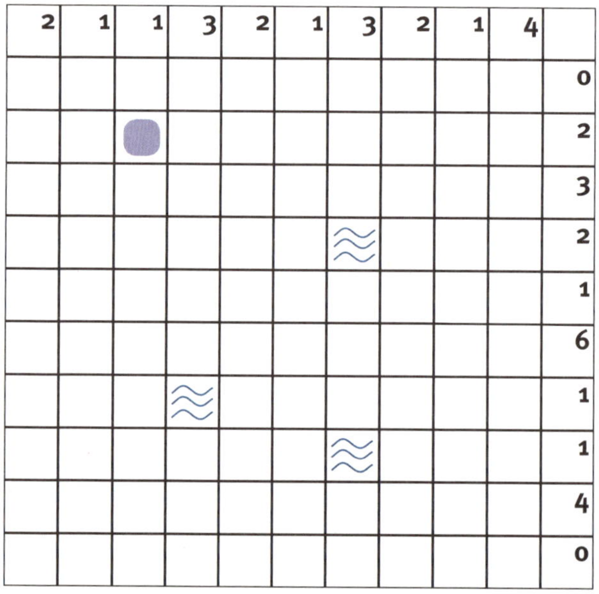

提示：

一旦确定一艘舰艇的位置，你可以将其周围的方格涂上颜色，表示这些位置不会被舰艇占据，因为没有舰艇两两相邻。因此，先从图中驱逐舰周围的八个方格下手吧！

26 墓碑信息 第二级

墓碑上所刻的内容如左图所示。如果不涉及错误和犯罪，怎样合理解释墓碑上的信息呢？

27 丢失的物品 第二级

早上10点钟，老板叫克莱丽莎、梅丽莎和拉丽莎三人去他的办公室，她们马上意识到昨晚的偷窃行为被发现了。在去见老板的路上，三人商议后决定，每个人所做的供述都要真假参半，既不能满口胡言，也不能句句属实，这样才能扰乱老板的思路，从而保证每个人都能逃脱惩罚。因此，当斯曼先生询问她们关于丢失的邮票、金笔和零用现金的去向时，每个人都做了真假参半的供述。

你能帮助斯曼先生确定每个人所偷的物品吗？

克莱丽莎：梅丽莎拿了现金。拉丽莎拿了金笔。

拉丽莎：克莱丽莎拿了现金。我拿了邮票。

梅丽莎：拉丽莎拿了金笔。克莱丽莎拿了邮票。

提示：

其中一条供述对解决该问题毫无用处——只是为了迷惑你！

28 立方体路线 第二级

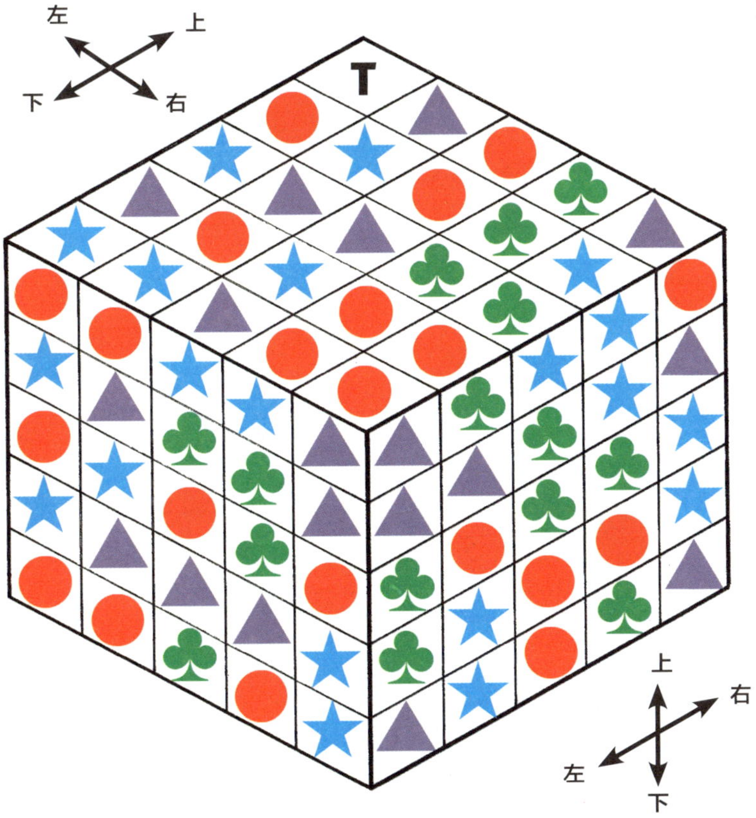

你能找到一条从立方体的顶部通往底部的路线吗？扎营地在立方体底部两条边上的任意一个方格中（这是你要解决的第一个问题）。顶部标有字母T的方格就是起点。为了帮助你找到一条路线，每个方格中的图形都有其意义——上、下、左、右。这些图形的意义在每个面上都相同。

提示：

要想顺利解题，你必须经过立方体三个面的每一个面。

答案见 201 页

29 得出结论 第二级

同第137页的谜题3一样，我们要用路易斯·卡罗尔的逻辑思维从右边的言论中得出一系列结论——这一次难度更大。你能得出合理的结论吗？

提示：

在A项中，你可能会轻易地得出以下结论：杰瑞·霍乐的歌曲从不会令人乏味。但是，这一结论在逻辑上成立吗？它是否符合命题？如果不符合，你能否得出其他结论？然后，尝试一下其他谜题。

A

杰瑞·霍乐的歌曲从不会超过5分钟。

一首持续5分钟的歌曲会让人觉得乏味。

结论 ……………………………………

B

18岁以下的男孩禁止进入迪斯科舞厅。

所有时髦的舞者都染着紫色头发。

所有被禁止进入舞厅的人都没有戴鼻环。

除了18岁以下的人，其他人都是时髦的舞者。

注意：上述言论只针对男孩。

结论 ……………………………………

C

每个理智的人都能解决逻辑谜题。

任何疯子都不适合加入陪审团。

没有政治家能够解决逻辑谜题。

结论 ……………………………………

30 多米诺骨牌大搜索 第二级

一副标准的多米诺骨牌已经整整齐齐地排列在下面的长方形中，为了清晰起见，我们用数字代替了圆点。你能用粗线将每张骨牌划分出来吗？利用下面的检验方格帮助你确定答案。为了便于你着手，我们事先找到了3-6这张骨牌（用粉色标出）。

0							
1							
2							
3							
4							
5							
6				✓			
	0	1	2	3	4	5	6

3	6	1	0	4	0	6	3
0	2	5	3	6	1	1	2
0	4	6	6	2	5	3	1
5	3	3	6	0	4	6	4
1	4	1	2	0	2	4	5
0	2	5	4	4	2	3	5
3	5	1	0	1	2	6	5

31 骰子谜题 第二级

根据已经给出的符合逻辑的骰子排列，你能够推测出第三排骰子所对应的数字是多少吗？

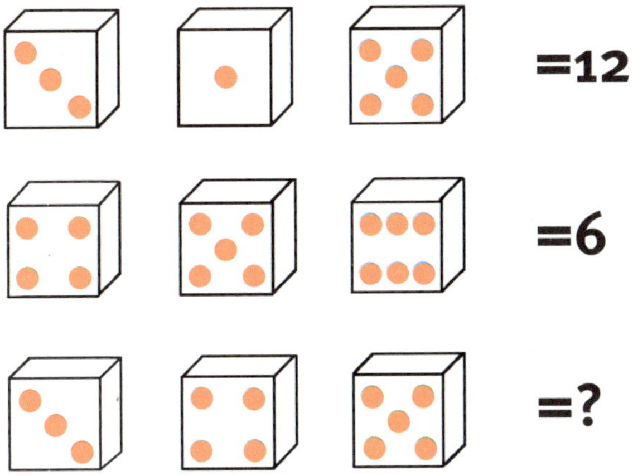

32 美食大集合 第二级

四位夫人在她们的厨房里制作果酱、蛋糕和糖果，你可以借这个机会大饱口福。但是，不要过分沉迷美食，重要的是要弄清楚每位夫人在做什么。

凯丽

果酱	黑莓	李子
果酱	覆盆子	草莓
蛋糕	焦糖	柠檬
蛋糕	橙子	香草
糖果	椰子糖	软糖
糖果	牛轧糖	太妃糖

奥黛

果酱	黑莓	李子
果酱	覆盆子	草莓
蛋糕	焦糖	柠檬
蛋糕	橙子	香草
糖果	椰子糖	软糖
糖果	牛轧糖	太妃糖

简

果酱	黑莓	李子
果酱	覆盆子	草莓
蛋糕	焦糖	柠檬
蛋糕	橙子	香草
糖果	椰子糖	软糖
糖果	牛轧糖	太妃糖

索尼娅

果酱	黑莓	李子
果酱	覆盆子	草莓
蛋糕	焦糖	柠檬
蛋糕	橙子	香草
糖果	椰子糖	软糖
糖果	牛轧糖	太妃糖

1. 奥黛不是那个制作焦糖蛋糕和李子果酱的人；她和那位制作这两样美食的夫人都没有制作牛轧糖。

2. 简在做柠檬蛋糕，制作软糖的人在做橙子蛋糕，但是两人都没做黑莓果酱。

3. 索尼娅在做覆盆子果酱，但她并不是那个制作香草蛋糕和椰子糖的人。

答案见 201~202 页

33 公平分配　第二级

为了庆祝胜利，托尼带着两个朋友去野餐。他们带了15盎司的香槟和4个不同容量的容器，容量分别为9盎司、7盎司、6盎司和4盎司。因此，他们想通过多次分配，确保每个人都分得5盎司的香槟。开始时，香槟装在9盎司和6盎司的容器中。在整个过程中，无法确定任一容器中部分香槟的容量，只能将一个容器中的所有香槟或部分香槟倒入另一个容器中。

你能利用8次倾倒的机会，确保每个人都分得5盎司香槟吗？

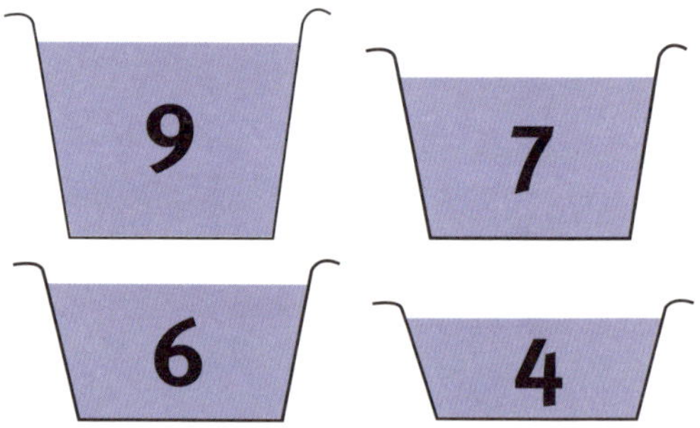

	开始	1	2	3	4	5	6	7	8
9	9								
7	0								
6	6								
4	0								

34 颜色方格　第二级

两个大正方形内的每个小方格都要填充蓝色、绿色、橙色、粉色和黄色中的一种颜色。我们事先给出了一些小方格的颜色。在确保每一行、每一列以及粗线标出的形状中都有五种颜色的前提下，你能够补全其他小方格的颜色吗？

提示：

如果没有彩笔，你可以在相应的小方格中填上每种颜色的首字母。

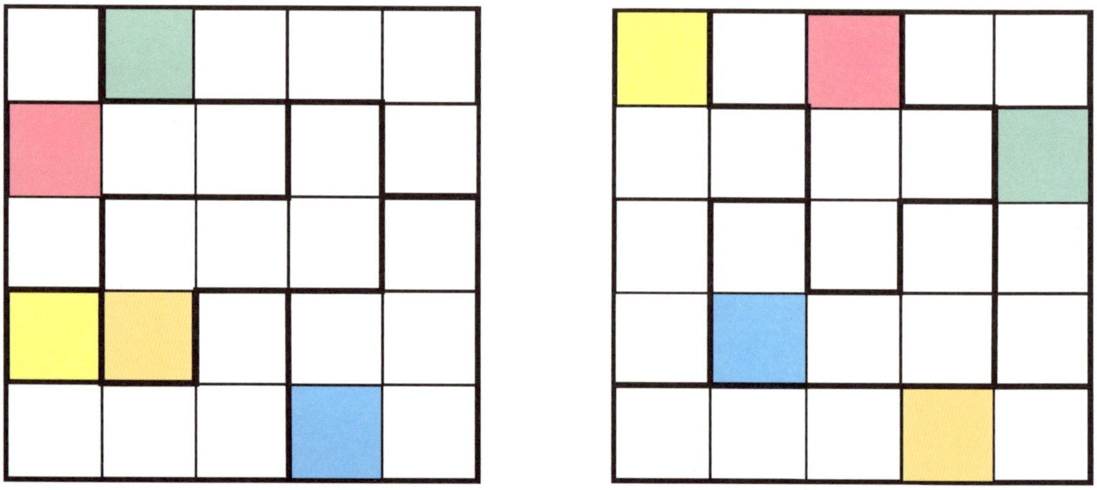

35 得出结论　第二级

该题还是路易斯·卡罗尔的逻辑思维谜题。你能够根据给出的言论，得出合理的结论吗？

A

朋克主义者是不合逻辑的。

任何想找工作的人都不会戴鼻钉。

不合逻辑的人都会戴鼻钉。

结论 ……………………………………

B

只有勇者才值得奖励。

有些吹牛的人是胆小鬼。

结论 ……………………………………

C

理智的人不会爬树。

詹金斯总是满身淤伤。

不爬树的人绝不可能总是满身淤伤。

结论 ……………………………………

36 神龙　第二级

同第144页的谜题17相同，该题也是一个神秘谜题。你的任务是将成对的数字连接起来，形成一条路径，使路径中的数字同其所占方格的数量相同。但是，本题有些特殊，红色的数字必须同红色的数字相连，蓝色的数字必须同蓝色的数字相连，以此类推。用红色、蓝色、绿色和黑色铅笔或钢笔画出路径。如果你想获得更多解题指导，可以翻到第134页查看相关内容。

提示：

记住，数字1可以很快搞定。然后，你可以连接数字2、数字3，以此类推。

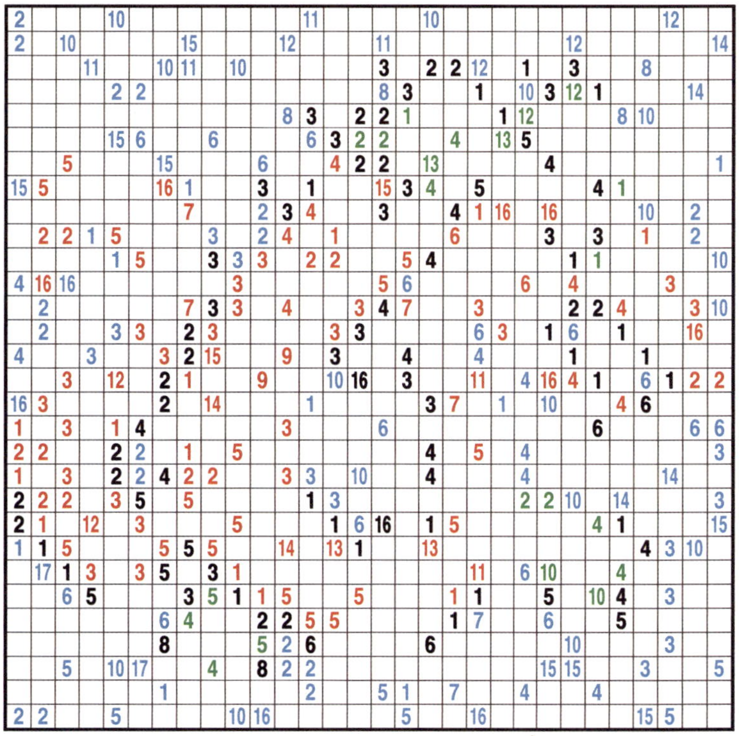

答案见 202 页

37 帐篷难题　第二级

八个孩子去野外宿营，两人共用一顶帐篷，其中一些孩子提供了一些信息，方便我们确定他们的位置。但问题是，他们的方向感同他们的厨艺一样糟糕透顶，因此每个孩子所说的方向中，只有一个是正确的，另一个方向正好相反，也就是说，东面应该是西面，等等。更让人头疼的是，他们所说的方向并不完全准确，北面有可能是正北、东北或西北。为了帮助你理清头绪，我们事先给出了安迪的位置。你能确定每个孩子的具体位置吗？

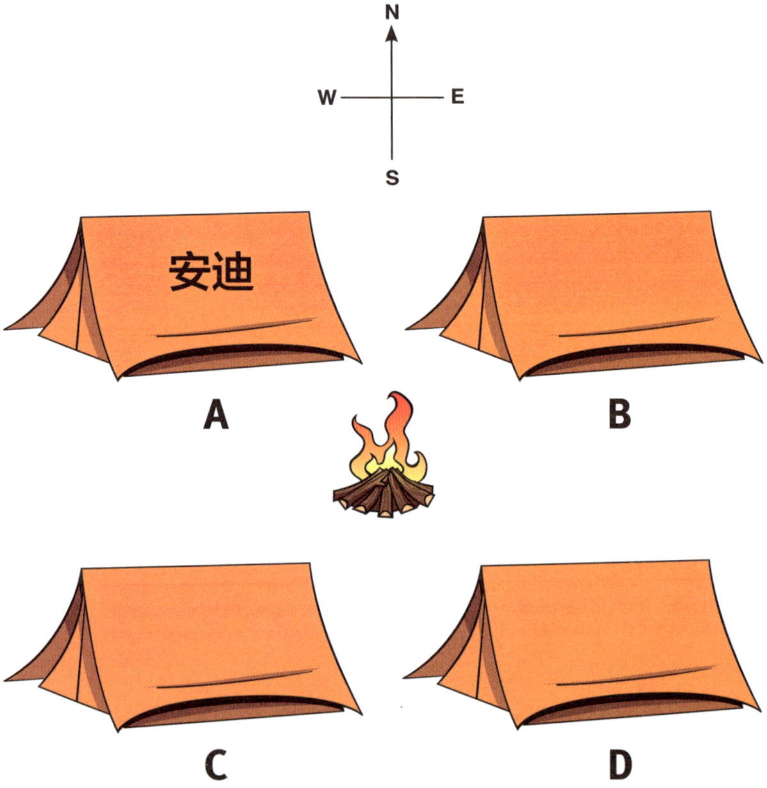

比尔：我在格伦的北面，弗雷迪的西面。
盖里：我在汤姆的南面，格伦的东面。
凯文：我在安迪的南面，弗雷迪的东面。
乔：我在弗雷迪的北面，安迪的西面。
弗雷迪：我在盖里的南面，凯文的西面。
格伦：我在比尔的北面，乔的东面。

38 路径选择　第二级

你的任务是找到一条蜿蜒曲折的路径，顺利从A到达B。听起来相当简单……但是你要保证，网格外的数字是所在行或列的路径占据方格的数量之和。你能找到通过网格的正确路径吗？

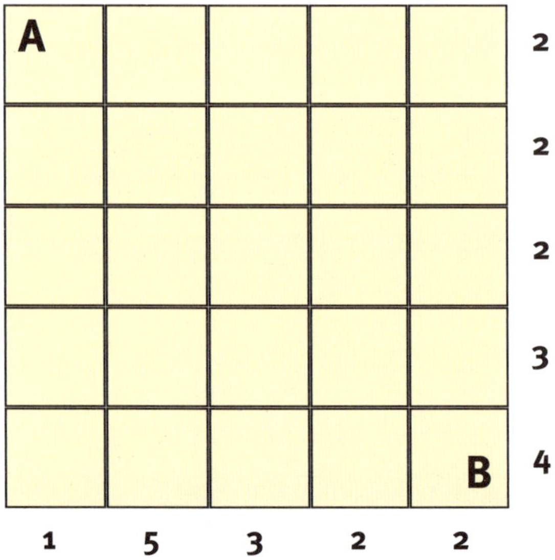

39 谎言成灾 第二级

一条街上发生了一起涉及四个人的事故，但不幸的是，他们对事故的记忆都十分模糊。其中三个人对事情的经过做了相应的供述，但都撒了两次谎，只讲了一次真话。你能慧眼识真，判断出谁是手推车车主，谁开着汽车，谁是行人，谁骑着自行车吗?

本:
我正在我的手推车旁卖苹果。
约翰开着车撞到了手推车。
艾伦从自行车上摔了下来。

约翰:
本沿着街道行走。
丹尼斯骑着自行车，后面是汽车。
装着苹果的手推车不是我的。

丹尼斯:
本撒了谎，开车的不是约翰。
约翰走在街上的时候，被开过来的汽车撞了。
装着苹果的手推车也不是我的。

40 请坐下 第二级

六对夫妇打算坐下来共进晚餐，A夫人已经坐在了9号座位上。女主人做了以下五个决定。仔细阅读相关信息，然后确定每个人的座位。

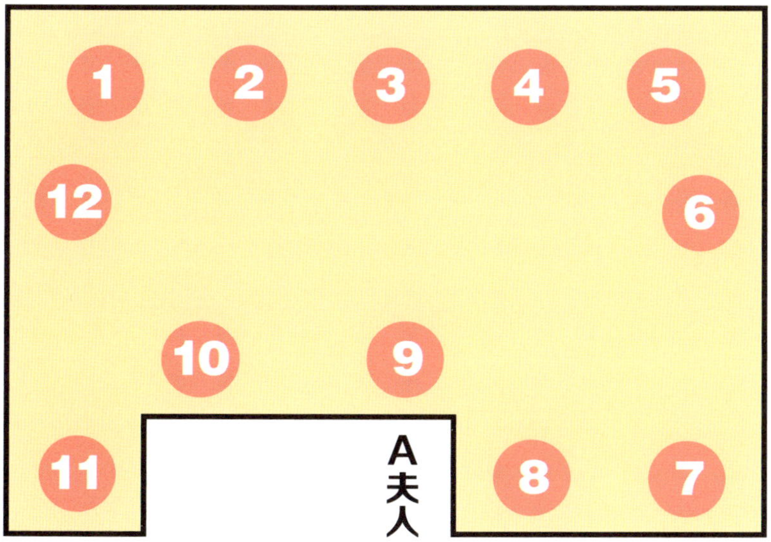

1. 夫妇两人一定要挨着坐。
2. 每位夫人对面一定要有一位男士。
3. C夫人在B先生的对面。
4. D夫人在F夫人的右边。
5. E夫人在她丈夫的左边。

答案见 202 页

逻辑思考

第三级

谜题 41~60

即使觉得困难，也不要放弃——记住，坚持下去，你的脑力就能得到巨大的提升！

41 贝雷帽的真相 第三级

五个法国隧道施工人员都戴着红色或蓝色的贝雷帽。他们走在黑暗的隧道中，每个人都点燃了一根火柴，因此可以在很短的时间内看到其他四个人所戴帽子的颜色，但无法看到自己所戴帽子的颜色。结果证明，戴红色帽子的人讲了实话，而戴蓝色帽子的人则撒了谎。你能够根据他们的言论，确定每个人所戴帽子的颜色吗？

雅克：我看到了三顶红色帽子和一顶蓝色帽子。

皮埃尔：我看到了四顶蓝色帽子。

亨利：我看到了四顶红色帽子。

克劳德：我看到了一顶红色帽子和三顶蓝色帽子。

弗朗索瓦：我看到……
（没听清楚——哨子响了！）

42 做出选择 第三级

不要犹豫，过来碰碰运气！下面的10个盒子中都有奖品，有明星大奖，也有安慰奖。首先选择一个有编号的盒子，然后阅读左侧的信息，看看自己赢得了什么奖品。你能赢得明星大奖——一段假期吗？

1. 咖啡杯在照相机的正上方，后者在足底按摩仪的左边。这三个奖品都不在最后的盒子里。

2. 高尔夫球所在盒子的编号为偶数，而且比装着500美元现金的盒子的编号大3，后者的编号不是1。

3. 苹果在果酱的正下方。抹布在小船的右边，后者盒子的编号是今晚的明星大奖——一段假期的盒子编号的两倍！

43 精力充沛 第三级

这一题同第143页的海啸谜题如出一辙——只不过更加困难和复杂！想要了解更多关于海啸谜题的解题指导，请翻到第134页。

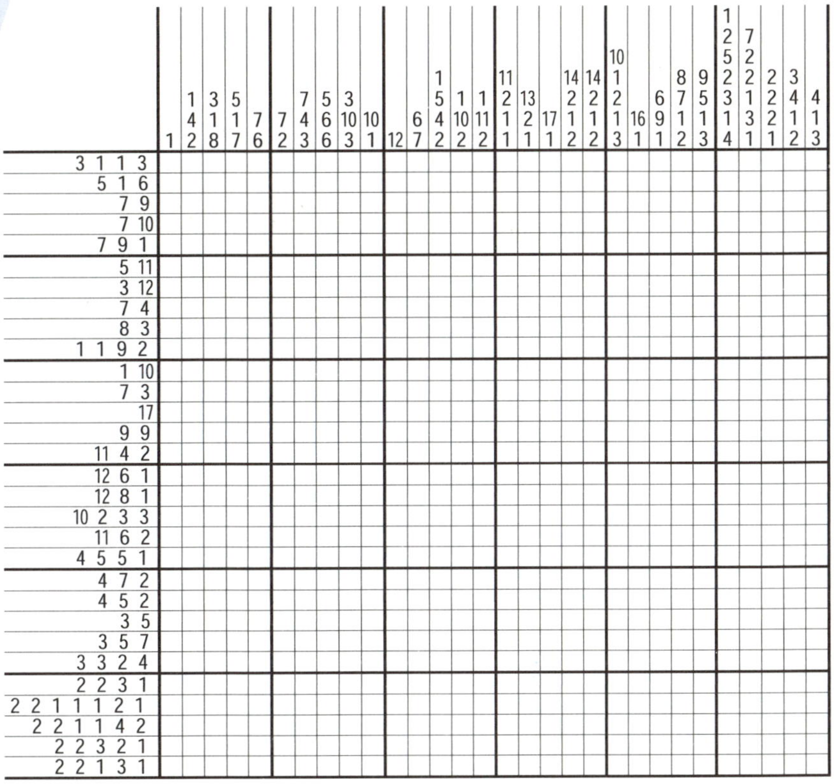

提示：

如果你觉得自己困在题目中已久，迟迟没有进展，那么请再次检查一遍，看看是否还有需要填色的方格。错误往往是由漏填导致的，一个方格漏填，有可能会让你错过很多应该填色的部分。

44 填充图形 第三级

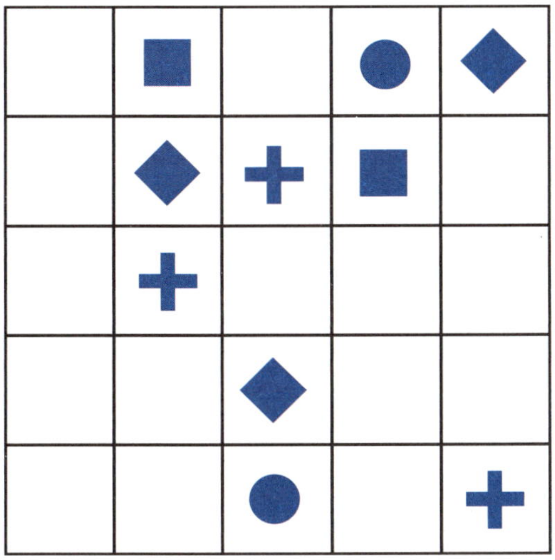

你能将下面的五个图形填到左侧的网格中，确保每一行、每一列都有这五个不同的图形吗？

图形：

答案见 203 页

45 胜利皇后　第三级

拿出八个筹码或硬币，或者用纸剪出八个圆形，然后用棋盘玩一个古老的游戏。你必须把这八个筹码摆放到棋盘中，确保任意两个筹码不在同一行、同一列或者同一条对角线上。例如，你选择了A3，就不能在A列或者第3行放第二个筹码，也不能放在C1或D6这样的方格中，因为它们同A3在同一条对角线上。

完成以上任务后，你就可以着手解决真正的谜题了！你的任务是根据上面的规则选择八个方格，确保八个方格中的数字之和越大越好。你选择的八个皇后能得多少分？

	A	B	C	D	E	F	G	H
8	4	9	5	6	8	7	7	7
7	4	6	6	5	7	9	4	5
6	5	5	5	8	2	4	2	5
5	6	5	4	9	5	5	7	7
4	4	9	7	8	7	4	5	7
3	5	8	7	6	6	8	5	3
2	9	7	3	8	6	6	8	8
1	6	5	1	5	5	8	7	9

46 海上逃生　第三级

我们的海上逃生行动再一次展开了，只不过此次的难度更上一层楼。你的任务同样是找到海图中隐藏的战舰。战舰的某些部分或者海水区域已经给出，每一行和每一列旁边的数字表示所在行或列被占据的方格数量。舰艇可以水平或垂直排列，但是任何两艘舰艇都不得相邻，无论是水平、垂直还是对角线方向。你能完成挑战吗？

提示：

虽然这很明显，但是要记住，航空母舰一定隐藏在数字为4或以上的行或列中。

航空母舰

战列舰

巡洋舰

驱逐舰

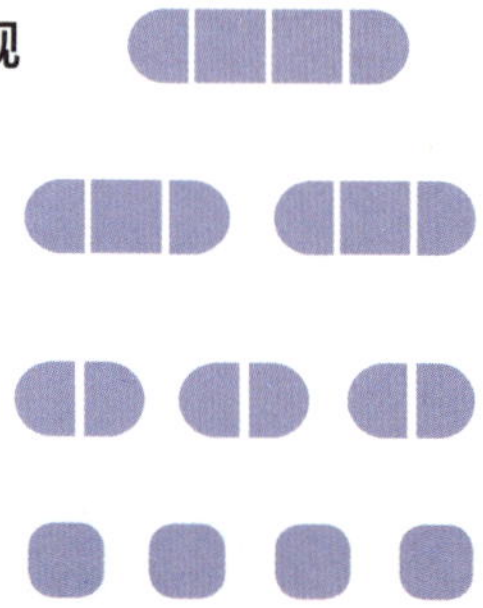

1	2	2	3	1	3	2	2	3	1	
										1
										4
										1
										1
										4
										1
										1
										2
										3
										2

47 平分为八份　第三级

你能沿着六边形的边将这个华丽的蛋糕分为大小相等的八份吗？每一份都要包括一块巧克力、一朵冰花、一团奶油和一颗草莓。

= 草莓

= 巧克力

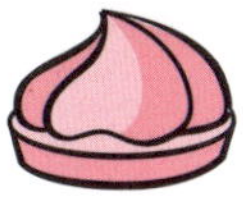
= 冰花

= 奶油

48 瓜分苹果派　第三级

右侧的圆形代表一个美味的苹果派，八个饥肠辘辘的孩子迫不及待地想要品尝！在只切三刀的前提下，你能够将这个苹果派分为八份（不需要大小一样）吗？记住，不能将苹果派折叠！

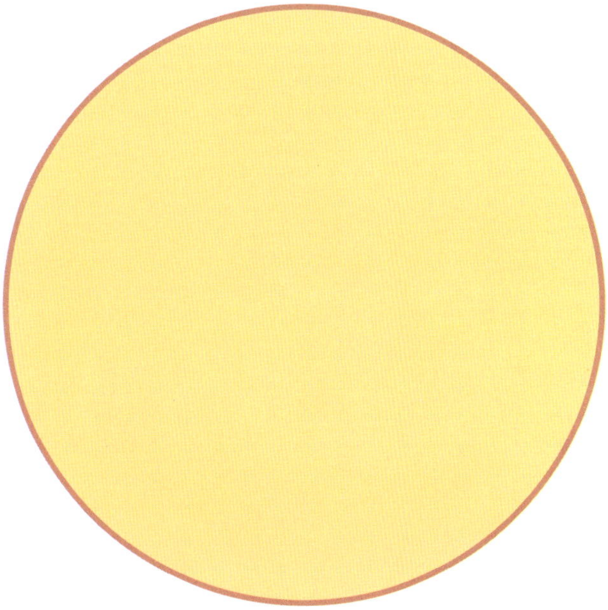

提示：

并不是每一刀都必须与苹果派的边缘接触……仔细考虑一下！

答案见 203 页

49 数字路线　第三级

此题的任务是画一条从数字1到数字49的路线，确保路线按照正确的顺序穿过每一个方格。为了帮助你正确理解题目，我们已经画出了一条到达数字3的路线，数字3所在的方格是路线中的第3个方格。以此类推，数字11所在的方格一定是路线中的第11个方格。你能顺利地到达数字49所在的方格吗？我们事先给出了一些数字，以助你一臂之力。

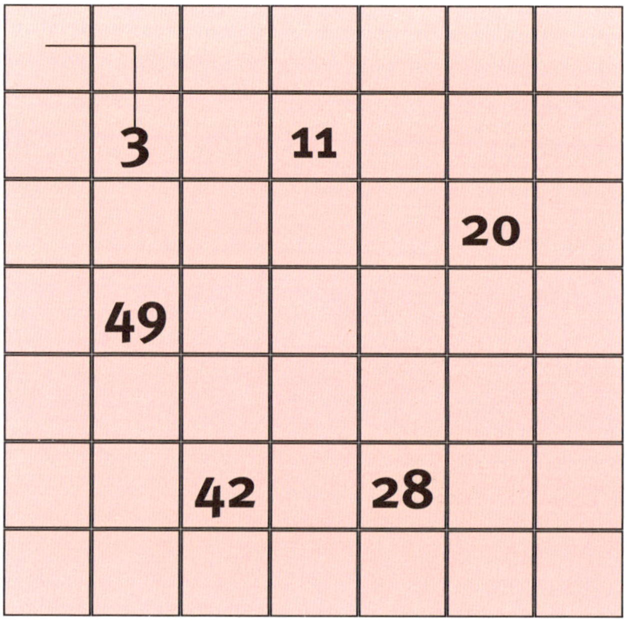

提示：

最好用铅笔解题，因为你可能要反复尝试，才能到达终点！

50 颜色方格　第三级

这两个颜色方格谜题要比之前的难不少。同之前一样，两个大正方形内的每个小方格都要填充蓝色、绿色、紫色、红色和黄色中的一种颜色。我们事先给出了一些小方格的颜色。在确保每一行、每一列以及粗线标出的形状中都有五种颜色的前提下，你能够补全其他小方格的颜色吗？

51 房子谜题　第三级

唐是一家房地产公司的实习代理，他不幸遗失了格林威尔地产的详细信息。幸运的是，他在几次实地考察中记下了很多笔记。现在，客户询问他31号房子的情况，因此他需要及时提供相关信息。你能根据唐的笔记，帮助唐准确地描述房子的情况吗？

1. 有双层玻璃的房子能够集中供暖。
2. 红色屋顶的房子有前花园。
3. 奇数房号的房子有绿色的门。
4. 有铁门的房子养有凶悍的看门狗。
5. 绿色门的房子有红色的屋顶。
6. 白色外观的房子很少有访客。
7. 没有烟囱的房子有铅制窗户。
8. 养有凶悍看门狗的房子很少有访客。
9. 有塑料小矮人雕像的房子有双层玻璃。
10. 独立式住宅有铁门。
11. 能够集中供暖的房子没有烟囱。
12. 有前花园的房子有塑料小矮人雕像。
13. 偶数房号的房子是独立式住宅。

52 援助之手　第三级

格雷格·史莱姆负责训练桥牌俱乐部的新手们。训练期间，他做了以下讲解："为了帮助你们叫牌，我将给你们一些关于我手中的黑桃牌的信息。根据这八条信息，你们应该很容易推算出我手中的牌。"你能够完成这个任务吗？

1. 如果我同时有K和Q，我就不会有J。
2. 如果我同时有A和K，我也会有Q。
3. 如果我有Q，没有A，我就会有K。
4. 如果我有K，没有Q，我就会有A。
5. 如果我有Q，没有J，我就不会有K。
6. 如果我有J，没有Q，我就会有K。
7. 如果我同时有A和Q，我也会有K。
8. 在A、K、Q和J四张牌中，我至少有一张牌。

答案见204页

53 伪装大师 第三级

斯纳夫一伙人又开始行动了。在银行外围踩点的时候，他们给自己做了奇怪的伪装。这些人伪装成穿着工装的人员，说话时带着浓重的外国口音。因为口音怪异，他们被带到警察局做供述。在第一次审问时，警察没有记下每个人的名字，只能回忆起他们夸张的口音，因此又进行了第二次审问。一如往常，这伙人中的两个人自始至终满口谎言，另一个人讲了真话。你能判断出每个人假扮角色的职业和国籍吗？

第一次审问：

西班牙人：克罗格假扮俄罗斯人。邮递员不是斯纳夫。

挪威人：假扮俄罗斯人的是哈利。送奶工不是斯纳夫。

俄罗斯人：假扮西班牙人的是斯纳夫。哈利不是邮递员。

第二次审问：

哈利：克罗格是煤气工。西班牙人不是送奶工。

克罗格：斯纳夫是煤气工。挪威人不是送奶工。

斯纳夫：哈利是煤气工。俄罗斯人不是煤气工。

54 多米诺骨牌大搜索 第三级

这道多米诺骨牌搜索谜题规模更大，难度更甚。一副标准的多米诺骨牌整整齐齐地排列在长方形中，为了清晰起见，我们用数字代替了圆点。你能用粗线将每张骨牌划分出来吗？利用右边的检验方格帮助你确定答案。

5	8	0	1	0	3	4	0	1	6	3
6	7	4	5	2	0	8	5	8	9	0
6	9	4	6	0	6	2	1	2	4	7
4	7	4	2	3	1	4	0	8	7	5
4	8	5	9	6	8	0	3	9	7	2
4	3	7	4	7	1	9	2	1	3	2
6	2	5	1	0	6	1	6	1	3	6
7	8	9	7	0	2	7	8	3	8	3
0	9	1	2	3	5	5	3	9	8	5
7	9	4	2	9	6	5	8	1	5	9

0										
1										
2										
3										
4										
5										
6										
7										
8										
9										
	0	1	2	3	4	5	6	7	8	9

55 贝壳游戏　第三级

两个孩子在沙滩上捡了很多贝壳，母亲鼓励她们玩一个有趣的游戏。事先摆好一排数目为奇数的贝壳，然后每个孩子轮流从中拿出一个、两个或三个贝壳，放到自己这一边。当所有贝壳被拿完后，持有贝壳数目为奇数的孩子获胜。仔细观察下面的三场游戏，找到决定游戏胜负的关键一步。

A（第一场）
玩家这一次的选择将决定这场游戏的胜负。这一步轮到谁了？她拿了几个贝壳？

B（第二场）
这一步轮到卡里玛了，她做出了制胜一击——具体是怎么做的？

C（第三场）
这是卡里玛在这场游戏中的第一轮，她靠着这一步赢得了胜利。她是怎么做的呢？

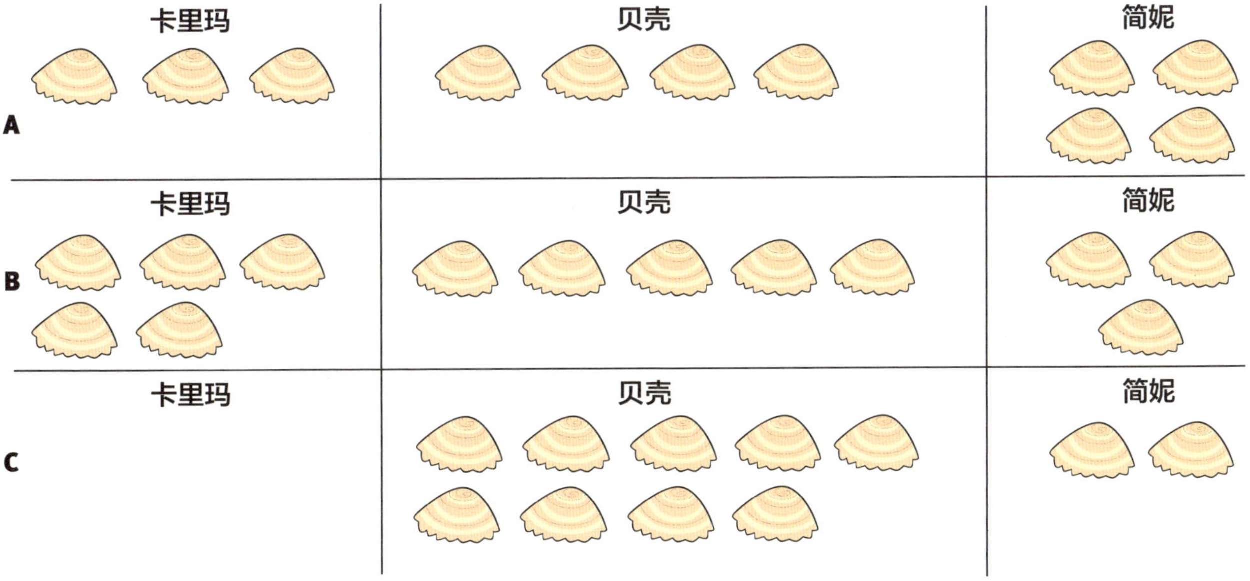

56 专业伙伴　第三级

右边提到的六个人，每个人至少有一个兄弟姐妹，并且都有配偶。每个人都从事右边提到的一种职业，每个人同自己的兄弟姐妹或配偶的职业都不同。阅读相关信息，你能厘清每个人的婚前家庭关系、配偶关系和职业吗？

1. 爱丽丝和戴夫都不是外科医生。
2. 贝蒂的姐妹的丈夫是会计。
3. 卡罗尔的丈夫的兄弟是会计。
4. 艾德的妻子是外科医生，艾德的兄弟姐妹的配偶也是外科医生。
5. 弗兰克的妻子的兄弟是律师。

答案见 204 页

57 白瑞德　第三级

这又是一个海啸谜题，难度再次提升，但是更有挑战的乐趣！这道题目有些特殊，你需要用红色和黑色两种颜色的铅笔填充方格。红色的数字表示填成红色的方格数量，黑色亦然。当你完成任务后，你会发现自己创造了一幅奇妙的图画！想要复习关于海啸谜题的解题方法，请翻到第134页。

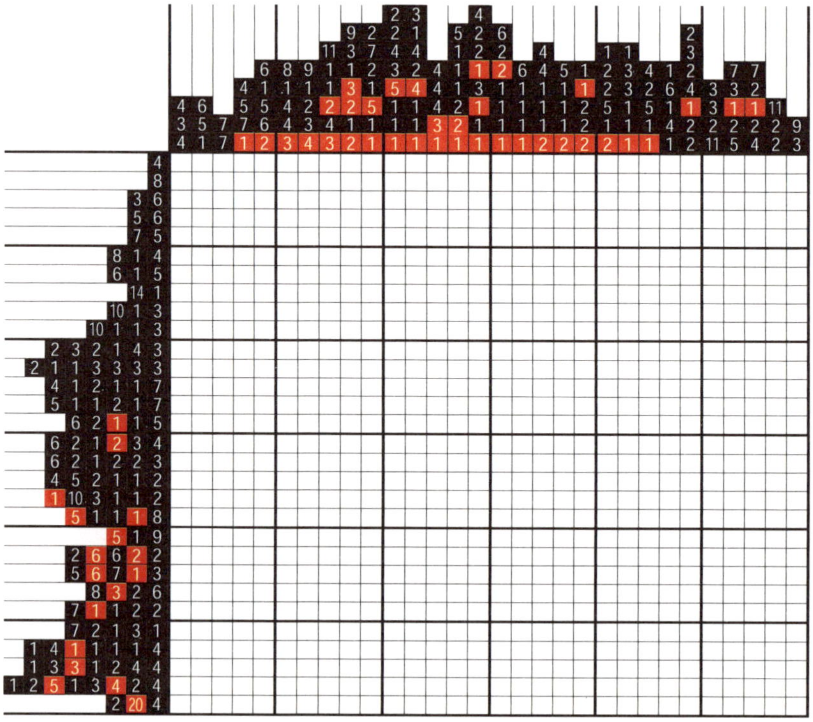

58 小菜一碟　第三级

右侧正方形的每一行、每一列中都要出现A、B、C三个字母。当然，每一行、每一列都会有两个空格。正方形外面的字母和数字表示沿着箭头方向出现的第一或第二个字母。注意：C2并不表示C一定会出现在第二个方格中，而表示所在行或列中出现的第二个字母是C。根据给出的线索，你能将所有缺失的字母填到方格中吗？

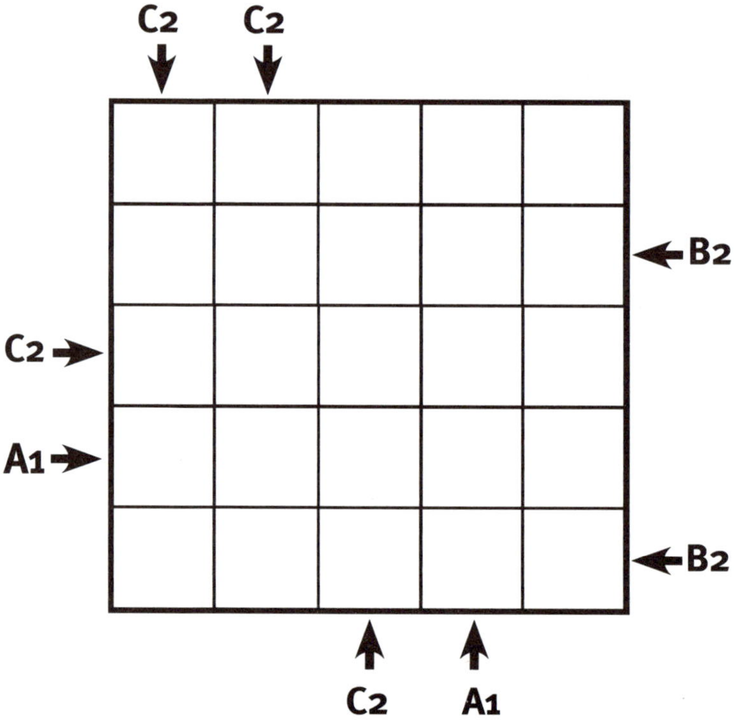

59 乱成一团 第三级

一家当地的报纸将订婚专栏弄得一团糟（如下所示）。你能利用右侧的表格，辨别出成对的幸福情侣吗？

订婚专栏

格劳瑞亚·赛兹—安迪·瑞斯特

艾德纳·克劳兹—汤米·沃特

普瑞姆斯·帕斯—维欧夫·霍尔

艾德纳·普雷尔—安迪·凯斯

艾德纳·海尔—维欧夫·瑞斯特

乔娜·海尔—吉姆·凯斯

海德·海尔—艾德·凯斯

乔娜·普雷尔—吉姆·卡纳尔

格劳瑞亚·海尔—汤米·霍尔

乔娜·赛兹—汤米·凯斯

普瑞姆斯·普雷尔—艾德·霍尔

名字	姓氏	名字	姓氏
艾德纳	克劳兹	安迪	凯斯
	海尔	艾德	霍尔
	帕斯	吉姆	卡纳尔
	普雷尔	汤米	瑞斯特
	赛兹	维欧夫	沃特
格劳瑞亚	克劳兹	安迪	凯斯
	海尔	艾德	霍尔
	帕斯	吉姆	卡纳尔
	普雷尔	汤米	瑞斯特
	赛兹	维欧夫	沃特
海德	克劳兹	安迪	凯斯
	海尔	艾德	霍尔
	帕斯	吉姆	卡纳尔
	普雷尔	汤米	瑞斯特
	赛兹	维欧夫	沃特
乔娜	克劳兹	安迪	凯斯
	海尔	艾德	霍尔
	帕斯	吉姆	卡纳尔
	普雷尔	汤米	瑞斯特
	赛兹	维欧夫	沃特
普瑞姆斯	克劳兹	安迪	凯斯
	海尔	艾德	霍尔
	帕斯	吉姆	卡纳尔
	普雷尔	汤米	瑞斯特
	赛兹	维欧夫	沃特

60 飞行幻想 第三级

右边的对话发生在一间办公室里，老板当时正要进行一趟商务旅行。读完整个对话，找出艾垂科先生被解雇的原因。

提示：

这个问题需要横向思考！

“阿诺德先生，杰利·艾垂科先生想要见您。”

“他是谁？”

“先生，他是值夜班的人。要是见不到您，他是不会下班回家的。”

“好吧，让他进来。”

一个又老又邋遢的人走了进来。

“先生，我知道您今天要出差去国外，我恳求您不要去。”

“这次旅行是一个秘密——你怎么知道的？”

“我昨晚做了一个梦——您乘坐的飞机坠毁了。这是个警告，先生。”

“哦，不要犯傻了，简直一派胡言。但是谢谢你留下来告诉我。”

老板旅行结束，安全返回。他直接走进办公室，叫来了秘书。

“那个叫艾垂科的人今晚值班吗？”

“是的，先生。”

“打电话给他——告诉他，他被解雇了。”

答案见 205 页

逻辑思考

第四级

谜题 61~80

耐心地解决这些谜题，确保在翻看答案之前，你已经尝试过独立解题。

61 火柴游戏 第四级

用20根火柴摆出右侧的图形。移动3根火柴，使图形变成7个大小同原来相同的正方形。你能想出多少种不同的移法呢?

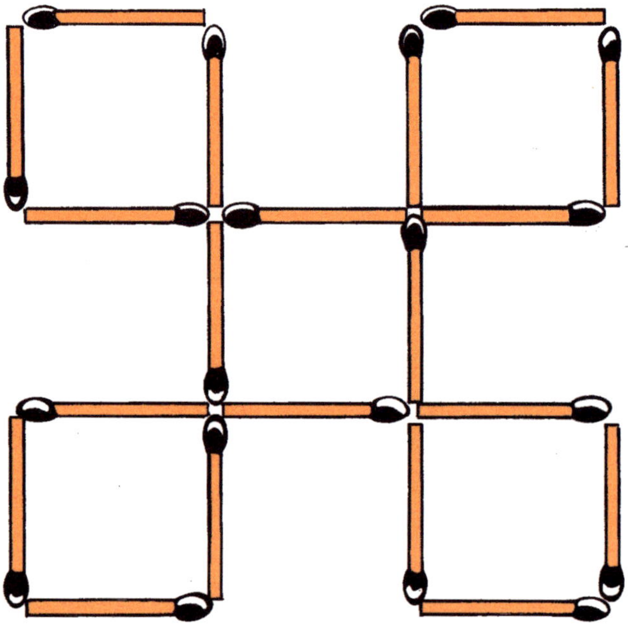

62 火车抢劫案 第四级

斯纳夫一伙人决定抢劫一辆火车，跟以往一样，他们再次落入法网。这一次，他们拉着自己的妻子参与了抢劫行动，因此六个人一同在警察局受审。一位男士说了两次谎，另一位男士说了两次真话，第三位男士真假参半。三位女士忠于自己的丈夫，分别跟他们保持了一致的口供。你能判断出每个人做了什么，以及谁和谁是夫妻吗?

哈利：多丽丝开着卡车。斯纳夫负责从火车上卸货。

柏瑞尔：克罗格从警卫那里搞到了钥匙。温蒂开着卡车。

克罗格：多丽丝负责从火车上卸货。哈利负责拖住司机。

多丽丝：斯纳夫负责改变信号灯。温蒂开着卡车。

斯纳夫：柏瑞尔开着卡车。克罗格负责改变信号灯。

温蒂：克罗格负责将货物装到卡车上。哈利负责拖住司机。

63 窖藏美酒　第四级

琼斯先生对自己用天然原料酿造美酒的能力十分得意。此时，他的酒窖里藏了6桶酒。仔细阅读下面的信息，判断出每桶酒所用的两种原料（从每个原料列表中选取一种）、酿造年份和品种。在酒桶盖上，顶部的信息表示不同的酒类品种（DW=干白），中间部分表示12种不同的原料（AGL=苹果、葡萄、荔枝），底部表示酿造年份。利用这些信息确定你的答案。

原料1：
苹果（Apple）
葡萄（Grape）
荔枝（Lychee）
桃子（Peach）
覆盆子（Raspberry）
黑刺李（Sloe）

原料2：
黄瓜（Cucumber）
无花果（Fig）
接骨木花（Elderflower）
豌豆（Pea）
球芽（Sprout）
芜菁（Turnip）

1. 黄瓜酒的年份比球芽酒的年份晚。每一桶红酒都挨着另一桶红酒。而干性酒、中性酒和甜性酒这三种酒同自身都不挨着。
2. 只有一对挨着的酒桶有连续的酿造年份——1989年和1990年。
3. 下面各组项目是挨着的酒桶，每一项对应一个酒桶，正好构成一个三角形（每一组都代表一组不同的酒桶）：

   A. 桃子、豌豆和MR
   B. 苹果、接骨木花和1986年的酒
   C. 覆盆子、芜菁和DW
   D. SR、黄瓜和球芽

   三条直线上各有三个酒桶，每一项对应一个酒桶，但是没有特殊顺序：

   E. 黑刺李、葡萄和1989年的酒
   F. MW、SW和DR
   G. 接骨木花、1991年的酒和1987年的酒
4. 两桶中性酒的编号数字之和为6。两桶干性酒的编号数字之和为7。原料中有葡萄和年份为1991年的酒桶的编号数字之和为8。

［干性酒是DR（干红）、DW（干白），中性酒是MR（中性红酒）、MW（中性白酒），甜性酒是SR（甜红酒）、SW（甜白酒）。——译者注］

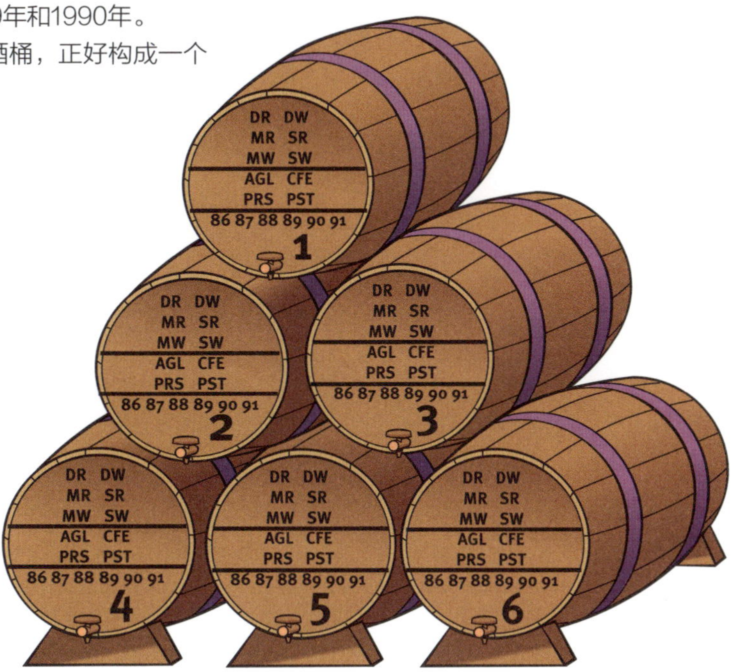

64 颜色方格　第四级

这是一个难度相当大的颜色方格谜题，因为颜色的数量增加到了六种。每个方格都要填充蓝色、绿色、橙色、红色、黄色和白色中的一种颜色。每一行、每一列以及粗线标出的形状中都要出现六种颜色。在已经给出部分方格颜色的前提下，你能补全缺失的颜色吗？

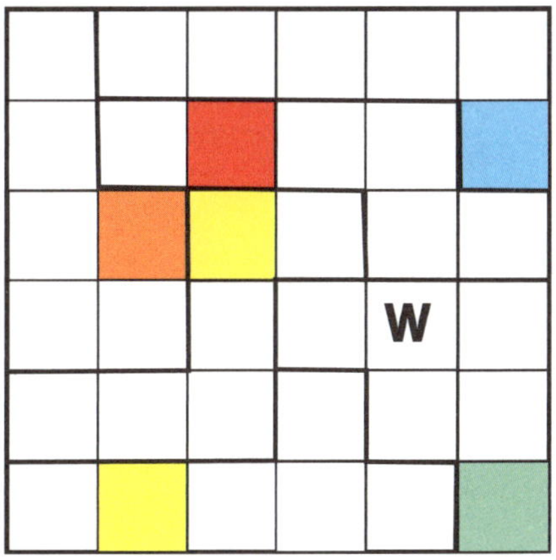

答案见 205 页

65 海上逃生　第四级

该题将是你遇到的难度最大的海上逃生谜题。你的任务同样是找到海图中隐藏的战舰。战舰的某些部分或者海水区域已经给出，每一行和每一列旁边的数字表示所在行或列被占据的方格数量。舰艇可以水平或垂直排列，但是任何两艘舰艇都不得相邻，无论是水平、垂直还是对角线方向。你能完成挑战吗?

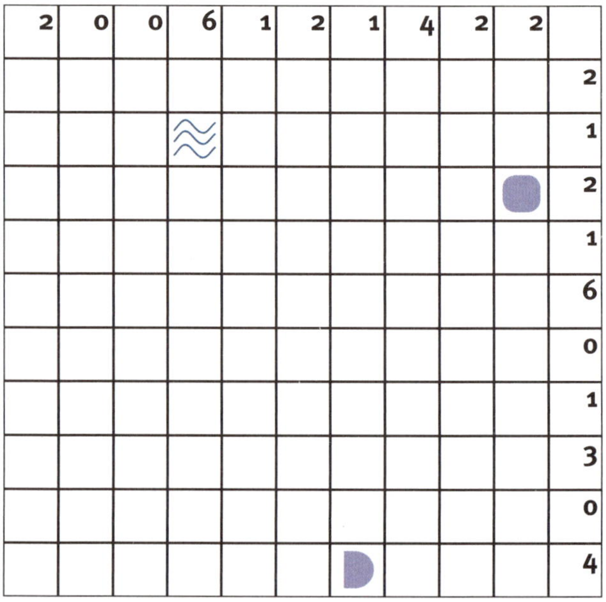

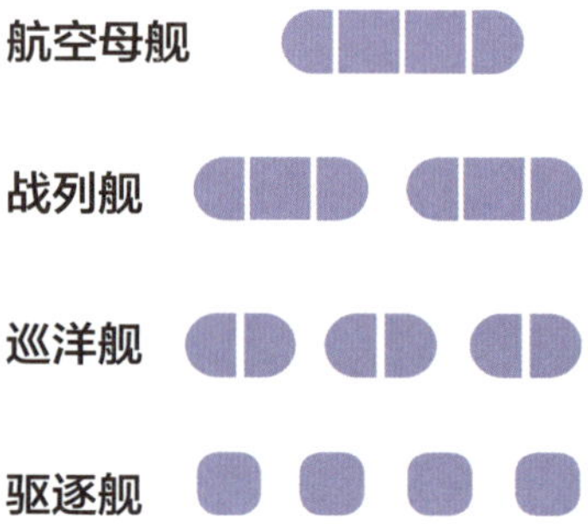

66 真假难辨　第四级

比尔遇到了三个人，他把这些人的名字和职业搞混了。为了帮助自己回忆，他写下了七条真实可靠的信息。但他还是没办法搞清楚每个人的职业，你能帮助他吗?

1. 如果安恩博格先生是巴兹尔，那么阿伦就不是律师。
2. 如果库克先生是巴兹尔，那么药剂师就是安恩博格。
3. 如果库克先生是药剂师，那么詹姆斯就不是银行家。
4. 如果安恩博格先生是药剂师，那么律师就是阿伦。
5. 如果巴兹尔是库克先生，那么阿伦就不是律师。
6. 如果巴兹尔不是库克先生，那么詹姆斯就是银行家。
7. 如果贝克先生是巴兹尔，那么律师就不是阿伦。

67 幸运盆栽　第四级

乡村集市上，一个货摊摆了25盆盆栽。4个顾客每人买了5盆盆栽——从每一行、每一列中各挑了一盆。因此，还剩下5盆盆栽。作为免费礼物，摊主又送给每个顾客一盆盆栽，每个人得到的盆栽都是之前没买过的品种。图中已经给出了每个顾客所买的一盆盆栽。下面的表格记录着每种盆栽卖出的数量。你能推测出每个顾客所买和获赠的盆栽在网格中的位置，以及哪盆盆栽剩下了吗？

提示：

秋海棠是黄色，杜鹃花是粉色。

	杜鹃花	秋海棠	仙人掌	蕨
凯文	2			2
莱恩		2		2
玛丽	3			
杰斯			3	

68 猜出明星　第四级

你能根据下面的图形，猜出两位电影明星的名字吗？这是一个棘手的密码谜题。

提示：

如果你不知如何下手，就把数字和颜色结合起来考虑，这样会有所帮助。

答案见 206 页

69 兔子　　第四级

这是一道马赛克谜题，因此你必须关注每个小方格及其周围的小方格，而不是行或列。仔细阅读下面的说明，然后尝试完成这道题。

1. 利用简单的逻辑知识，你能够根据大网格中给出的数字进行填色，创造一幅像素图画。

2. 在整个网格中，大多数小方格周围都有八个邻居，它们共同组成一个九宫格。

1	2	3
4	X	5
6	7	8

而网格边缘的小方格有五个邻居，顶点的小方格只有三个邻居。小方格内的数字表示其本身和周围的邻居中要填色的小方格的数量。

3. 如下图所示，这个九宫格中，有五个小方格要填色，其余四个小方格要空着。

	5	

	0						3		3				1	
		3		3								3		0
					4		3			3			2	
3		4		3	3	3								
	3						5			3			2	
		3						3	2	1		2		
	4				0		2				3		3	
		5				0		2			3	3		1
	3		3	0					1		3		2	
						2		0		0		2		
	3		3				4		0	1	1		3	
				2		5						1		3
	3		2		4		2		1			2	3	
		5				4		3		5		4		
	3				4		3		4				3	

70 填字母　　第四级

这道题比之前同一类型的谜题难度更大。右侧正方形的每一行、每一列中都包含A、B、C、D四个字母和两个空格。正方形外面的字母和数字表示沿着箭头方向出现的第一或第二个字母。你能将所有缺失的字母填到方格中吗？

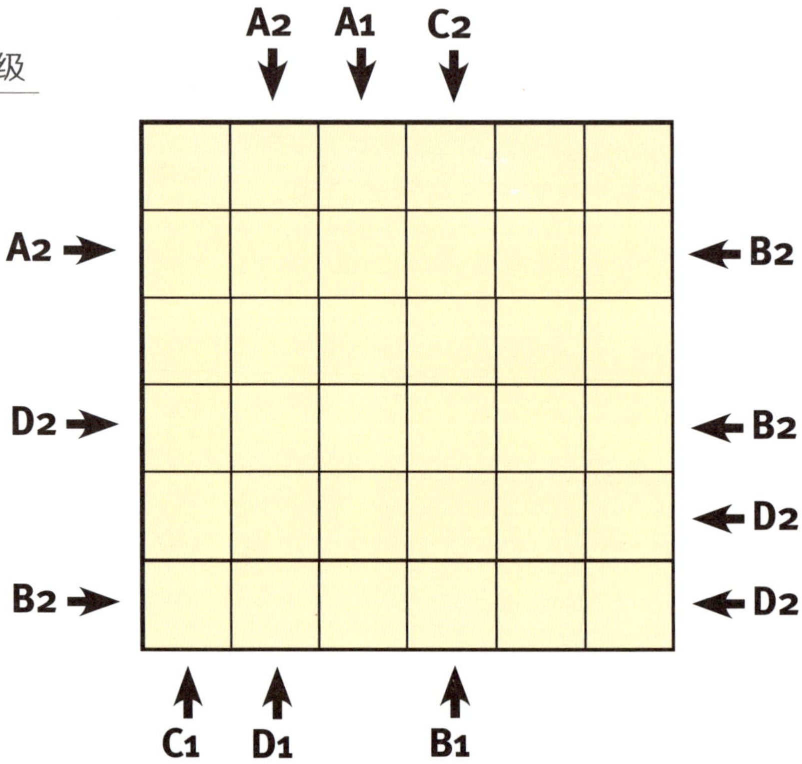

71 花朵　第四级

同之前的海啸谜题相同，网格外面的数字表示相应行或列中填色方格的数量。本题相当棘手，因为网格太大了——但是如果你愿意花时间，也会相当有趣。如果你需要复习一下解题方法，请翻到第134页查看相关内容。

列（从左到右，自上而下）：

3 3
2 3 2
1 1 1
3 1 3 1
1 1 2 1
1 1 1 1 4
4 9 1 2
4 1 1 1
1 1 1 5 2 2 2
2 1 1 2 2 1 2 1
1 1 1 1 1 1 2
1 1 1 3 1 2 2
3 1 1 3 1 1 3
1 1 1 3 1 3
1 2 2 1
2 1 3 3 1
1 1 3 4 4
4 3 3 2
2 8 2 1 1 2
1 2 1 2 1 2 1 3 1
1 1 1 1 2 2 1
1 2 2 3 1 2
2 2 8
3 2
3

行（自上而下）：

2 2 2 2 2 2
1 1 1 1 1 1
1 1 5 1
6 1 1
1 2
8 6
2 2 2 2
1 4 1 1 1 1
4 1 2 1 2 4 2
2 2 1 3 1 1 1
1 1 1 4 2 2 2
2 1 1 1 2 1 6
1 2 1 2 2 2 2
2 2 1 6 1 1
1 1 3 2
2 1 2 2 2 1
4 1 7 1 1 2
1 1 1 2 1 1
1 3 2 6
1 2 1 2 1
2 2 1 2 1
3 2 1 3 1
3 2 1 1
2 2
4

72 脑筋急转弯　第四级

你能拿走五个字母，确保剩下的字母构成一个单词吗？

O	F	I	N	E	V	E	L	E	W	T	O	T	R	E	R	D	S

答案见206页

73 参加培训 第四级

霍尔-图布斯数码公司的四位员工近期参加了一系列课程的培训。根据右侧提供的信息，你能够厘清每位员工的姓名、所选课程和花费吗？

1. 马丁的课程比查理少花了200美元，查理的课程又比霍姆斯少花了50美元，后者所选的课程比快速搜索课程贵了200美元。

2. 康纳的课程比韦克斯福德的贵，后者的课程每天要花400美元，但不是最便宜的课程。

3. 高级上网课程比布朗的课程贵200美元，后者的课程又比特丝的便宜50美元。

4. 达格利什的课程比新闻组群课程便宜50美元，后者比新手浏览课程贵250美元。

名字	姓氏	花费	课程
康纳			
查理			
特丝			
马丁			

74 多米诺骨牌大搜索 第四级

这是难度最大的多米诺骨牌搜索谜题！如图所示，一副6-6的骨牌整整齐齐地摆放在网格中，用数字代替了圆点。粗线表示每张骨牌的位置。每一行、每一列外面的数字是应该填入相应的行或列中的数字。在每张水平摆放的骨牌中，较小的数字总是在左边。在每张竖直摆放的骨牌中，较小的数字总是在上面。图中蓝色的骨牌表示其数字是成对的。你能根据这些已知条件，确定每张骨牌的位置吗？

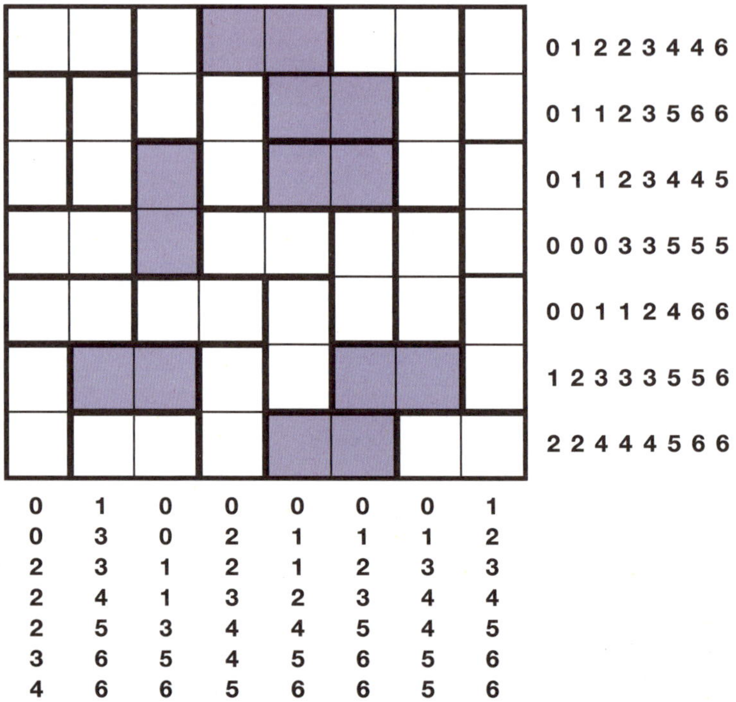

75 化装舞会 第四级

在一场化装舞会上，五对穿着不同服装的夫妇出来跳舞，由国王和王后领舞。在一开始的四场舞蹈中，每个人都同除了自己的伴侣以外的四个人跳了一场舞。当地杂志的一位记者尽力记下了每场舞蹈的五对舞者（见表格）。你能根据这些信息，推测出每对夫妇的名字和他们所穿的服装吗？

狐步舞	伦巴	旋转舞	华尔兹
吉姆和王后	埃利斯先生和威尔玛	海盗和凯伊	艾伦和僧人的妻子
科瑞先生和诺玛	伦恩和狮子的妻子	费伊的丈夫和沃克夫人	精灵的丈夫和航天员的妻子
蒂姆和魔女玛塔	莫里斯先生和斯蒂芬夫人	国王和花仙子	白雪公主的丈夫和派姆
鲍勃和莫里斯夫人	沃克先生和白雪公主	航天员和僧人的妻子	伦恩和凯伊
狮子和威尔玛	海盗和埃利斯夫人	派姆的丈夫和精灵	鲍勃和诺玛

76 隐藏的值 第四级

在下面的两组图形中，每一个长方形都有一个1~9之间的值（没有任何两个长方形的值相同）。当两个或多个长方形重叠时，它们的值相加，即为重叠处图形的值，这些值已经事先给出。你能根据以下条件，算出长方形A~E的值吗？

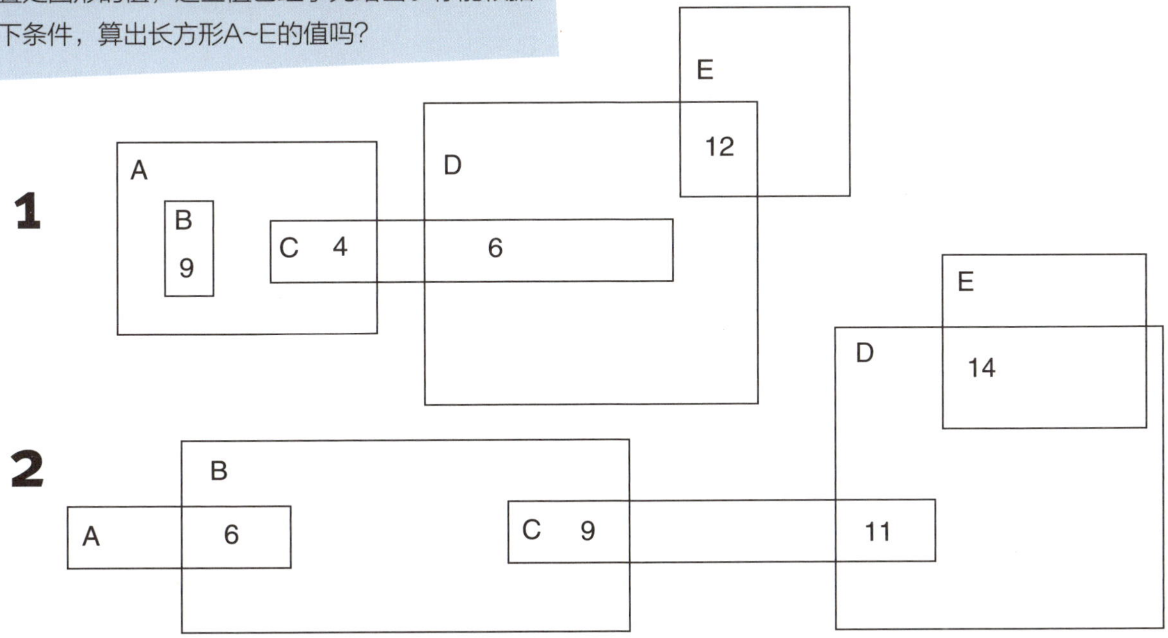

77 我们在航行 第四级

这又是一个马赛克谜题。你要关注的是每个小方格及其周围的邻居，而不是行或列。你可以翻到第170页，查看详细的解题指导。

	5		5	4	3				3		4			
		6				3		3		4		5	5	
	5		3		2		3	3	2		3	4	4	
2		3		3	1	4			3	2		2		3
	1	1			0		6				1			
				3		3				4		1		
	5						5		5		6		1	
		9				6		5		6		6		1
	6		6		5		7		7		9		6	
						5		6		5		6		3
	0		0			5			6				6	
2		2		2		6		7		6		6		
	2		1		3		6		6		6		5	
		4						5				5		2
	1		2		2		1		1				1	

78 填字母 第四级

我们再次给出了一道棘手的填字母谜题。网格的每一行和每一列中都包含A、B、C、D四个字母和两个空格。网格外的数字和字母表示沿着箭头方向出现的第一或第二个字母。你能将字母填到正确的方格中吗？

	A2 ↓		D2 ↓		C1 ↓	D2 ↓	
B1 →							
C1 →							← B1
B2 →							← C2
D2 →							← A2
	D1 ↑	B2 ↑	B2 ↑		A1 ↑	B2 ↑	

79 离家度假　第四级

五位女士要出国度假，离开前，她们必须安排朋友帮忙照料她们的宠物。你能判断出每位女士的度假地、所养的宠物及宠物的名字吗？

1. 查尔莫夫人要去塞浦路斯，但她不是鹦鹉亨利的主人。

2. 姬玛的主人要去土耳其。虎皮鹦鹉凯丽的主人既不是艾伯特夫人，也不是唐金夫人。

3. 爱德华夫人是仓鼠的主人。她的度假地既不是西班牙，也不是意大利。

4. 猫的主人打算去泰国，但她既不是布拉迪夫人，也不是唐金夫人，后两者不是乔伊或小狗麦丽莎的主人。

5. 凯丽的主人不会去西班牙或塞浦路斯。

	塞浦路斯	土耳其	西班牙	意大利	泰国	姬玛	亨利	乔伊	凯丽	麦丽莎	虎皮鹦鹉	猫	狗	仓鼠	鹦鹉
艾伯特夫人															
布拉迪夫人															
查尔莫夫人															
唐金夫人															
爱德华夫人															
虎皮鹦鹉															
猫															
狗															
仓鼠															
鹦鹉															
姬玛															
亨利															
乔伊															
凯丽															
麦丽莎															

主人	度假地	宠物的名字	宠物

80 最后的L形　第四级

这是最后一道逻辑难题了，所以倾尽全力吧！将右侧的网格划分为大小相等的L形，确保每个L形都包含两个粉色圆圈。所有的方格都必须用到。听起来很简单吧？立即动手尝试一下吧——也许你会发现，做起来还是不容易的！

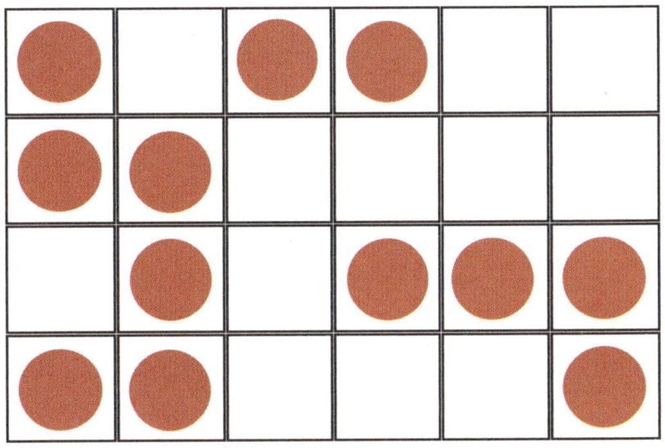

答案见207页

答案
牢记于心

答案

牢记于心・谜题 1~20

第一级

1 吉姆的游戏
A. 2个 B. 8个 C. 火箭、飞机、卡车、蛇、香蕉皮、电话、恐龙、汽车

2 词语之间的联系
A. 3个，马、兔子、狗 B. 2个，奶酪、饼干 C. 2个，长笛、吉他 D. 3个，鞋、夹克、帽子

3 我和父亲
A. 南希・里根 B. 罗伯特・雷福德
C. 此处的答案取决于你的联想。例如，你可能会将威尔・史密斯的父亲（制冷工程师）和罗伯特・雷福德的父亲（送奶工）联系起来。你也可能会把南希・里根的父亲（汽车销售员）和杰瑞・霍尔的父亲（卡车司机）联系起来。我们更倾向于将伊丽莎白・泰勒的父亲（画商）和格里塔・斯卡奇的父亲（画家）联系起来

4 之前和之后
A. 中间金鱼眼睛上的红色块改变了
B. 右侧水草的方向改变了 C. 桥上的石头消失了 D. 红色金鱼头部附近的气泡消失了 E. 右边橙色金鱼身上的鳞片消失了
F. 第二幅图中出现了水草的阴影

5 家谱
A. 泰迪 B. 29岁 C. 1岁 D. 乔尔・马丁
E. 乔尔・马丁 F. 彼得・查伊斯基

6 吉米・奥布莱恩和诺布林斯怪
A. 4只 B. 12根 C. 海隆高中 D. 诺布林斯怪十分可笑，因为它们是亮粉色的
E. 走过那棵树，再穿过公园

7 多彩词语
A. 红色 B. 蓝色 C. 橙色 D. 彩虹
在英国，记忆彩虹颜色顺序的助记符号是：Richard Of York Gained Battle In Vain.（约克王国的理查德在战斗中无功而返。）助记符号HOMES用于记住五大湖，即休伦湖（Huron）、安大略湖（Ontario）、密歇根湖（Michigan）、伊利湖（Erie）和苏必利尔湖（Superior）。

8 我是谁?
麦当娜

9 经典电影
A. 25日 B. 一次 C. 8点 D. 25日（否则两部电影会撞时间） E.《蒂凡尼的早餐》

10 发现差异
A. 香肠的数量 B. 月亮的方向 C. 小丑的头发 D. 小丑衣服上的条纹 E. 鳄鱼鼻子上的皱纹 F. 小丑帽子末端铃铛上的圆点

11 记住数字
A. 2 B. 29493573745 C. 5

12 泰坦尼克号的传奇故事
A. 布洛克・拉维特 B. 卡尔・霍克莱
C. 17岁 D. 露丝说自己不知道珠宝的下落
E. 他在酒吧里赢得了船票

13 亨利八世的待做事项
A. 1534年4月15日 B. 野猪肉 C. 宫廷小丑 D. 唱歌记录仪 E. 静脉曲张和超重

14 通有高速路的小岛
A. 右边的路线 B. 路线1 C. 14英里

15 图画集合
A. 球 B. 马 C. 鳄鱼、球、奶牛、狗、猫王、旗子、女孩、马

16 我是谁?
亚伯拉罕・林肯

17 对话
A. 深蓝色 B. 戴尼姆商店 C. 保罗的妻子 D. 一块银表

18 图形的顺序
A. 五角星、星号 B. 第三和第五个图形的位置互换了

19 谁是罪魁祸首?
A. 意面沙拉、蓝莓和一根巧克力棒
B. 纳吉尔 C. 她声称自己只是想吃点不健康食品 D. 艾略特的午餐装在袋子里，米洛的午餐装在蓝色的盒子中

20 “幸运小鸭”射击游戏
A. 绿色 B. 紫色，带有蓝色的嘴巴 C. 4种 D. 绿色

第二级

21 吉姆的游戏

A. 5种，泰迪熊、秒表、比萨、对讲机、收音机 B. 4只，猫、老鼠、绵羊、狗 C. 对讲机、收音机、秒表 D. 3种，鱼、公鸡、母鸡 E. 螃蟹

22 词语之间的联系

A. house [greenhouse（绿房子）、doghouse（狗舍）、full house（满屋）] B. case [notecase（钱包）、suitcase（手提箱）、staircase（楼梯）] C. kin [Kinks（奇想乐队）、bikini（比基尼）] D. tree [Wall Street（华尔街）]

24 乐队排练

A. 3756 B. 标注页码 C. 在星期二前把OC的新簧片给他 D. 不对，应该是4325715 E. 6月7日

25 犯罪狂人

26 纪念碑

A. 305英尺1英寸 B. 法国 C. 354级 D. 伊塞雷 E. 贝德罗岛 F. 弗雷德里克·奥古斯特·巴托尔迪

27 购物清单

羽毛笔修理工具、墨水、纸张、紧身衣、苹果、戏票、人造血液、每周娱乐评论、匕首。

28 姓名游戏

按照他们在第18页出现的顺序：朱莉·柯由、戴维·布莱恩、莎拉·布兰德、彼得·戴维斯、约翰·史密斯、史蒂夫·琼斯。

29 家谱

A. 巴布思、乔克利特、萨迪 B. 巴布思、萨迪 C. 尼克松、贝拉

30 发现差异

A. 路中央的白线 B. 黄色大卡车后面的箱子 C. 绿色大卡车的引擎盖 D. 右图右上角蓝色小汽车下面的影子 E. 红色大卡车的一侧变了颜色 F. 紫色卡车一侧的玻璃窗消失了

32 公寓

A. 杂物间 B. 洗手间、卧室 C. 客厅/餐厅 D. 卧室的长度

33 芝加哥

A. 一家20世纪20年代的爵士俱乐部 B. 弗雷德·卡斯拉 C. 韦玛杀害了她的丈夫和妹妹 D. 比利·福林。他从洛克茜的丈夫阿莫斯处收到3000美元 E. 凯蒂

34 手提包内之物

A. 肤色 B. 3个，手套、地址簿、太阳镜 C. 猩红色 D. 3个，睫毛膏、梳子、钱包

35 消极记忆

上衣、手铐、橙子、蝴蝶和闹钟不见了。羽毛、钥匙、蜡烛、杯子和烟斗取而代之。

36 匹配序列

序列A：c
逆序的序列B：a

37 交换生

A. 星期五 B. 足球赛 C. 星期四在牛津街和邦德街 D. 希思罗 E. 星期二

39 战舰游戏

A. 命中 B. B2-B4、D5-F5、E7-G7 C. D1

40 验证身份

第二排的最后一个头像。

第三级

42 序列挑战
A. 没有 B. 第二排 C. 奶酪 D. 第一排 E. 浴缸

43 体育明星
A. 米基·洛克和连姆·尼森 B. 比尔·科斯比和沃伦·比蒂 C. 保罗·纽曼 D. 体操 E. 摔跤

44 校园回忆
A. 数学 B. 星期五 C. 星期一和星期五 D. 星期二 E. 戏剧和数学 F. 西班牙语

45 楼房号码
A. 马多克斯 B. 卡尔弗 C. 南边 D. 马多克斯 E. 南边

47 餐桌服务
A. 3个人，1、4、7号 B. 6号 C. 五分熟 D. 2个人，3、8号 E. 不要番茄 F. 2个人，1、4号

49 成双成对
A. Penpal（笔友） B. Tightrope（绷索） C. Clocktower（钟楼） D. Pole position（跑道内圈） E. Hairpiece（假发） F. Curtain call（谢幕） G. Shoehorn（鞋拔子） H. Manhole（下水道检修孔）

50 对话
A. 曲棍球训练 B. 凯蒂、皮特、西蒙 C. 坐火车 D. 如果公交车来得太晚 E. 他忘了带钱 F. 坐出租车 G. 下个星期

51 六只盲鼠
c（空着的那只手的大拇指缺失了）

52 我是谁？
纳尔逊·曼德拉

53 搞笑赝品
花朵、绿色的风景画、抽象的圆形、长鼻子的狗和猫都是赝品。

54 家谱
A. 1734年 B. 查尔斯·卡特和安妮·巴特勒·摩尔 C. 3个人 D. 1807年 E. 约翰·卡特和伊丽莎白·希尔 F. 1691年

55 发现差异
共有6处不同：天上的月亮低了；双手举过头顶的穴居人的眉毛消失了；双手举过头顶的穴居人胳膊下的星星多了；洞穴顶的月亮影子消失了；右边的穴居人所穿的皮毛长了；最前面的穴居人身上穿的皮毛少了斑点。

56 谁是厄内斯特
A. 乡下 B. 去拜访他放荡不羁的兄弟厄内斯特 C. 表兄妹 D. 布拉克内尔女士 E. 维多利亚车站的一个手提包里 F. 为了博得塞西莉的欢心 G. 她们两个都爱上了凭空捏造的厄内斯特 H. 他们两人是兄弟

57 匹配序列
A. 第二排 B. 蓝色红条纹 C. 第七列 D. 回形针 E. 礼物 F. 没盖 G. 6个 H. 有 I. 柠檬、橙子、菠萝 J. 擀面杖

58 战舰游戏
A. 打偏了 C. B3

59 图画序列
c

60 酒保
A. 4瓶 B. 1杯 C. 加冰和柠檬 D. 55美元

第四级

61 匹配序列
都不相同。第一列中，第三个和第四个骰子错了。第二列中，第一个和第七个骰子应该调换位置。

62 虚拟之旅
A. 3间 B. 卫生间对面，房子的前部 C. 白色的房子、绿色的门，还有绿色的盆栽植物 D. 3盆；2盆在门廊上，1盆在门厅的架子上 E. 2个；主卧和客房 F. 7个；4把餐椅、2张沙发和1把扶手椅 G. 蓝色 H. 3种；从客厅的门进入，从通向外面的玻璃门进入，从厨房的推拉门进入

63 记住棘手数字
A. 1组 B. 14 C. 汉字（汉字出现4次，数字出现3次） D. 8 E. “7七7”应该改成“七77”

64 之前和之后
A. 女孩是在皱眉而不是微笑 B. 男孩左脚的鞋子多了一条线 C. 男孩的左脚下多了一个白点 D. 男孩的围巾少了一条线 E. 女孩右手下少了一个蓝点

65 记忆迷宫

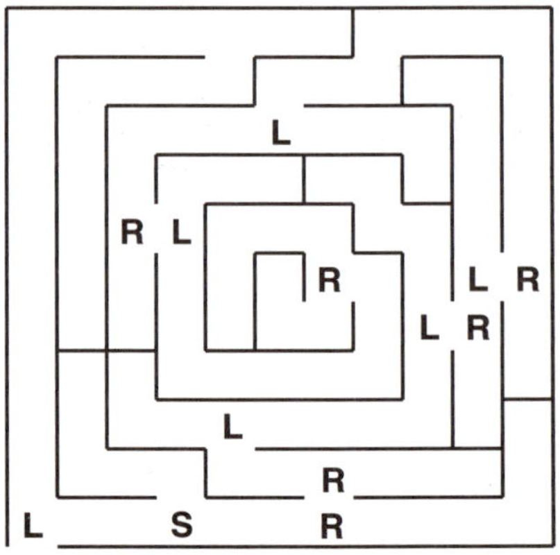

66 谁是罪魁祸首?

A. 山姆·巴尔莱特少校　B. 克莱夫，他的妻子祖恩和他的母亲　C. 医生，台球室　D. 洛克吉尔　E. 餐厅和阅读室　F. 祖恩去洗澡，理查奥克斯夫人去拿日记　G. 乔治和马丁　H. 祖恩

67 完美图画

A. 第三排　B. 帽子　C. 锤子　D. 右边　E. 有，鱼　F. 水罐　G. 黄色　H. 花朵

68 比分是多少?

A. 萨拉曼卡排名第一，科尔多瓦排名垫底　B. 潘普洛纳　C. 布尔戈斯　D. 20分　E. 穆尔西亚　F. 17分，输了　G. 巴利阿多利德　H. 今晚6点30分

70 字母大搜索

W	E	H	W	E	M	Z	M	W	K	A	L
X	Z	L	N	Y	T	W	I	Y	X	M	D
P	V	F	D	B	F	O	J	N	N	G	L
Y	X	O	C	L	W	C	S	H	L	B	O
U	P	J	V	S	U	B	X	N	Z	C	I
G	E	K	A	U	G	X	G	U	Y	J	H
O	N	R	H	B	A	I	C	B	D	R	K
V	Q	P	J	K	M	Q	D	C	Y	Q	E
F	L	X	D	I	G	J	G	M	T	Z	B
U	P	W	F	O	P	E	R	J	L	F	K
R	Q	S	G	X	G	U	S	A	B	D	Z
R	V	Q	T	N	Y	E	N	M	I	A	L

72 礼物正确吗?

鲍勃的姐姐想要一本安妮·泰勒的小说，而不是安妮·普罗克斯。吉姆想要一本弗罗梅尔关于新西兰的旅游指南，而不是福多尔。DVD应该是《黄金眼》，而不是《金手指》，手电筒和烧烤工具也给错了人。他姐姐的女儿想要粉色的礼物，但雨伞和外套并不能装饰卧室。他的父亲想要A3而不是M3号高尔夫球，他的祖父想要一瓶占边威士忌酒，而不是杰克·丹尼尔威士忌。雅诗兰黛香水的名字应该是欢沁女士香水，而不是霓彩天堂。他的祖母想要的是茶玫瑰甘油香皂，而不是玫瑰水甘油香皂。芭芭拉姑妈想要的是派克圆珠笔，而不是派克钢笔。最后，他还忘了给汉娜买银耳环。

73 消极记忆

缺失的物品：礼物、柠檬、书包、叉子、刷子。

新的物品：扑克牌、香蕉、锤子、浴缸、羽毛。

74 汉堡店

A. 可乐　B. 芝士汉堡　C. 萨尔萨辣酱　D. 10：24　E. 柠檬汁　F. 没有

75 家谱

A. 罗塞　B. 约翰·弗朗西斯·菲茨杰拉德和玛丽·约瑟芬·汉农　C. 1832~1900年　D. 玛丽·奥古斯塔·希基　E. 约瑟夫·帕特里克·肯尼迪　F. 玛丽·约瑟芬·汉农　G. 1835年　H. 詹姆斯·希基和迈克尔·汉农

76 掌控球杆

图3

77 晚餐聚会

莎拉，在理查德和迪恩之间。

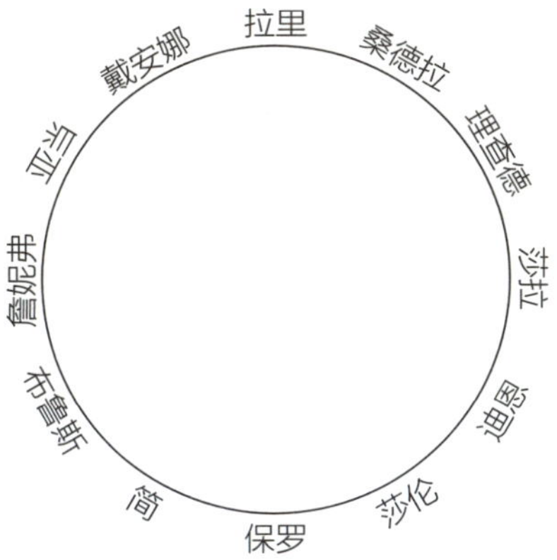

78 发生了什么?

A. 布莱克　B. 鲁宾逊塑料公司（15人，同平克顿出版社的10人相比）　C. 明亮光学仪器公司大会　D. 汤姆·比尔顿　E. CTC电子科技公司大会　F. 3场

79 卧室陷阱

正确的顺序是：A，F，C，E，D，B。

80 扑克牌速记

J♠ 10♥ 7♦ Q♣ 2♣

答案

拓展思维

答案

第一级

1 绳结谜题

绳子不会打结。

2 支离破碎的句子

如果你找到了正确的路线，那么最后拼出的句子就是“This sentence is hidden”（这个句子藏起来了）。

3 杯子谜题

将中间的火柴向右移动，使右上角的火柴位于其中间。将左上角的火柴向斜下方移动，使其位于樱桃的右侧。

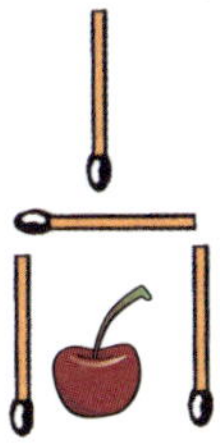

4 圆形面积

中心圆的面积是一样的。周围圆形的大小同中心圆的对比，导致左边的中心圆看起来比右边大一些。

5 斑点游戏

将四个角上的斑点移到红色圆点所在的位置。

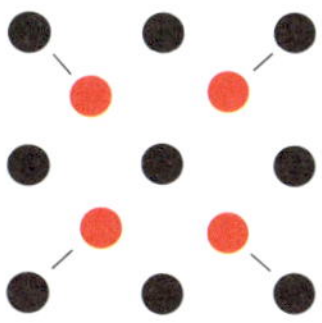

6 正方体谜题

正方体A、B、C和D都符合。

7 野外宿营

将营地按下图分隔：

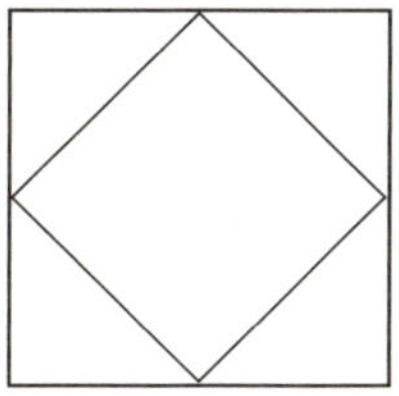

8 重现正方形

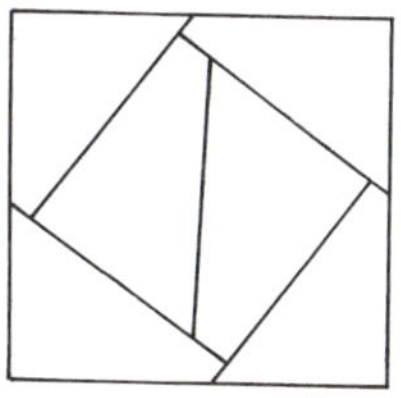

9 七巧板拼图

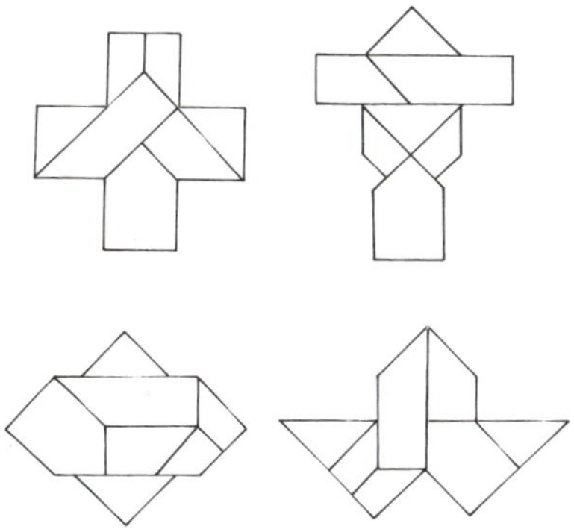

10 硬币谜题

将D移到G的位置，将F移到B的位置，将E移到H的位置，将A移到C的位置。（第三步和第四步可以互换。）

11 计数技巧

该题没有答案。柱子的数量会随着你的观察不断改变——这是一种视错觉。

12 荆棘迷宫

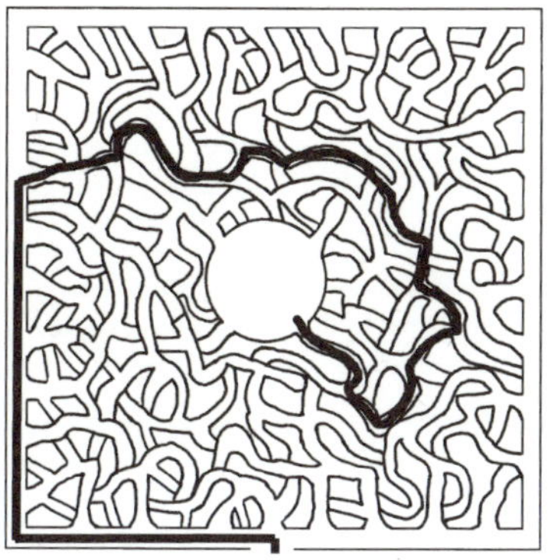

13 利益均分

将整块地产按下图划分：

14 倒转方向

如图所示，需要移动三个光盘。

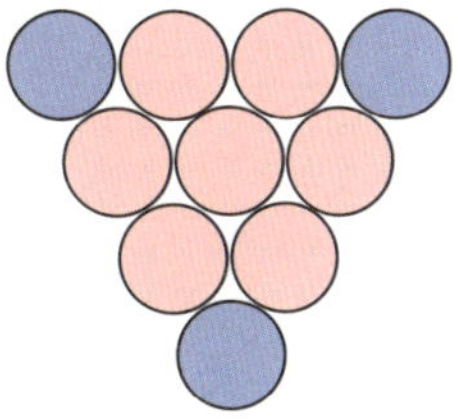

15 耀眼群星

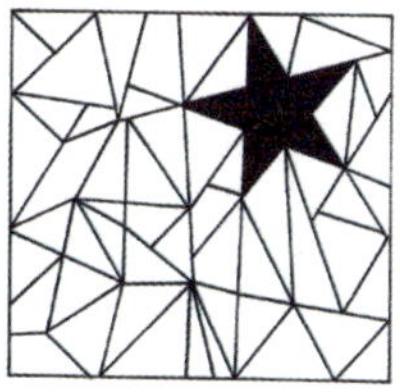

16 绝不右转

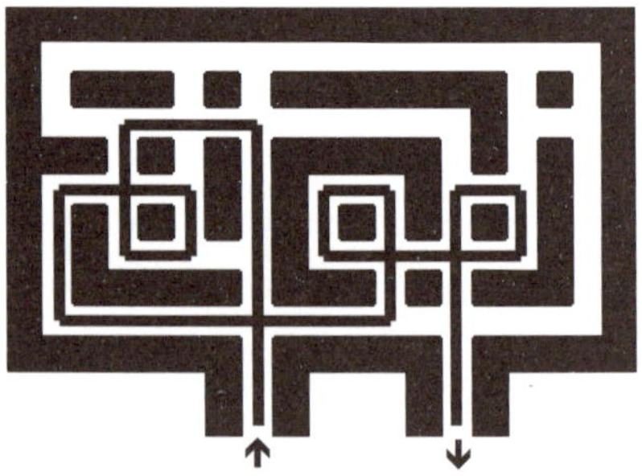

17 重现正方形

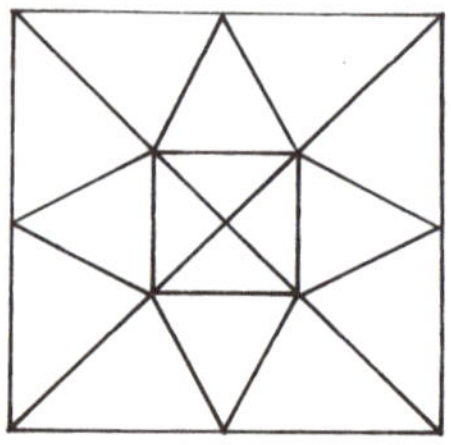

18 蜗牛轨迹

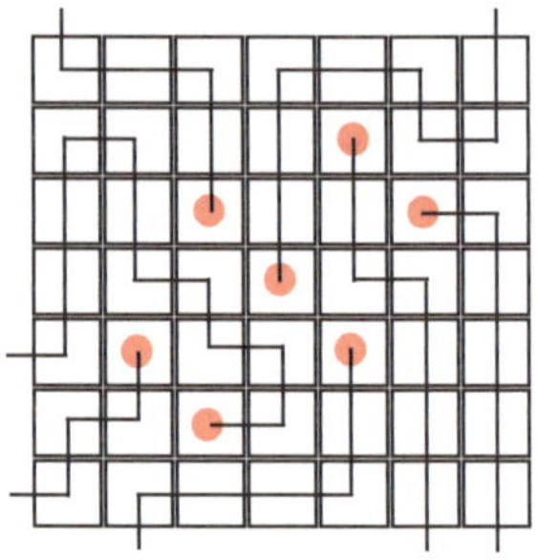

19 是直还是弯?

尽管看起来是弯的，但实际上它们都是直线——不信可以用尺子量一下！

20 一笔画信封

E-B-D-C-B-A-C-F-D-E-F。

第二级

21 绳结谜题

绳子会打结。

22 跳格谜题

按以下步骤进行：

1-移动粉色，2-蓝色跳一格，3-移动蓝色，4-粉色跳一格，5-粉色跳一格，6-移动粉色，7-蓝色跳一格，8-蓝色跳一格，9-蓝色跳一格，10-移动粉色，11-粉色跳一格，12-粉色跳一格，13-移动蓝色，14-蓝色跳一格，15-移动粉色。

23 脑力挑战

1. 这段文字中有11个字母F。你第一次很有可能数不出这么多F。大多数人都漏掉了“OF”中的F，因为我们的大脑会无意识地跳过简短的词语。

2. 这段文字很容易阅读，但其中包含很多重复的词语。当我们的眼睛从一行移动到另一行时，我们的大脑会把两个重复的词语融合成一个，因为我们的期望是这些词语只会出现一次。

24 正方形的数量

总共有46个正方形。

25 扭曲的三角形

仔细观察后，你会发现，根本造不出这样一个三角形。

26 驾驶测试

最多需要转56次弯。

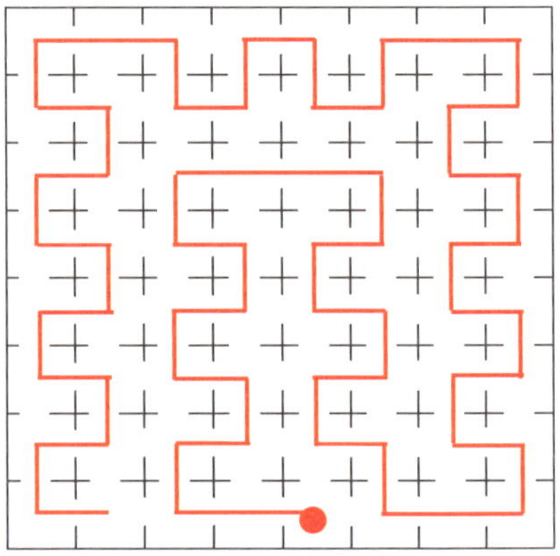

27 动中求变

红线所示为移动火柴的新位置。

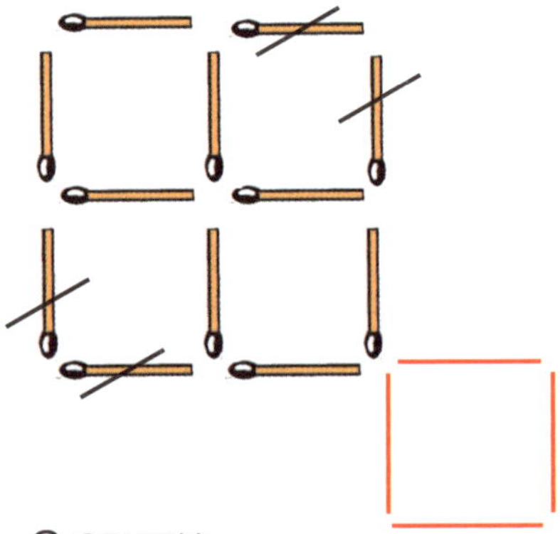

28 3D困境

正方体D

29 齿轮谜题

1和4会下降，2和3会上升。

30 一笔带过

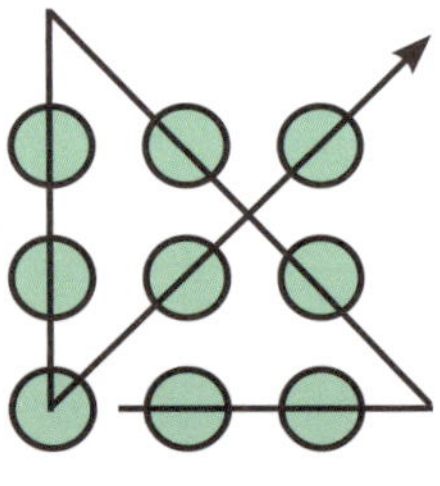

31 湖边别墅

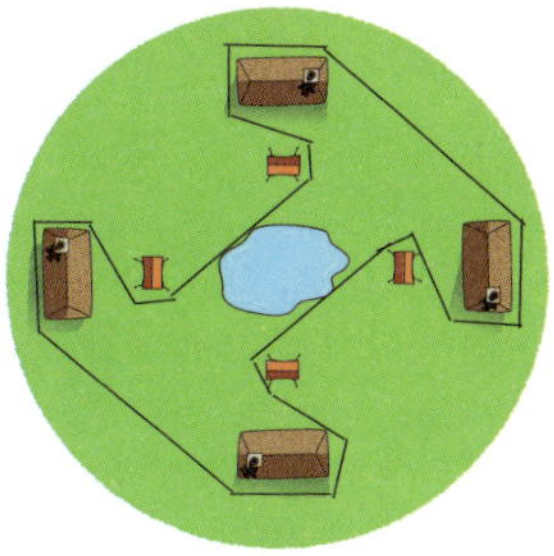

32 拼图谜题

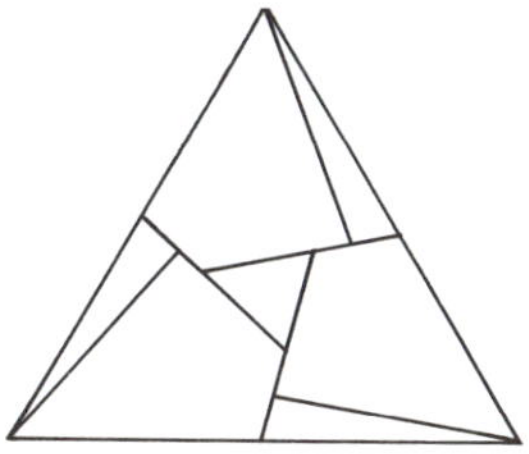

33 邪恶圆形

34 巧画正方形

35 进进出出

36 填充谜题

任何一个方格都有可能空着，这取决于你如何填充物体。尝试一下吧！

37 词语方格

B	A	L	D
A	R	E	A
L	E	A	F
D	A	F	T

单词DEED和BRAT沿对角线方向拼出。

38 公平的份额

39 比萨大派送

18，1，15，14，17，16，19，2，4，6，7，8，9，10，5，21，3，20，13，12，11。

40 正方体困惑

该题没有答案，因为这个正方体会随着你的观察角度不断变换。

第三级

41 多样图形

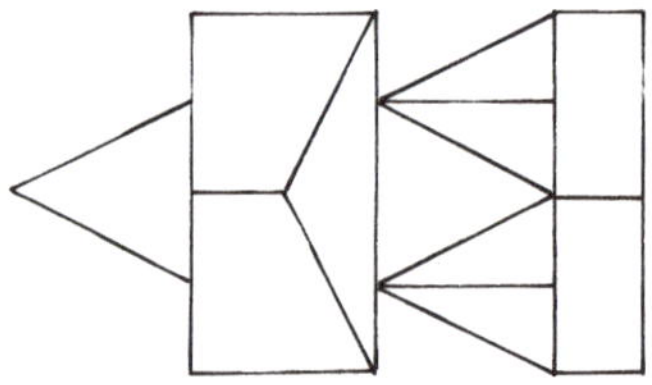

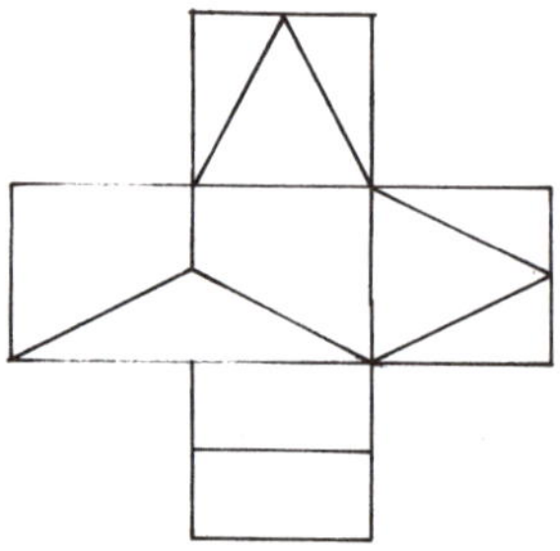

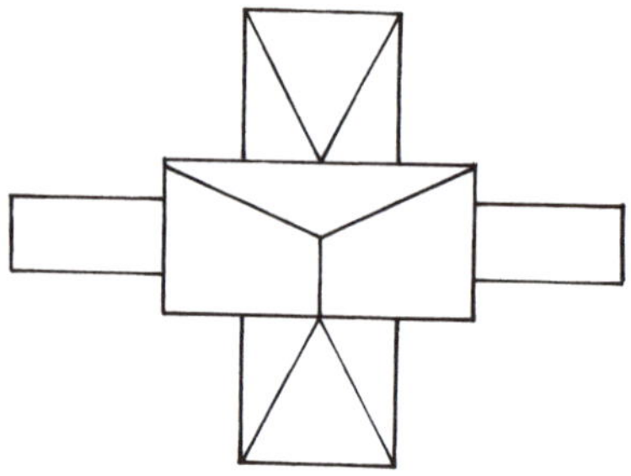

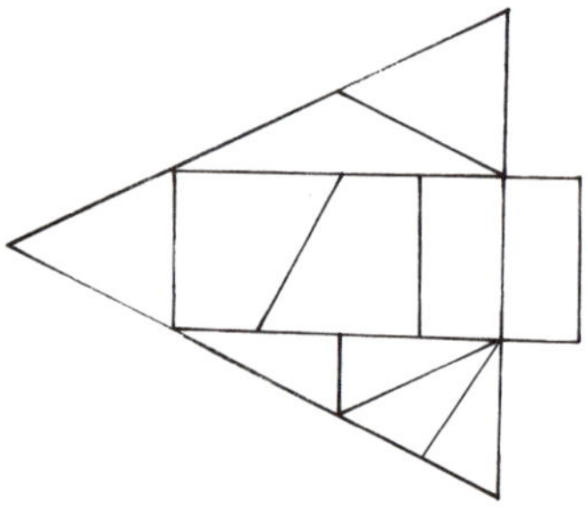

42 追星者

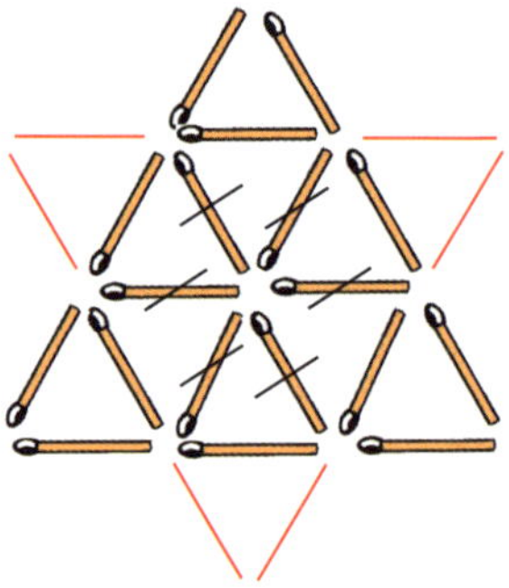

43 11个元素

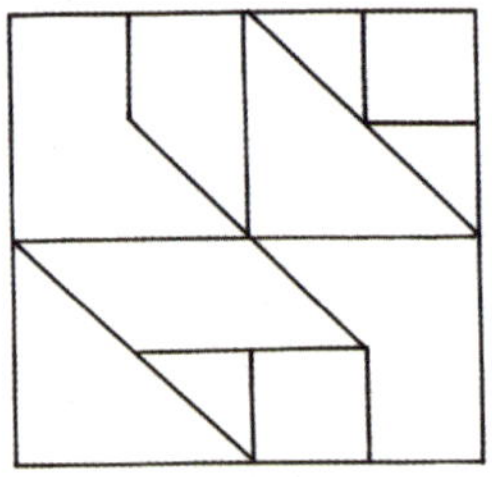

44 圆心

尽管看起来不像，但最低的那个圆点确实是圆心。

45 人形拼图

46 双重正方形

首先按照下图剪开图形：

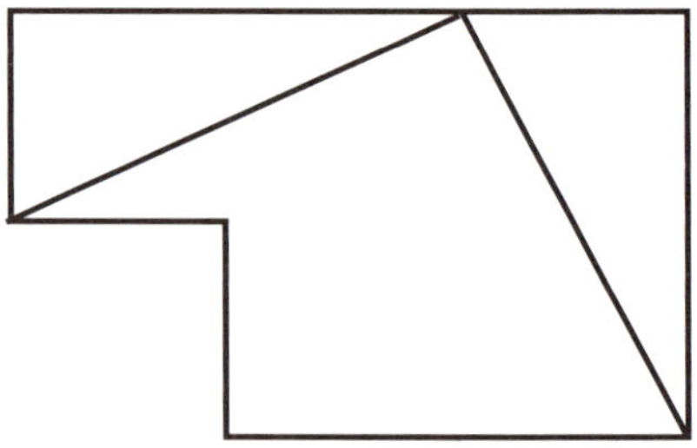

然后把剪开的图形拼成正方形。

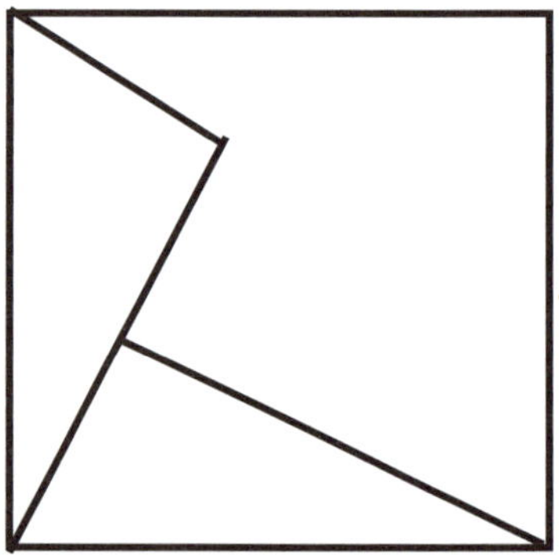

47 猫的领地

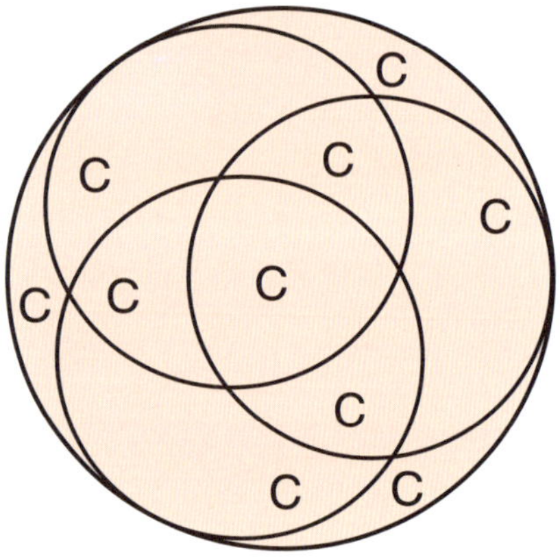

C表示猫（Cat）

48 不可思议

49 类鱼形拼图

50 不可能的谜题？

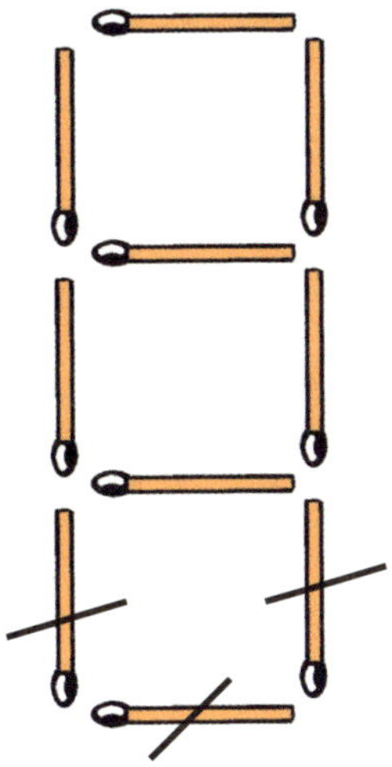

将底端的三根火柴移走，剩下的火柴就组成数字“8”。

51 拉丁十字架拼图

52 棘手三角形

总共有35个三角形。

53 绳结谜题

绳子会打结。

54 正方体谜题

正方体C

55 完美契合

图形C

56 犬类谜题

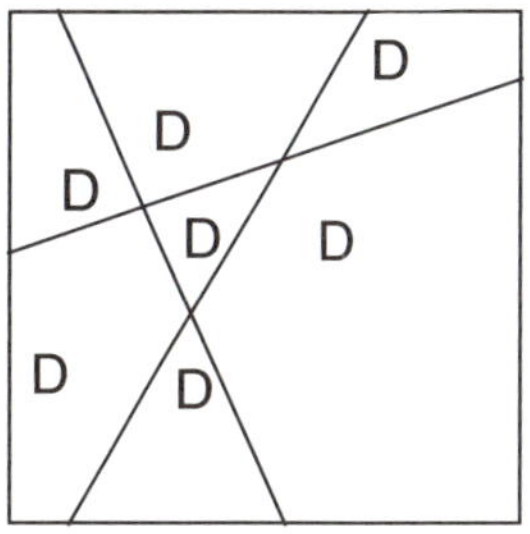

D表示狗（Dog）

57 汉普顿迷宫

58 火柴谜题

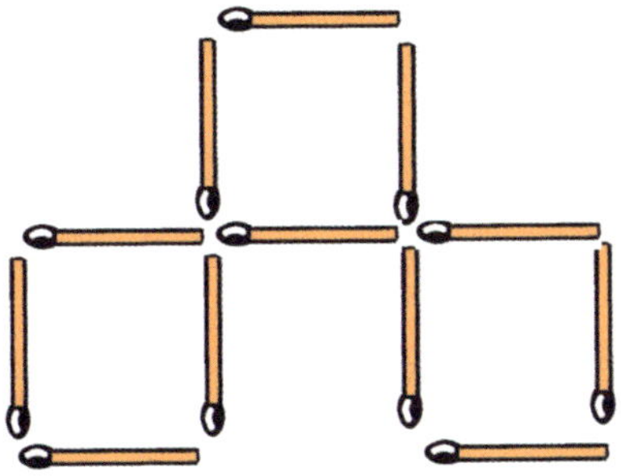

59 希腊十字架拼图

首先按照下图剪开图形：

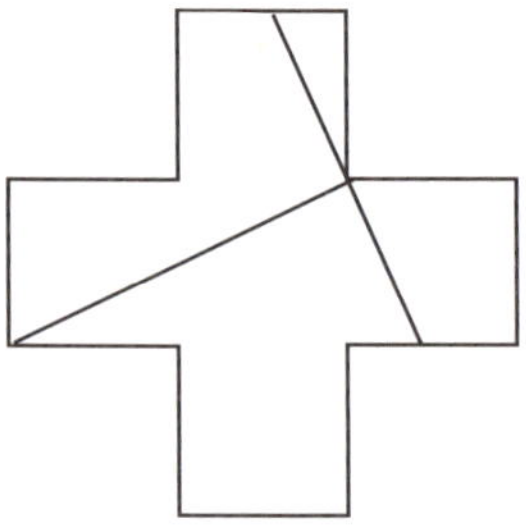

然后按照下图把剪开的图形拼起来。

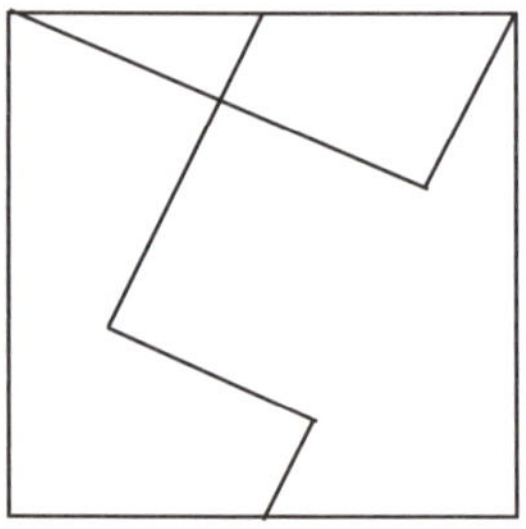

60 残破的棋盘

第四级

61 移动的楼梯

当你看着楼梯的时候，楼梯会翻转过来。这意味着斑点有可能在楼梯的前面，也有可能在楼梯的背面。

62 在何处打叉?

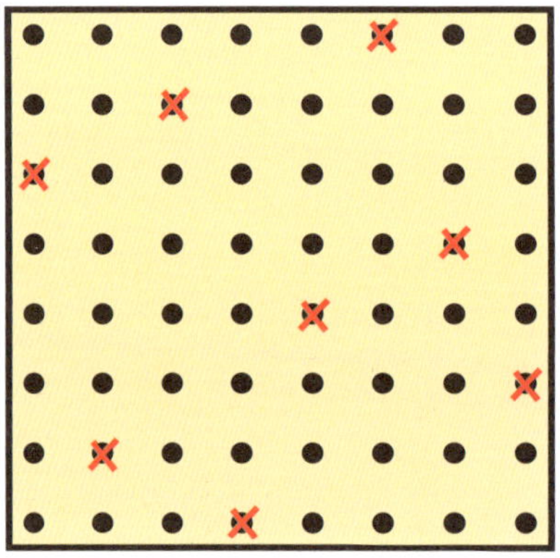

63 正方形拼图

小正方形：

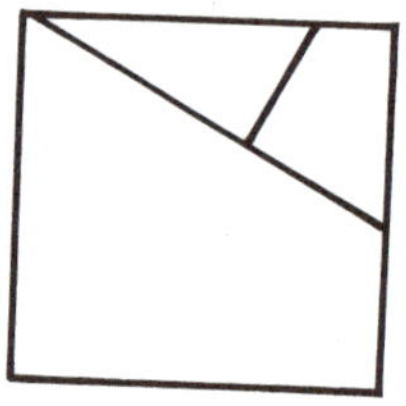

大正方形有两种拼法：

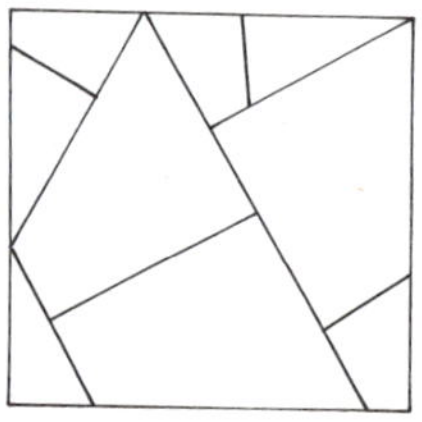

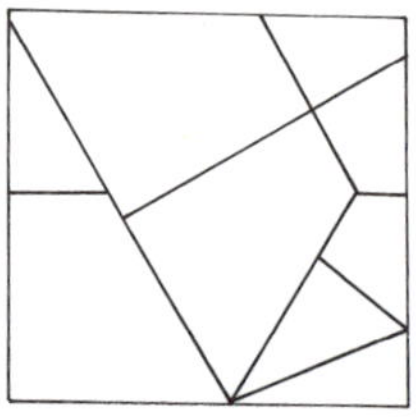

64 灵活的齿轮

A必须逆时针转动，B必须顺时针转动。

65 樱桃馅饼

C代表樱桃（Cherry）

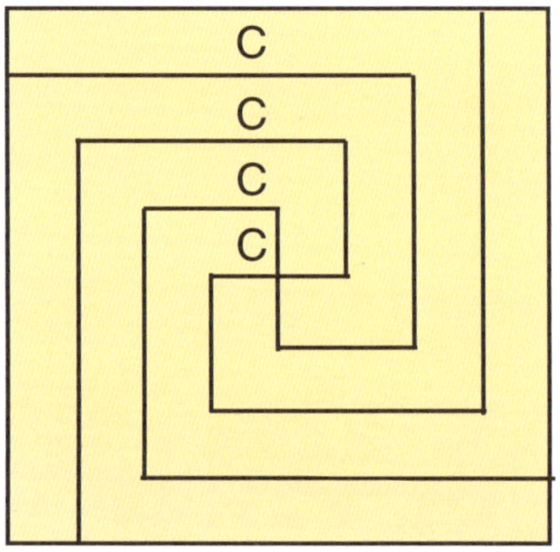

66 五格骨牌

1

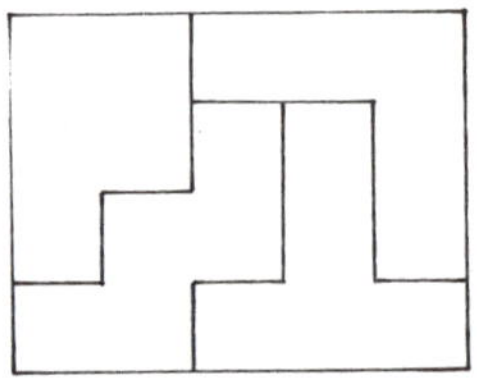

2

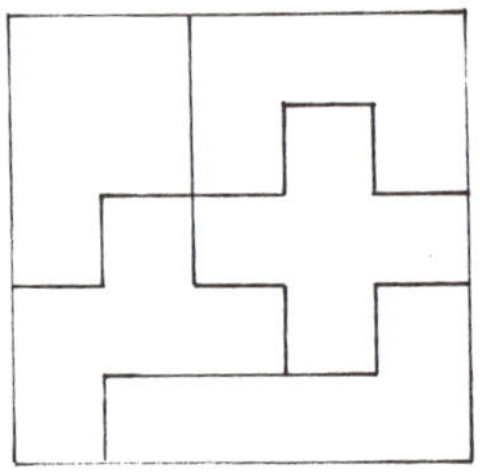

3

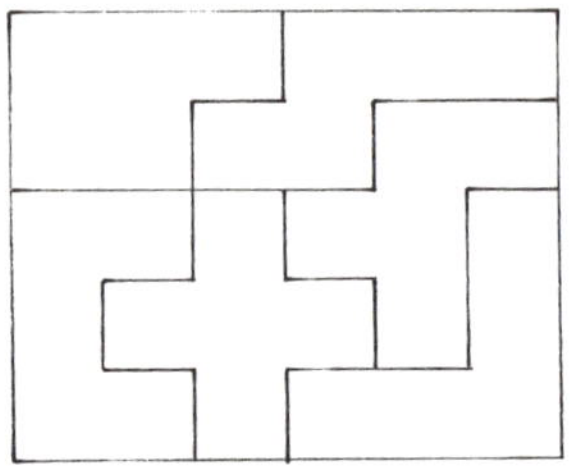

66 五格骨牌（续）

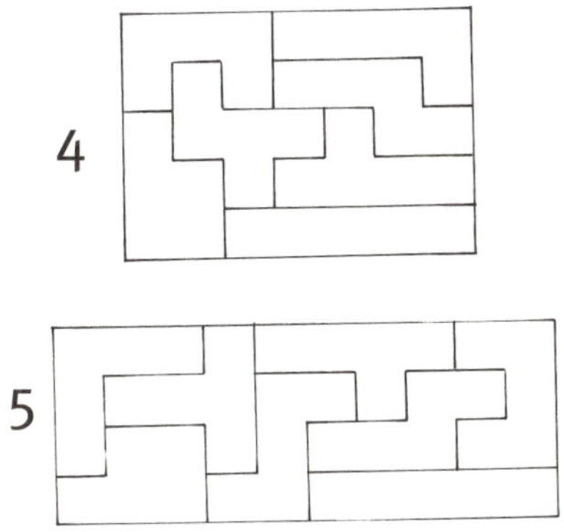

67 六边形拼图

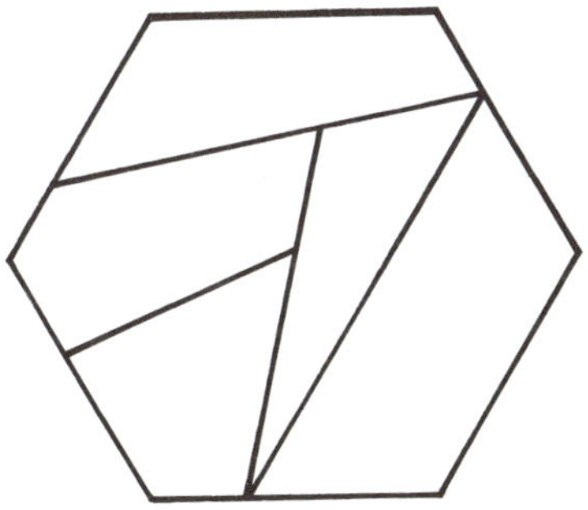

68 逃离学校

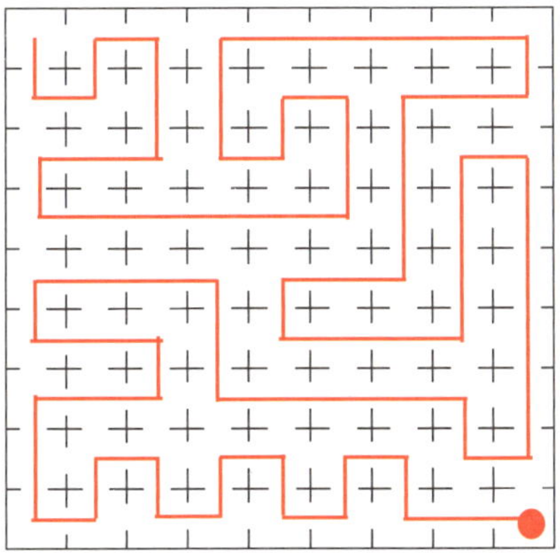

69 千回百转

70 火柴游戏

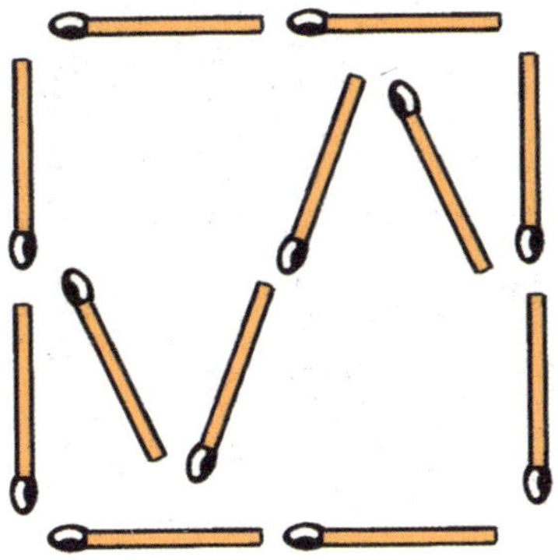

71 碎片游戏

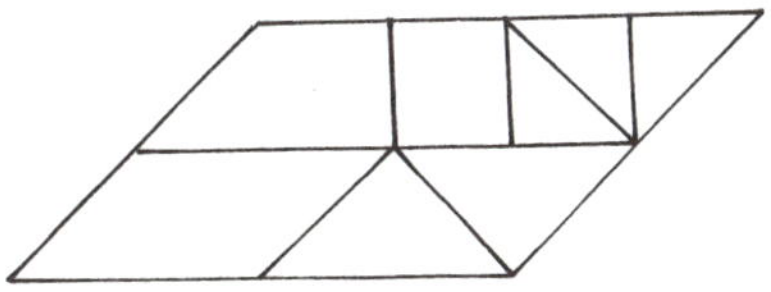

71 碎片游戏（续）

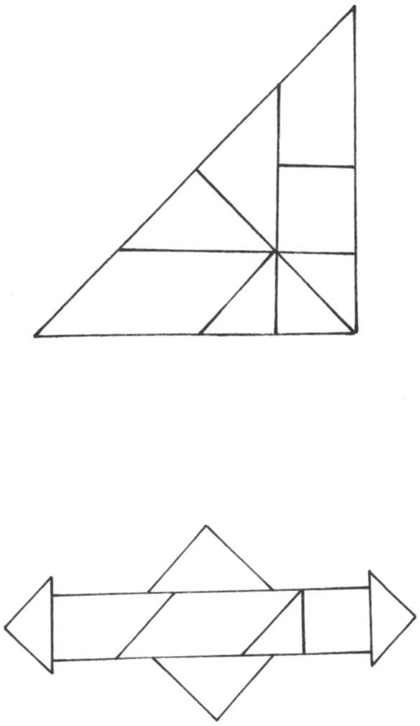

71 碎片游戏（续）

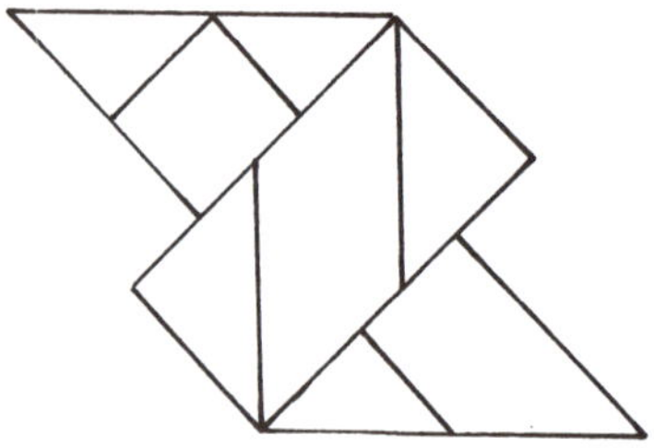

72 一分为二

首先按照图中所示剪出小十字架，然后将剩下的部分拼成新的十字架。

73 星座

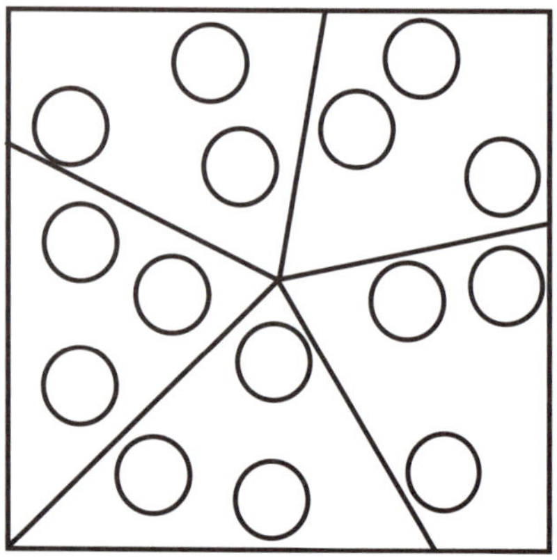

○表示星星

74 正方体谜题

正方体A和E

75 火柴游戏

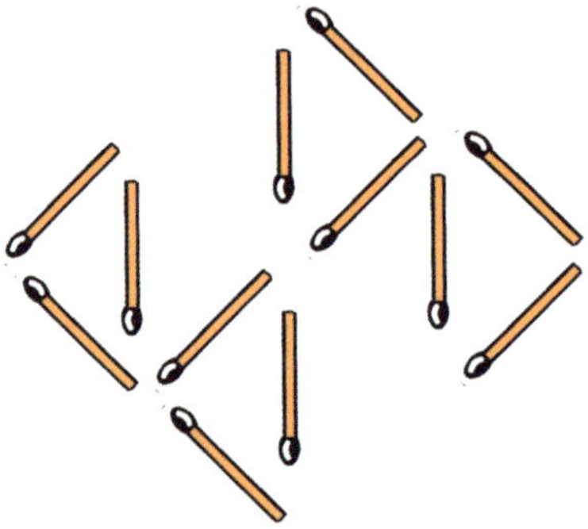

76 找到出路

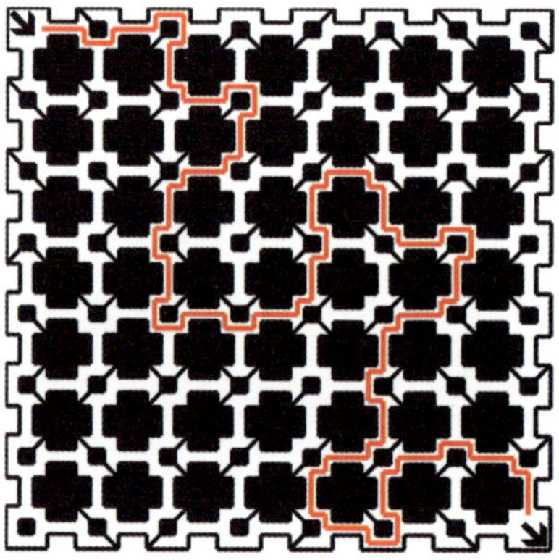

77 会打结吗？

绳子会打结。

78 快乐假日

1可以到达A、B、C。
2可以到达A、B、C。
3可以到达C、D。
4可以到达C、D。
5可以到达D、E、F、G、H。
6可以到达E、F、G、H。
7可以到达E、F、G、H。
8可以到达A、H。
因此，1、2、3、4在C度假，5、6、7、8在H度假。

79 幸运七巧板

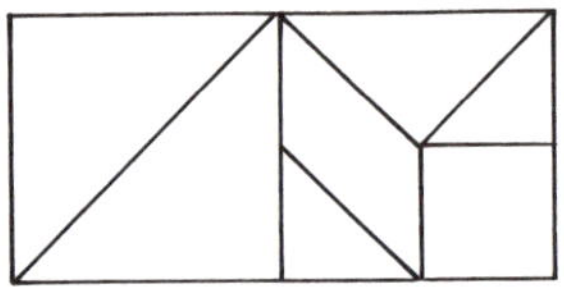

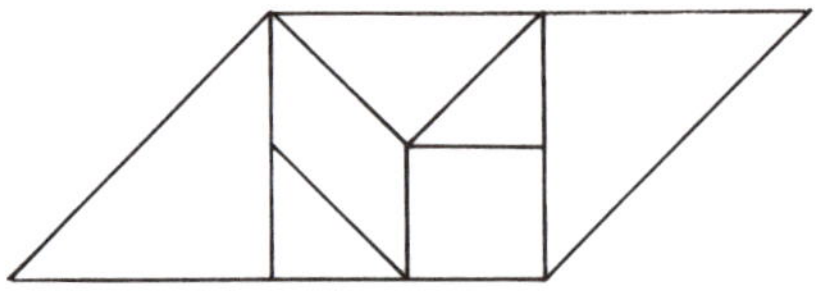

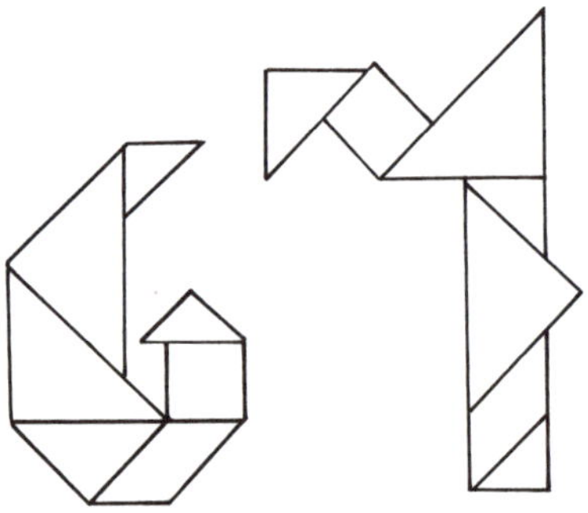

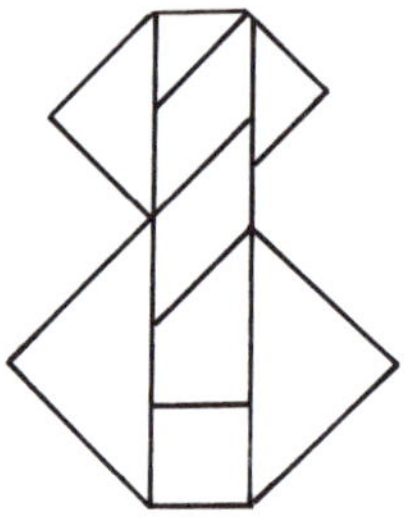

80 滑动拼图游戏

该题没有答案——我们就是想让你通过自己的反复尝试获得成功！

答案
推理

第一级

1 比比重量

6个苹果。4个杯子跟5个苹果平衡，4本书跟1个苹果平衡。

2 年龄差异

托尼24岁，约翰15岁，卡罗尔9岁。

用代数来计算，设托尼的年龄＝t，卡罗尔的年龄＝c，约翰的年龄＝j。

1）$(j+c)+t = 48$

2）$(j+c) = t$

所以，

$2t = 48$

$t = 24$

因此，托尼24岁。然后我们可以根据给出的事实推算出其他人的年龄。我们知道，6年后，托尼的年龄将是卡罗尔年龄的2倍。因此，当托尼30岁时，卡罗尔15岁，所以卡罗尔现在9岁（15−6=9）。如果他们的年龄之和为48，那么约翰就是15岁。

3 下一个数字是多少?

A. 50（加1，加3，加5，加7……）

B. 16（平方数从100开始依次递减）

C. 651（百位数和十位数依次增加1，个位数依次减少1）

4 圆形之和

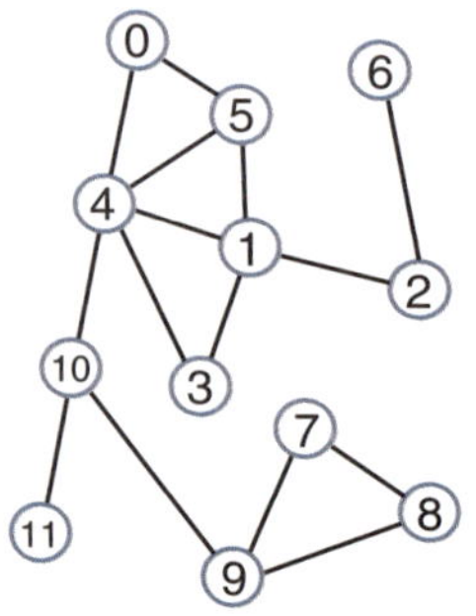

注意：数字7和8的位置是可以互换的。

5 秘密信息

秘密信息是：I love you（我爱你）。构成该信息的每一个字母后面都有一个空格。

6 星球算数

```
     6  5  7  2
  8  9  1  3  2
---------------
  9  5  7  0  4
```

7 红球还是蓝球?

概率是1/126。第一次拿到红球的概率是1/2，第二次是4/9，第三次是3/8，第四次是2/7，第五次是1/6。将这些概率相乘，得到的结果就是24/6048，或者1/252，这就是抓到五个红球的概率。抓到五个蓝球的概率也是1/252。因此，抓到五个同色球的概率为1/252+1/252，或者1/126。

8 跳过沼泽

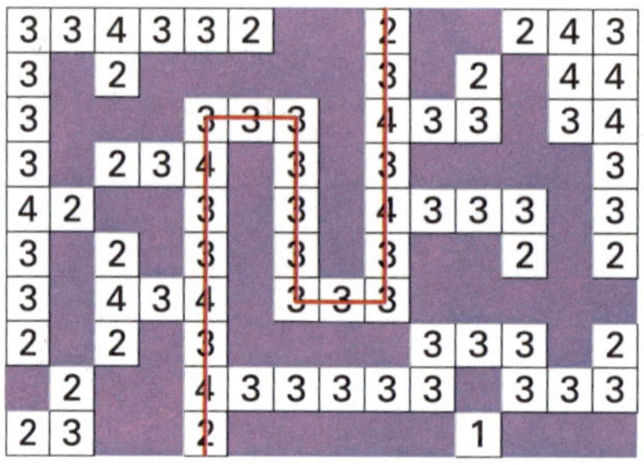

9 丢失的物品

30%的人有行李，25%的人有门票，20%的人有旅行支票，15%的人有钱包。因此，90%的人还有物品，剩下10%的人则丢失了所有的物品。

10 金字塔

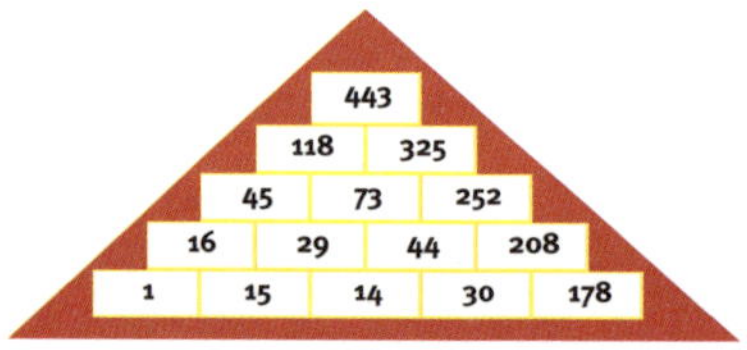

11 猫王的演讲

名言是：I don't know anything about music. In my line you don't have to.（我对音乐一无所知。干我们这一行，也不需要知道。）只需要把图片中的字母从下往上倒着读就可以了。

12 文字奇迹

A. ONCE（每个单词都以元音字母开头和结尾）

B. BARD（每个单词倒着写依然是一个独立的单词）

C. ROAST和STORE（其他每个单词都是列表中另一个单词的异序词）

（异序词就是变换某个单词的字母顺序而构成的单词。——译者注）

13 算出准确数字

1. 8个苹果　2. 18个桃子　3. 69个鸡蛋
4. 25圈　5. 4盒，6块曲奇饼　6. 18,000秒
7. 108　8. 3120次　9. 172−158=14
10. 24圈

14 绘画挑战

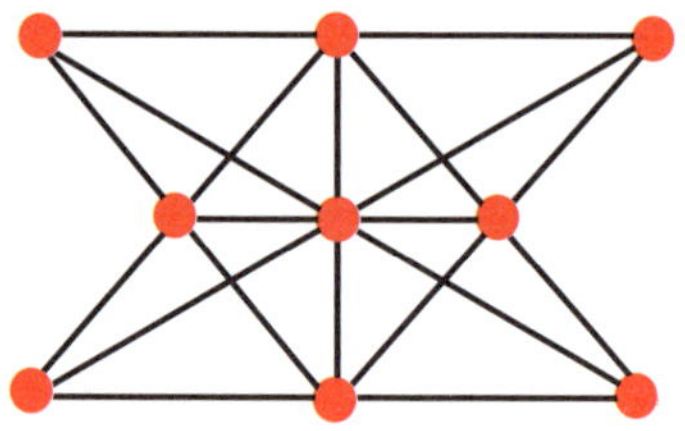

15 紧急信息

信息是：planning to surrender. please hold fire.（计划投降。请停火。）

阅读时，第一个字母是第一行第一个，第二个字母是第二行第一个，第三个字母是第一行第二个，以此类推。

16 九宫格单词

1. Dromedary（单峰骆驼）
2. Labyrinth（迷宫）
3. Nostalgia（思乡之情）

17 母女二人

女儿20岁，母亲48岁。

用代数来解决这个问题，我们假设x = 母亲的年龄，y = 女儿的年龄。

$x-6=3(y-6)$
$x+36=1.5(y+36)$

所以，
1）$x-6=3y-18$
2）$x+36=1.5y+54$

如果用2）减去1），就得到：
$42=-1.5y+72$
所以，$1.5y=30$
$y=20$

然后根据所给的事实算出母亲的年龄。如果6年前女儿14岁，母亲的年龄是女儿的3倍，那么母亲的年龄就是42岁，这意味着6年后（即现在）母亲48岁。

18 值得铭记的日子

日期是1775年6月17日，这是邦克山战役的发生时间。

2	5	9	2		2	5		7	1	6	4
9	6		4	3	3	4	8	4		7	7
6	3	8		6			3		6	5	1
		0	6	1	7	1	7	7	5		
9	2	6	1		1	9		8	3	3	7
8	7		4	9	4	2	0	9		1	4
4	8	1	6		4	3		5	4	2	4

19 合适的数字

5	8	6	8	9	8	5	9	4	3	1	8	4	9	3	6
5	6	3	7	1	3	2	3	8	7	7	8	1	1	1	3
2	1	1	5	3	9	1	3	4	6	6	7	5	4	7	1
2	9	2	9	4	5	7	2	9	7	2	5	2	1	1	3

20 增加一个数

A. $410+107=517$
B. $95\times25=2375$
C. $6^4\div48=27$（$1296\div48=27$）

第二级

21 快速逃离

信息是“SHE KNOWS OUR PLANS”（她知道我们的计划了）。将右侧有空洞的网格放在左侧的字母网格上，从上到下读出所见的字母。然后，将有空洞的网格逆时针旋转90度，继续从上到下读出所见的字母。重复这一过程，最后就能得出答案。

22 魔力方格

10	16	20	4	15
3	23	18	19	2
11	7	1	25	21
24	13	14	9	5
17	6	12	8	22

23 小偷之间的暗号

信息是：SMITH IS DEAD. THERE IS NO EVIDENCE AGAINST US. DO NOT CONFESS ANYTHING.（史密斯死了。没有指控我们的证据。不要承认任何事情。）每个字母都被标准键盘上位于其右边的字母替换了。

24 金字塔

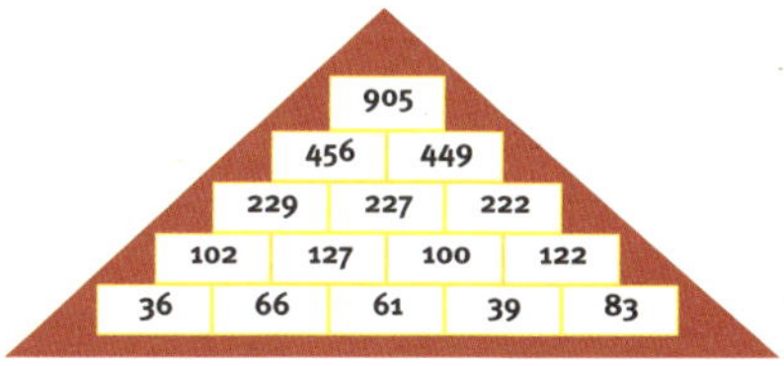

25 词语大师

这个词语是WAND（魔杖）。

26 年龄谜题

詹姆斯15岁，汤姆25岁。

用代数来解题，设从两人相遇到现在经过的年数为x，詹姆斯的年龄为j，汤姆的年龄为t。

1）$t-x = 3(j-x)$
2）$j = t-x$

所以，
$j = 3j-3x$
$3x = 2j$
$j = 1.5x$，$t = 2.5x$
$j\div t = 1.5\div2.5 = 3\div5$，所以 $5j = 3t$

当詹姆斯的年龄是现在的3倍时：
$3j+(2j+t) = 100$
$5j+t = 100$
$3t+t = 100$
因此 $t = 25$，$j = 15$

27 圆形之和

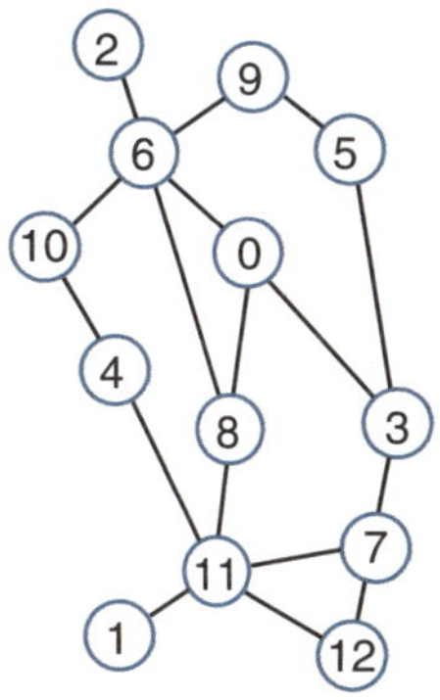

28 格格不入

1. 7963（其他数字都可以被第一个数整除，例如8432可以被8整除，3972可以被3整除，等等）
2. SUSAN（其他名字的元音字母都是按照字母顺序排列，例如A，E，I，O，U）

29 算出准确数字

1. 克鲁格国家公园大（20,000平方千米×247.105381 = 4,942,108英亩）
2. A
3. 15个（3+6+7+10=26，390÷26=15）
4. B
5. 萨拉8岁，她哥哥12岁
6. 6美元
7. 28美元（咖啡2美元一杯，小松饼1美元一个）
8. 运算符号分别是×、÷、+

30 魔力方格

2	9	4
7	5	3
6	1	8

31 数字迷宫

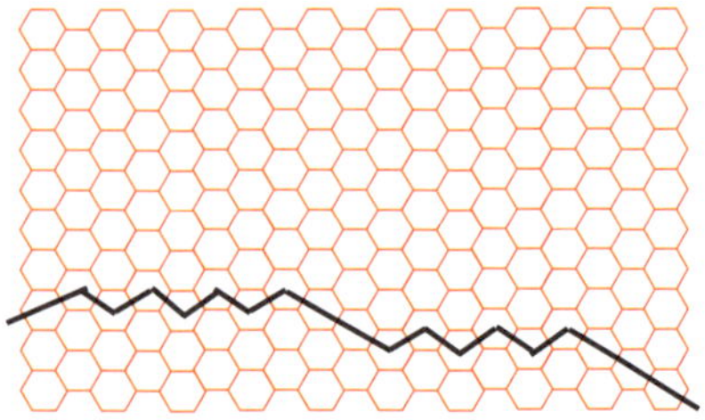

32 找出所有正方形

总共有204个正方形。首先，很明显有64个1×1的正方形。然后，计算2×2的正方形数量，共有7×7=49个。接着，计算3×3的正方形数量，共有6×6=36个。以此类推，直到算出8×8的正方形数量。因此，正方形数量的总和为：64+49+36+25+16+9+4+1=204。

33 希望之光

将每个标点符号后面的第三个字母组合起来，得到的信息就是：PANEL AT EAST END OF CHAPEL SLIDES.（滑动教堂东边的门板。）

34 水果鸡尾酒

概率是3/34。

第一次的概率是10/17，第二次是9/16，第三次是8/15，第四次是7/14。将这四次的概率相乘，最后得到3/34。

35 棘手方格

6	x	3	÷	2	=	9
+		+		x		+
9	+	3	÷	4	=	3
–		–		÷		÷
8	–	5	x	2	=	6
=		=		=		=
7	–	1	–	4	=	2

36 数字成堆

将数字1~26同26个英文字母一一对应，也就是A=1，B=2，等等。然后，用数字拼出一个星期中每一天对应的英文单词。星期一就是13,15,14,4,1,25，或者1315144125。因此，第7个数字应该拼出星期天，也就是1921144125。

37 重量几何?

22顶帽子。

4顶帽子=3双靴子，所以16顶帽子=12双靴子

1个雪人=2顶帽子+4双靴子

所以，1个雪人－2顶帽子=4双靴子

所以，3个雪人－6顶帽子=12双靴子

或者，3个雪人=12双靴子+6顶帽子

所以，3个雪人=16顶帽子+6顶帽子=22顶帽子

38 隐藏的词语

1. Tomato（西红柿）
2. Orange（橙子）
3. Krona（克朗）
4. Yen（日元）
5. Sage（鼠尾草）
6. Rosemary（迷迭香）
7. Sweden（瑞典）
8. Germany（德国）
9. Drum（鼓）
10. Cello（大提琴）
11. Chair（椅子）
12. Desk（书桌）

39 圈中圈

答案是：DID YOU FIND THE SPIRAL?（你找到螺旋结构了吗？）从右上角开始，按照螺旋的方向写出字母。因此，沿着螺旋线的方向，从右到左写出字母“OYDID”，然后从上到下写出字母“UTI”，以此类推。当你完成后，从左到右读出每一行的字母，就得到了隐藏信息。如下图所示。

D	I	D	Y	O
U	F	I	N	D
T	H	E	S	P
I	R	A	L	?

40 数字大师

1527，7048。

第三级

41 算出准确数字

1. 52英里/小时
2. 153.66英镑
3. 420美元
4. 8岁，5岁
5. 147磅
6. 18美元
7. 382
8. 它永远也到不了！

42 魔力方格

17	24	1	8	15
23	5	7	14	16
4	6	13	20	22
10	12	19	21	3
11	18	25	2	9

43 密码文字

1. There are two kinds of directors in the theater; those who think they are God and those who are certain of it.（剧院里有两种导演，一种认为自己是上帝，另一种从来就没有怀疑过这一点。）

2. Jazz will endure, just as long as people hear it through their feet instead of their brains.（只要人们用舞步而不是大脑欣赏它，爵士乐就永远不会消失。）

44 词语大师

这个词语是BORN（出生）。

45 箭头数字

4	2	5	1		6	8	5
2	6	8	3	1	4	5	9
	4	9		5	7		
7	5	3	4		5	9	6
6	3	2	8		9	3	8

46 数字大师

26189，05263。

47 补全网格

G	R	E	A	T		G	R	I	L	L
R				H		A				O
A		1		I		T		2		C
S			P	R	I	E	D			U
P	A	R	E	D		D	U	M	P	S
			T		3		C			
D	R	E	A	D		P	A	N	E	L
E			L	A	P	E	L			O
B		4		L		T		5		G
I				L		I				I
T	A	N	G	Y		T	O	P	I	C

48 本和珍

本78岁，珍64岁。

$78^2=6084\quad 64^2=4096$

$6084-4096=1988$

49 多才多艺

这个数是9376。你可以找个计算器，不断尝试，直到找出答案。首先，你必须知道，这个四位数的后三位数必须是一个符合该规律的三位数（376和625）。然后，从376开始，你可以尝试1376、2376、3376等等。当你尝试到9376时，你会发现它的平方是87,909,376。

50 下一个是什么？

1. A［April（四月）。字母代表一年中的月份，从August（八月）开始］

2. Uruguay（其他国家开头的字母是以元音顺序排列的：A,E,I,O。所以，最后一个国家一定是以U开头）

3. 20［用与每个数字相对应的字母取代数字，例如A=1，B=2，等等。那么，这句话就是“WHAT COMES NEX?”。因此，最后一个数字是20，或者字母T，这句话是“WHAT COMES NEXT”（下一个是什么）］

51 秘密社团

密码信息是：There is only one quality worse than hardness of heart and that is softness of head.（世界上只有一种素质比冷漠的心更糟糕，那就是软弱的头脑。——富兰克林·罗斯福）

关键词是SECURITY（安全）。首先按照字母表的顺序写出26个字母A~Z，然后在下一行写出SECURITY这个词，再按照字母表的顺序依次写出剩下的字母。将下面一行中的每个字母与标准字母表中的每个字母对应起来，就能得出答案。

A B C D E F G H I J K L M N O P Q R S T U V W X Y Z
S E C U R I T Y A B D F G H J K L M N O P Q V W X Z

52 一路做加法

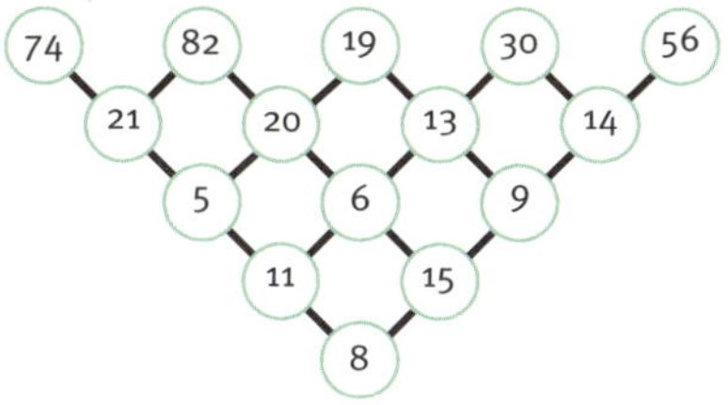

圆圈C和E内的数字是可以颠倒的，比如19可以是91，56可以是65。

53 外星符号

5	8	8	5	2	4	7	2
3	3	3	3	2	3	3	3
4	6	7	6	4	6	6	4
1	2	3	5	7	2	8	6
4	2	3	1	1	1	5	2
5	5	7	7	7	7	5	5
1	2	6	5	8	3	7	4
4	4	4	2	1	2	2	2

54 行李箱密码

密码是78432。

55 魔力方格

93	24	45	51	72
60	66	87	33	39
27	48	54	75	81
69	90	21	42	63
36	57	78	84	30

56 与众不同

A. 3646（其他数字的每位数相加都是14，例如5+4+3+2=14）

B. 8197（其他数字的后两位数相乘能够得到前两位数，例如9×6=54）

57 魔力全开

25	32	14	16	23
19	21	28	30	12
33	10	17	24	26
22	29	31	13	15
11	18	20	27	34

58 红酒价格之谜

		1	8	7
	1	2	3	8
9	4	6	5	8
9	6	0	8	3

59 棘手方格

84	+	10	=	94	−	22	=	72
÷		+		−		−		−
6	+	32	=	38	−	12	=	26
=		=		=		=		=
14	+	42	=	56	−	10	=	46
+		÷		−		−		+
52	−	7	=	45	÷	5	=	9
=		=		=		=		=
66	÷	6	=	11	x	5	=	55

60 多大年龄？

父亲45岁，母亲37岁，儿子18岁。

用代数来解决这个问题，设d = 父亲的年龄，m = 母亲的年龄，s = 儿子的年龄。

1）d+m+s=100

2）d+9=2(s+9)，所以d+9=2s+18，所以s=d−9/2

3）m+9=d+1，所以m=d−8

把2）和3）代入1）：

d+(d−8) + (d−9)/2=100

2d+2d−16+d−9=200

5d=225

d=45

用 2），s=(45−9)/2=18
用 3），m=45−8=37

第四级

61 缺失的连接

S	A	I	L	O	R	B	K	N	O	C	K	E	R
T	S	T	E	P	W	A	N	T	P	I	X	Y	T
A	S	S	Y	E	S	R	E	Q	U	A	T	O	R
G	U	S	E	N	H	N	W	S	S	I	L	T	A
E	U	P	K	E	E	P	V	T	A	C	H	I	P
K	E	Y	S	R	D	R	E	A	R	Y	A	N	Y
I	O	B	I	E	R	O	T	I	C	F	L	O	E
S	W	A	P	T	E	N	O	R	S	O	F	T	L
S	E	C	H	U	N	T	E	R	S	B	E	L	L
S	A	K	E	I	A	O	S	E	T	T	L	E	F
I	G	A	M	P	L	O	F	A	R	S	K	Y	R
D	A	Y	W	E	A	R	I	R	O	O	F	R	O
E	L	A	Z	E	Z	E	R	O	K	N	O	B	N
H	A	N	D	L	E	S	E	R	E	J	E	C	T

P	T	Z	O	A	X	L	F	J	C	V	W	Y
S	R	B	G	E	M	K	U	N	D	I	H	Q

62 完成加法算式

	7	6	5
	1	4	3
	2	8	9
1	1	9	7

注意：还有其他解法，但是每个数字所在的列不能变。

63 数字谜题

1	2	3		1		3	4	5
0		1	4	0	2	8		0
8	1	7		5		5	3	0
	7		2	3	4		6	
2	0	0				1	0	0
	4		2	5	2		2	
1	1	7		1		5	8	5
4		6	4	6	2	0		4
3	4	2		7		8	1	6

64 饼干碎屑

凯蒂吃了6块饼干，汤米吃了5块，山姆吃了4块，布拉德和杰克各吃了3块。

用他们名字的首字母来代表每个人吃的饼干数量，得出以下等式：

1）k=b+j
2）s=k−2
3）t=s+1

我们知道，凯蒂和汤米都不是吃得最少的人。所以，吃得最少的是布拉德、杰克和山姆中的两个人。因为没有人所吃的饼干数量超过6块，所以吃得最少的两个人，每人所吃不超过3块。因此，我们可以利用上面的等式，对所有可能性进行试错，判断出这两个人是谁，以及他们吃了多少块饼干，最终得出上面的答案。

65 音乐消息

根据所给提示的规则（S=7，T=7，U=7）列出其他字母的值，例如A、B、C=1，D、E、F=2，G、H、I=3，等等，并分别画出如下所示的三角形。仔细观察每个字母在三角形中的位置，将图中的圆点用相应的字母替代，即可得出答案：BE AT THE JAZZ CLUB SATURDAY AT TEN.（星期六晚上10点到爵士俱乐部。）

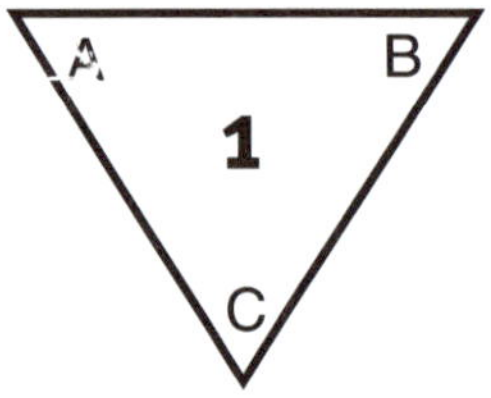

66 数字谜题

1	3	4	2
5	6		0
1		1	1
5	6	5	6

如果你知道历史线索的答案是1616年，那么你就能更加顺畅地解题。但如果你不知道莎士比亚的卒年，那至少能确定这个年份的第一个数字是1，因此左上角方格中的数字是1。你还知道1A的值一定小于2000，因此你就能推算出5A的值一定小于16（因为122×5A=1A）。同时，因为5A是一个素数，所以它一定是11或13。然而，122×13的结果包含一个数字8，我们从附加线索中可知7、8、9不会出现在答案中，因此5A一定是11。所以，1A的值是1342。现在我们知道2D的第一个数字是3，而且线索中告诉我们2D是一个平方数，因此答案一定是36（唯一一个30~40之间的平方数）。接着，我们知道2D×4A=3D，2D和4A结尾的数字都是6，因此3D结尾的数字也一定是6。因此，我们知道3D的值是2?16，用计算器就能迅速算出这个数的百位数是0（2016÷36=56），所以3D的值是2016，4A的值是56。6A是101×4A的结果，也就是101×56，因此答案是5656。1D是101×5D的结果，也就是101×15，因此最后的值就是1515。

67 圆形之和

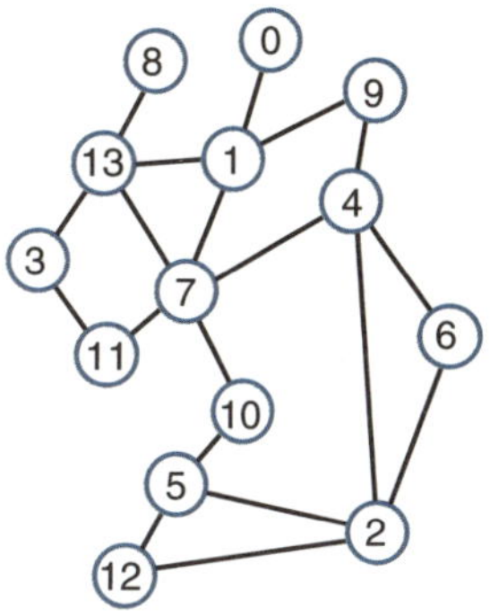

68 数字大师

48132，08156。

69 算出准确数字

1. 26.4美元 2. 1125美元，875美元
3. 17~25 4. 24.9美元32盎司和30美元32盎司，所以第一种要便宜5.1美元 5. 26岁和6岁 6. 92美分 7. 45次 8. 43

70 称重谜题

9个玻璃球。
1辆汽车+3个方块=12个玻璃球
1辆汽车=1个方块+8个玻璃球
所以，1辆汽车+3个方块=4个方块+8个玻璃球
所以，12个玻璃球=4个方块+8个玻璃球
所以，4个方块=4个玻璃球，或者1个方块=1个玻璃球
所以，1辆汽车=9个玻璃球

71 棘手方格

13	−	6	=	7	+	38	=	45
+		−		x		−		+
12	÷	3	=	4	+	35	=	39
=		=		=		=		=
25	+	3	=	28	x	3	=	84
+		+		+		x		−
15	+	51	=	66	−	19	=	47
=		=		=		=		=
40	+	54	=	94	−	57	=	37

72 词语大师

词语是GNUS（角马）和BELL（铃铛）。

73 箭头数字

1	9	6	8		2	1	9
3	1	4	9	6	5	8	7
	4	7		5	4		
2	6	5	3		9	8	7
9	7	2	6		7	3	2

74 缺失的数字

每个数字都是前一个数字各个部分的乘积，因此A组的第二个数字是6×9×2×8×2=1728，第三个数字是1×7×2×8=112。所以，B组缺失的数字是945，C组缺失的数字是1764和168。

75 补全网格

G	R	E	A	T		T	I	M	E	S
R				I		R				I
A		1		G		O		2		L
S			V	E	N	U	E			L
S	U	G	A	R		T	A	C	K	Y
			U		3		S			
G	A	U	L	T		V	E	N	U	S
R			T	O	N	A	L			P
A		4		P		G		5		I
Z				I		U				L
E	T	H	I	C		E	Q	U	A	L

76 文字加法

第一种解法：

  7 6 2 1 8
4 5 6 2 1 8
———————
5 3 2 4 3 6

第二种解法：

  7 2 4 3 1
8 9 2 4 3 1
———————
9 6 4 8 6 2

77 一路做加法

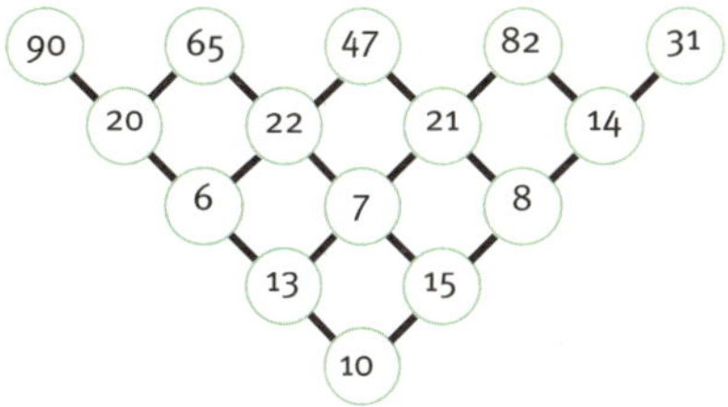

圆圈C和E内的数字是可以颠倒的，比如19可以是91，56可以是65。

78 密码文字

1. Money won't buy happiness, but it will pay the salaries of a large research staff to study the problem.（金钱买不来幸福，但它能够养活一帮研究人员探究这个问题的答案。）
2. More than one newspaper has been ruined by the brilliant writer in the editor's chair.（不止一家报纸遭到了这位著名作家的打击，因为其身居编辑之位。）

79 回文数字

3		7		9	0	9		7	7
5	5	0	5	5		4		2	
5		1		3	0	8	8	0	3
3	9	1	9	3		4		2	
		0		5	7	9	9	7	5
1	9	7	7	9	1		3		
	6		6		4	4	8	4	4
4	1	3	3	1	4		8		1
	6		6		1	2	3	2	1
9	9		7	8	7		9		4

80 上吊游戏

  2 5 7
    2 3
———
  7 7 1
5 1 4 0
———
5 9 1 1

答案

逻辑思考

第一级

1 探险家

詹姆斯·库克没有探索澳大利亚（1），也没有探索尼日尔河（4），而是探索了新西兰。他的探险时间不是1828年（1），也不是1795年（2），因此是1769年。帕克探索了尼日尔河（4），因此斯图尔特探索了澳大利亚。斯图尔特的探险时间不是1795年（2），而是1828年，因此他不是蒙哥（3），而是查尔斯。因此，剩下的就是蒙哥·帕克在1795年进行了探险活动。

总结：
澳大利亚，查尔斯·斯图尔特，1828年。
新西兰，詹姆斯·库克，1769年。
尼日尔河，蒙哥·帕克，1795年。

2 一饮而尽

威士忌和苏打水搭配，它不适合山姆（1）、汤姆（3）和丽萨（2），因此一定是朱莉的选择。汤姆没有选择伏特加（3）和杜松子酒（2），因此他选择了白兰地和他的姜汁啤酒搭配（3）。因此，山姆选择了伏特加。丽萨的杜松子酒没有搭配汤力水（2）、姜汁啤酒（3）和苏打水（1），因此搭配的是甘柠水。最后，山姆选择的就是伏特加和汤力水。

总结：
朱莉，威士忌和苏打水。
汤姆，白兰地和姜汁啤酒。
丽萨，杜松子酒和甘柠水。
山姆，伏特加和汤力水。

3 得出结论

A. 没有结论。体格健壮的足球运动员可能是芭蕾舞者，也可能不是。我们没办法确定。
B. 有些我们信任的人是骗子。（或者说，有些骗子是我们信任的人。）
C. 1. 所有成功的大学生都不年轻了。2. 所有年轻的大学生都不成功。

4 多米诺骨牌大搜索

3	4	4	0	2	3
0	2	4	1	1	1
4	1	1	3	2	0
3	0	2	2	4	3
3	1	4	2	0	0

2	3	1	4	3	3
4	0	2	2	4	4
2	0	0	0	1	3
0	1	2	3	4	1
0	4	1	1	2	3

5 海上逃生

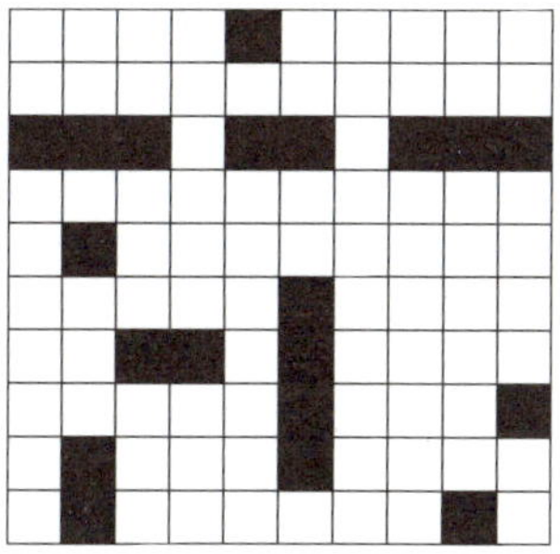

6 合理划分

7 真相大白

案件一：
哈利负责偷取糖果，巴瑟负责放风，斯纳夫负责吸引店主的注意力。
如果哈利说的是真的，那么巴瑟负责吸引店主的注意力。但这意味着斯纳夫说的也是真的——巴瑟不负责放风。所以，哈利是说谎者。如果斯纳夫说的是真的，那么哈利负责吸引店主的注意力，但这意味着巴瑟也说了实话。所以，斯纳夫是第二个说谎者。因此，巴瑟说的是真话。哈利负责偷取糖果，巴瑟负责放风，斯纳夫负责吸引店主的注意力。

案件二：
哈利一个人抢了购物袋并逃跑。
根据他们的供述，其中一个人说的都是谎话，那么一定是哈利抢了购物袋。那么，斯纳夫说自己抢了购物袋是谎言，哈利说斯纳夫抢了购物袋也是谎言。所以，目击者的第一个供述是真实的，那么第二个供述就是谎言，斯纳夫并没有拿着购物袋逃跑——所以是哈利这样做了。因此，斯纳夫是个不折不扣的骗子，而哈利是半个撒谎者。

8 观看电影

艾娃·伽蒂娜K24，戴维·妮维雅K25。
约翰·韦恩L25，克林特·伊斯特伍德M26。
杰克·莱蒙N26，莫里尔·斯迪克N27。

9 火柴游戏

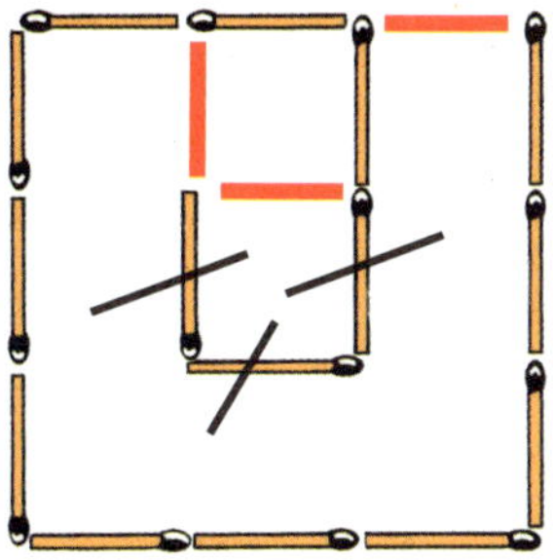

10 不分伯仲

朱迪第一，米歇尔第二，凯蒂第三，苏珊第四。
如果裁判B关于朱迪第二的判决是正确的，那么裁判A关于朱迪第一、苏珊第二的判决就是错误的。但他的判决有一个是正确的，所以裁判B关于朱迪的判决是错误的，关于凯蒂第三的判决是正确的。因此，裁判C对凯蒂的判决是错误的，对米歇尔第二的判决是正确的。那么，裁判A对苏珊的判决是错误的，对朱迪第一的判决是正确的。

11 该你了

在脑子里将网格分成镜像的两半，每一步都与对手的动作保持对称。如果你填上一个方格，将导致三个符号连成一条线，那么你的对手肯定已经在上一步先连上了三个符号，输掉了游戏。如果对方知道你会使用这个策略，那他只能尽力不让任何三个符号连成一条线——游戏将以平局结束。无论怎样，你都不会输掉游戏。

12 扑克牌之谜

KD，9D，QC，JC，KH
9S，10C，10H，JH，8S
10S，JD，KC，9H，9C
JS，8D，8H，AH，KS
QD，8C，QH，QS，10D

D表示方块（Diamond），C表示梅花（Club），H表示红桃（Heart），S表示黑桃（Spade）。

13 斯纳夫团伙

斯纳夫砍倒了树，巴瑟剥了树皮，克罗格收集了树脂。克罗格是个不折不扣的骗子，而巴瑟则是半个骗子。

如果巴瑟说的都是实话，那么就是克罗格剥了树皮，斯纳夫砍倒了树，他自己则负责收集树脂。但是这样的话，克罗格和斯纳夫两个人都成了半个骗子。我们已经知道，三个人中有一个人全部说了假话，所以巴瑟不是那个说实话的老实人。如果克罗格说的都是实话，那么就是巴瑟收集了树脂，克罗格砍倒了树，斯纳夫剥了树皮。但这样的话，巴瑟和斯纳夫都成了不折不扣的骗子，而我们知道肯定有一个人是半个骗子。所以，斯纳夫一定是那个说实话的人。

14 冰激凌

蕾切尔从里科那里买了冰激凌（1），所以佩妮从路易吉那里买了冰激凌（4），而且是香草味的（1）。所以，蕾切尔是买巧克力口味冰激凌的女孩（3）。亚历克的冰激凌不是薄荷口味的（2），而是咖啡口味的，所以文斯买的是薄荷口味的。亚历克的冰激凌不是从安东尼奥那里买的（3），而是从贝尼托那里买的，所以文斯是从安东尼奥那里买的。

总结：
亚历克，咖啡，贝尼托。
佩妮，香草，路易吉。
蕾切尔，巧克力，里科。
文斯，薄荷，安东尼奥。

15 帮我搬石头！

在地上放三块石头，构成一个等边三角形。然后挖一个坑，放入第四块石头，使其与其他三块石头的距离同等边三角形的边长相同。如果你不想花园里多出一个坑，就用土堆一个金字塔造型，把石头放在金字塔的顶端。

16 眼镜蛇

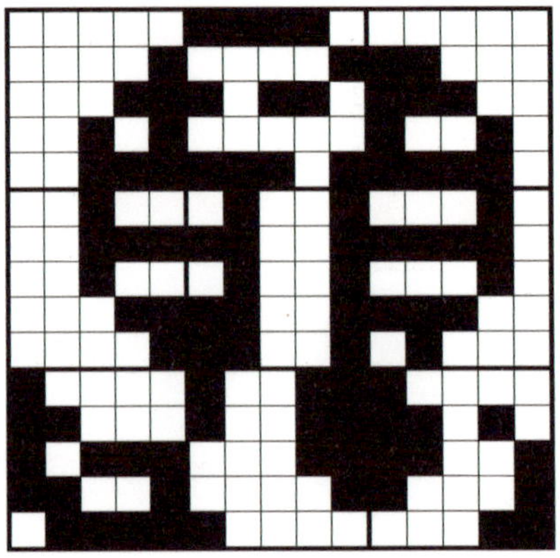

17 咖啡

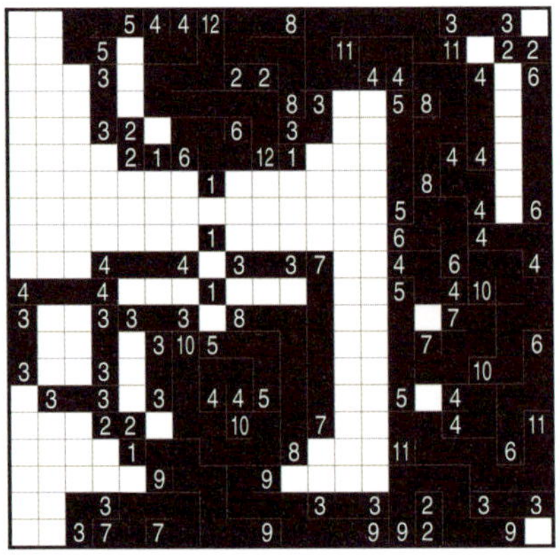

18 扑克牌谜题

从左到右：
黑桃K、黑桃Q、梅花K和红桃K。

根据给出的线索可知，四张牌有三种大小组合：KK、KQ、QK。符合条件的排列顺序有两种：KKQK和KQKK。同样，四张牌有三种花色组合：SS、CH、SC。符合条件的排列顺序只能是SSCH。因为一张黑桃的右边是Q，所以大小的排列顺序只能是KQKK，且第二张牌是SQ。因此第一张牌是SK，第三张是CK，第四张是HK。
S表示黑桃，C表示梅花，H表示红桃。

19 二选一

如果你选择黄色，那么左边盒子里的花肯定不是黄色的，所以一定是既有黄色，又有红色。所以，右边盒子里的花一定是黄色的，中间的盒子里是红色的。如果你选择的是红色，那么你就辨别不出每个盒子里装的花是什么颜色。

20 扒手

哈利假装滑倒，斯纳夫偷了钱包，克罗格拿着钱包逃跑。

如果哈利全说了实话，那么斯纳夫也全说了实话，反之亦然。因此，克罗格才是说实话的人。那么，哈利就是半个骗子，斯纳夫是不折不扣的骗子。

第二级

21 一不小心就出错

星期一在休息室损坏的物品不是花瓶（3），也不是装饰性玻璃制品（1）和烟灰缸（2），而是台灯。它不是使用了10年的物品（4），也不是使用了5年（3）或50年（1）的物品，而是使用了100年的物品。星期二摔坏的使用了50年的物品不是装饰性玻璃制品（1），也不是烟灰缸（2），而是花瓶。烟灰缸是在星期四摔坏的（2），因此餐厅里的装饰性玻璃制品是在星期五摔坏的。烟灰缸不是在门厅里摔坏的（2），而是在书房，因此花瓶是在门厅摔坏的。餐厅里的物品不是使用了10年的物品（4），而是使用了5年的物品，因此烟灰缸使用了10年。

总结：
星期一，使用了100年，台灯，休息室。
星期二，使用了50年，花瓶，门厅。
星期四，使用了10年，烟灰缸，书房。
星期五，使用了5年，玻璃制品，餐厅。

22 有多少成员？

四个。一个妹妹和她的哥哥，两人都结婚了。其中一人有一个儿子，另一人有一个女儿。

23 顺利渡河

让我们假设男生为A、B、C，女生为a、b、c。A的女朋友为a，以此类推。
TR=渡河前往餐馆
RR=从餐馆返回

1. bc TR。
2. b RR，然后ab TR。
3. a RR，然后BC TR。
4. Bb RR，然后AB TR。
5. c RR，然后bc TR。
6. A RR，然后Aa TR。
或者
6. b RR，然后ab TR。

24 市场摊位

第一行：萝卜，荔枝，西蓝花，枣。
第二行：香蕉，菜花，无花果，豆瓣菜。
第三行：芜菁，樱桃，甘薯，苹果。
第四行：金橘，豌豆，葡萄，洋葱。

25 海上逃生

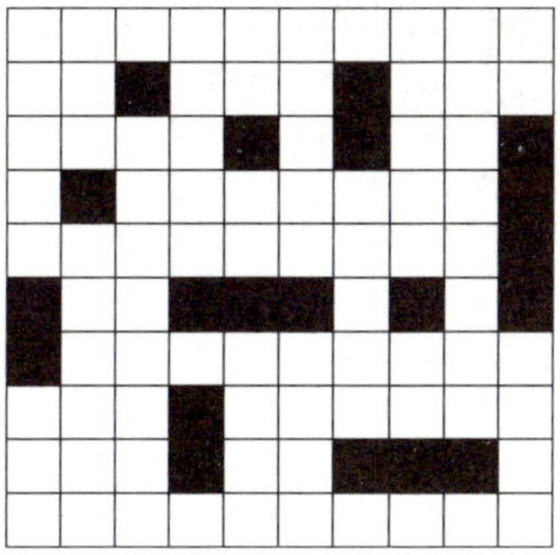

26 墓碑信息

该女士在星期一离世，然后她的遗体被送往另一个穿越了国际日期变更线的地方，因此埋葬的时间仍然是星期日。

27 丢失的物品

克莱丽莎拿了现金，拉丽莎拿了金笔，梅丽莎拿了邮票。

如果克莱丽莎的第一句话是真的，那么梅丽莎拿了现金，拉丽莎拿了邮票（因为她没拿金笔），克莱丽莎拿了金笔。但这样一来，梅丽莎的两句话都是假的了。这同前提产生了矛盾，说明克莱丽莎的第一句话是假的，第二句话是真的：拉丽莎拿了金笔。所以，梅丽莎拿了邮票，克莱丽莎拿了现金。

注意：拉丽莎的供述对解决该问题毫无用处。

28 立方体路线

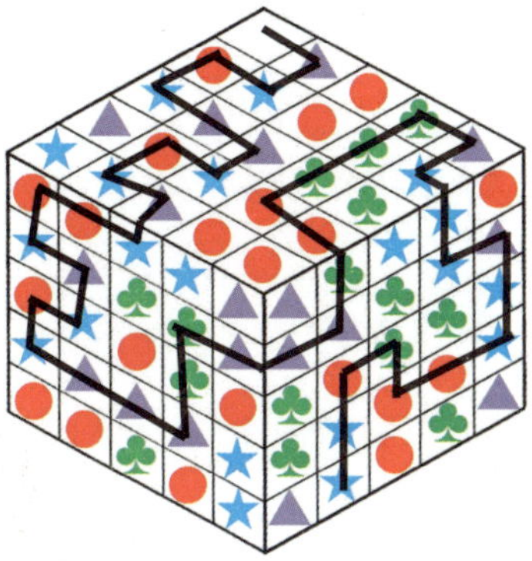

29 得出结论

A. 有些让人觉得乏味的歌曲不是杰瑞·霍乐的作品。
B. 只有染着紫色头发的男孩才会戴鼻环。换句话说，所有戴鼻环的男孩都染着紫色头发。
C. 没有政治家适合加入陪审团。

30 多米诺骨牌大搜索

3	6	1	0	4	0	6	3
0	2	5	3	6	1	1	2
0	4	6	6	2	5	3	1
5	3	3	6	0	4	6	4
1	4	1	2	0	2	4	5
0	2	5	4	4	2	3	5
3	5	1	0	1	2	6	5

31 骰子谜题

答案是9。每一排等号右边的数字都是骰子上你所看到的这一面的反面的数字之和。在标准的骰子上，每两个相反面的点数之和都是7，因此第一排是4（反面是3）+6（反面是1）+2（反面是5）=12。第二排是3（反面是4）+2（反面是5）+1（反面是6）=6。因此第三排是4+3+2=9。

32 美食大集合

索尼娅在做覆盆子果酱（3），但她没有做焦糖蛋糕（1）、柠檬蛋糕（2）或香草蛋糕（3），而是在做橙子蛋糕。所以，她也是做软糖的那个人（2）。奥黛既没有做焦糖蛋糕（1），也没做柠檬蛋糕（2），而是在做香草蛋糕。所以，她也做了椰子糖。简做了柠檬蛋糕（2），所以凯丽做了焦糖蛋糕和李子果酱（1）。简没做黑莓果酱（2），所以奥黛做了黑莓果酱，简做了草莓果酱。凯丽没做牛轧糖（1），她做了太妃糖，所以简做了牛轧糖。

总结：

凯丽：李子果酱，焦糖蛋糕，太妃糖。

奥黛：黑莓果酱，香草蛋糕，椰子糖。

简：草莓果酱，柠檬蛋糕，牛轧糖。

索尼娅：覆盆子果酱，橙子蛋糕，软糖。

33 公平分配

9	2	2	0	6	9	9	5	5
0	7	3	5	5	5	5	5	5
6	6	6	6	0	0	1	1	5
0	0	4	4	4	1	0	4	0

34 颜色方格

B	G	Y	O	P
P	Y	O	G	B
G	B	P	Y	O
Y	O	B	P	G
O	P	G	B	Y

Y	G	P	B	O
B	P	O	Y	G
G	O	B	P	Y
O	B	Y	G	P
P	Y	G	O	B

35 得出结论

A. 朋克主义者不想找工作。

B. 有些吹牛的人不值得奖励。

C. 詹金斯不理智。

36 神龙

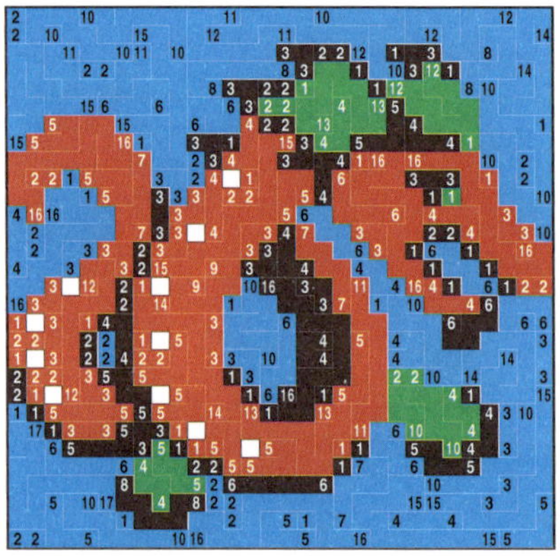

37 帐篷难题

A. 安迪和格伦。

B. 盖里和乔。

C. 比尔和凯文。

D. 弗雷迪和汤姆。

38 路径选择

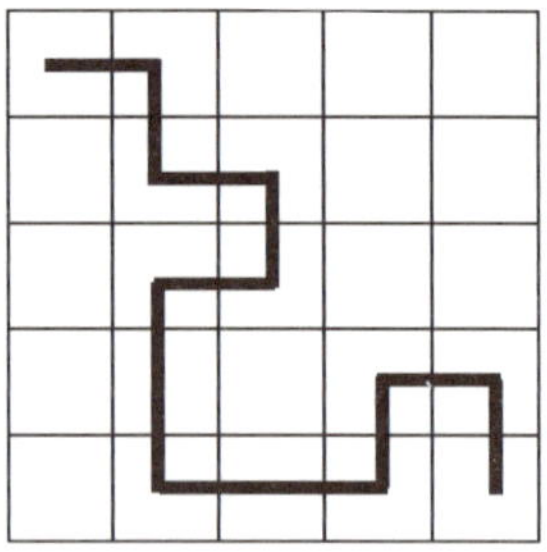

39 谎言成灾

本骑着自行车。

约翰开着汽车。

丹尼斯是行人。

艾伦是装着苹果的手推车车主。

如果我们假定本的第一句话是真的，那么他就是手推车车主，而约翰并没有开车撞到手推车。但这使得丹尼斯的两条供述是真的：本在撒谎，而丹尼斯不是手推车车主。所以，本的第一句话不是真的。如果约翰的第一句话是真的，那么他的第三句话就是假的，他是手推车车主。这使得丹尼斯的第三句话是真的，所以他在他的第一句话中撒了谎。也就是说，本说的是真的，约翰在开车。但约翰不可能既是手推车车主，又开着汽车，所以他的第一句话不可能是真的。所以，本不是行人。

如果本开车的话，从他自己的供述中可知，艾伦骑着自行车。所以，约翰只能是行人，因为他所说的第三句话可能是真的。这意味着丹尼斯所说的第一句话和第二句话都是真的。所以，本没有开车，他一定是骑自行车的。

从本的供述中，我们现在知道只有第二句话是真的，所以约翰是汽车司机。

在丹尼斯的供述中，第一句话是谎言，所以第二句话是谎言，第三句话是真的——他不是手推车车主。所以，丹尼斯是行人，艾伦拥有手推车。

40 请坐下

确定了A夫人的座位，每个座位的就餐者的性别很容易根据前两条规则来确定。特殊情况是6号座位和12号座位，这两个座位的就餐者可能是男性，也可能是女性，这取决于A先生坐在A夫人的哪一边。相邻的两位夫人（D夫人和F夫人）应该坐在11号和12号座位，或者6号和7号座位。尝试前一种情况，会导致C夫人不在B先生的对面，所以D夫人应该坐在6号座位，每个人的座位依次为：

1. B先生
2. B夫人
3. E先生
4. E夫人
5. D先生
6. D夫人
7. F夫人
8. F先生
9. A夫人
10. A先生
11. C夫人
12. C先生

第三级

41 贝雷帽的真相

如果亨利戴着红色帽子，那么他们所有人都说了实话，但很明显不是！所以，亨利戴着蓝色帽子。如果皮埃尔戴着红色帽子，那么其他所有人都在撒谎，但是克劳德所说的跟皮埃尔看到的一致，所以他也在讲实话——因此，皮埃尔戴着蓝色帽子。因为亨利和皮埃尔都戴着蓝色帽子，所以雅克一定在说谎，他也戴着蓝色帽子。如果弗朗索瓦戴着蓝色帽子，那么克劳德就是在撒谎，皮埃尔就是在说真话。因此，弗朗索瓦戴着红色帽子，克劳德也戴着红色帽子。

42 做出选择

1. 果酱 2. 假期 3. 咖啡杯 4. 小船 5. 抹布 6. 苹果 7. 500美元现金 8. 照相机 9. 足底按摩仪 10. 高尔夫球

43 精力充沛

44 填充图形

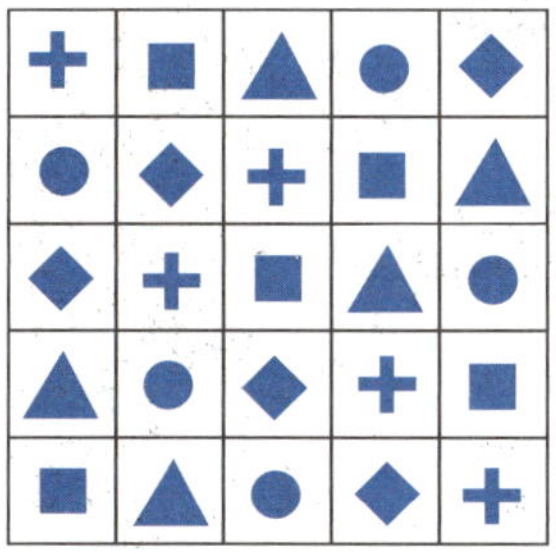

45 胜利皇后

选择A2、B7、C3、D6、E8、F5、G1、H4，可以得到最高的57分。

46 海上逃生

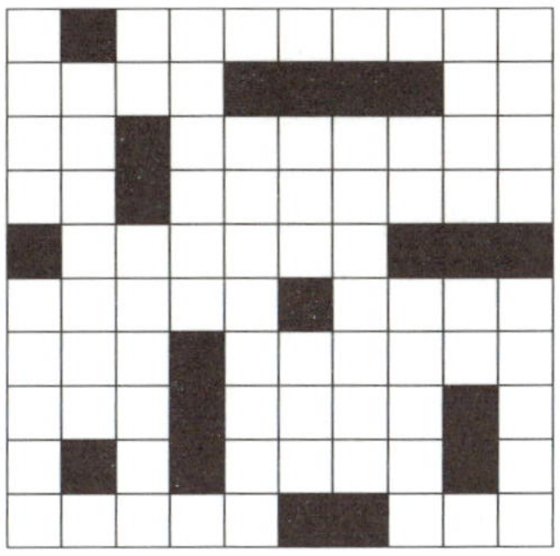

47 平分为八份

红色的线表示分割线。

48 瓜分苹果派

首先，在苹果派的中心和边缘之间做一次圆形切分。这将把苹果派分成一个内圆和一个外环。然后，从边缘到边缘做两次切分，这将把内圆和外环分成四个部分。

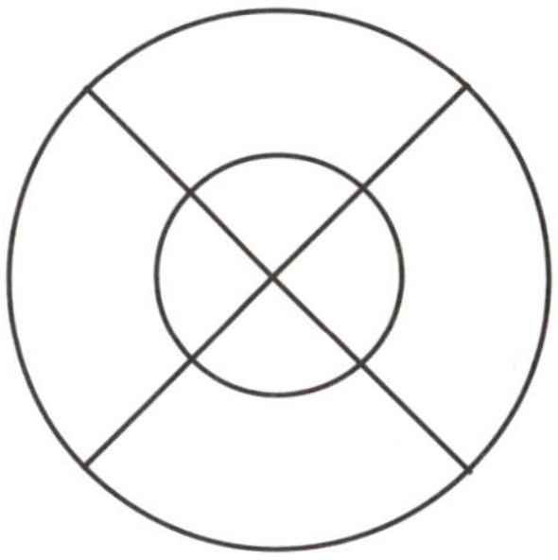

49 数字路线

50 颜色方格

Y	B	G	P	R
B	R	P	G	Y
P	G	Y	R	B
G	Y	R	B	P
R	P	B	Y	G

B	Y	R	P	G
G	R	P	Y	B
P	B	Y	G	R
Y	G	B	R	P
R	P	G	B	Y

51 房子谜题

用大写首字母表示房子的情况，例如DG表示有双层玻璃（double glazing），**DG**（加粗）表示没有双层玻璃，因此可以得出以下结论：DG—CH（central heating，集中供暖），RR（red roof，红色屋顶）—FG（front garden，前花园），ON（odd-number，奇数房号）—GD（green door，绿色门），等等。

现在我们列出最长的线索链条：例如，从线索1和11中可以得出DG—CH—**C**（chimney，烟囱），表示有双层玻璃的房子能够集中供暖，并且没有烟囱。31号房子的房号是奇数，因此可以列出以下关系链条：ON—GD—RR—FG—PG（plastic gnome，塑料小矮人雕像）—DG—CH—**C**—LW（leaded window，铅制窗户）。

因此，31号房子有绿色门、红色屋顶、前花园、塑料小矮人雕像、双层玻璃、铅制窗户，能集中供暖，没有烟囱。

52 援助之手

用**A**（加粗）表示"我有A"，用A（不加粗）表示"我没有A"，K、Q、J也如此。信息1可以表示为"我不会同时有K、Q、J"，写作**KQJ**=o。我们可以用此方法写出所有信息的等式：

1.**KQJ**=o.　2.**AK**Q=o.　3.AK**Q**=o.

4.A**K**Q=o.

5.**KQ**J=o.　6.KQ**J**=o.　7.**A**K**Q**=o.

8.AKQJ=o.

共有以下16种可能的组合：

AKQJ **AKQ**J **AK**Q**J** **AK**QJ **A**K**QJ** **A**K**Q**J **A**KQ**J** **A**KQJ

A**KQJ** A**KQ**J A**K**Q**J** A**K**QJ AK**QJ** AK**Q**J AKQ**J** AKQJ

去掉包含**KQJ**（信息1）和其他等式（另外七条信息）的组合，只剩下一种可能的组合，就是**A**KQJ。因此，答案是"我有A，但没有K、Q和J"。

53 伪装大师

如果哈利和克罗格是两个骗子，那么送奶工既是西班牙人，又是挪威人。所以，其中一个人一定讲了真话。斯纳夫绝对是个骗子，俄罗斯人是煤气工。所以，在第一次审问中，挪威人一定是骗子，因此斯纳夫是送奶工。所以，克罗格是骗子，因为他说斯纳夫是煤气工，因此挪威人是送奶工。哈利一定是实诚人，所以西班牙人是邮递员。从第一次审问中可知，俄罗斯人是个骗子，所以哈利是邮递员，克罗格是假扮俄罗斯人的煤气工。

总结：

哈利是假扮西班牙人的邮递员。

克罗格是假扮俄罗斯人的煤气工。

斯纳夫是假扮挪威人的送奶工。

54 多米诺骨牌大搜索

5	8	0	1	0	3	4	0	1	6	3
6	7	4	5	2	0	8	5	8	9	0
6	9	4	6	0	6	2	1	2	4	7
4	7	4	2	3	1	4	0	8	7	5
4	8	5	9	6	8	0	3	9	7	2
4	3	7	4	7	1	9	2	1	3	2
6	2	5	1	0	6	1	6	1	3	6
7	8	9	7	0	2	7	8	3	8	3
0	9	1	2	3	5	5	3	9	8	5
7	9	4	2	9	6	5	8	1	5	9

55 贝壳游戏

游戏A

这一步轮到简妮了，她拿了三个贝壳，剩下一个贝壳给卡里玛。卡里玛没有获胜的可能——如果她拿走一个贝壳，简妮拿走三个，就赢了；如果她拿走两个贝壳，简妮拿走一个，剩下一个留给卡里玛；如果她拿走三个贝壳，简妮拿走最后一个，也赢了。剩下四个贝壳，当前贝壳数为奇数的一方输定了。

游戏B

卡里玛拿走一个贝壳，剩下四个。如果简妮拿走一个贝壳，卡里玛拿走剩下的三个，就赢了。如果简妮拿走三个，卡里玛拿走剩下的一个，也赢了。如果简妮拿走两个，卡里玛将拿走一个，剩下一个留给简妮。但是细想一想，很明显，这种情况不仅仅在卡里玛拥有六个贝壳，剩下四个贝壳的条件下是成立的。只要卡里玛拥有的贝壳数为偶数，并且剩下四个贝壳，她就一定能赢。她总能够拿走一个或三个贝壳，使最后的贝壳数为奇数。

游戏C

卡里玛必须拿走一个贝壳，剩下八个。无论简妮如何做，卡里玛下一轮一定会确保自己的贝壳凑成偶数，剩下四个或五个——简妮拿走一个，卡里玛拿走三个，剩下四个；简妮拿走三个，卡里玛拿走一个，剩下四个；简妮拿走两个，卡里玛拿走一个，剩下五个。

56 专业伙伴

贝蒂有一个姐妹（2），但她不是卡罗尔（2、3），而是爱丽丝。因此，爱丽丝不是会计（2），也不是外科医生（1），而是律师。弗兰克的妻子有一个兄弟（5），卡罗尔是那位有兄弟的女士，因此她与弗兰克是夫妻（5）。艾德的妻子是外科医生（4），因此她不是律师爱丽丝，而是贝蒂。因此，爱丽丝与戴夫是夫妻。戴夫是会计（2）。卡罗尔的兄弟不是戴夫（5），而是艾德，他一定是律师（5）。戴夫一定是弗兰克的兄弟（3）。因此，艾德的兄弟姐妹的配偶（卡罗尔的丈夫弗兰克）是外科医生。卡罗尔不可能是外科医生（丈夫）或律师（兄弟），而是会计。

总结：

贝蒂，外科医生；爱丽丝，律师。两人是姐妹。

弗兰克，外科医生；戴夫，会计。两人是兄弟。

卡罗尔，会计；艾德，律师。两人是兄妹。

结婚的是：贝蒂和艾德，爱丽丝和戴夫，卡罗尔和弗兰克。

57 白瑞德

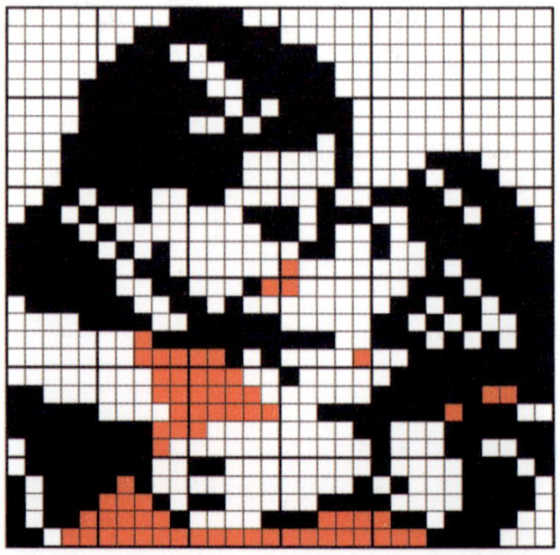

58 小菜一碟

B		A	C	
C			B	A
	B	C	A	
A	C			B
	A	B		C

59 乱成一团

从“订婚专栏”的11条通告中，我们可以发现，海尔夫人不是艾德纳（5）、格劳瑞亚（9）、海德（7）、乔娜（6），而是普瑞姆斯。她的配偶不是凯斯（6），后者也不是乔娜（6）、海德（7）、艾德纳（4）的配偶，而是格劳瑞亚的配偶。所以，格劳瑞亚不是普雷尔（4），乔娜（8）和艾德纳（4）也不是，海德才是。乔娜（10）和格劳瑞亚（1）都不是赛兹，所以艾德纳才是。格劳瑞亚的配偶凯斯不是安迪（1）、艾德（7）、吉姆（6）、汤米（9），而是维欧夫。他的配偶不是帕斯夫人（3），所以格劳瑞亚是克劳兹夫人，这就意味着乔娜是帕斯夫人。普瑞姆斯 · 海尔的配偶不是艾德（11）、吉姆（6）、汤米（9），而是安迪。乔娜 · 帕斯的配偶不是吉姆（6）、汤米（10），而是艾德。艾德纳 · 赛兹的配偶不是安迪（4）、汤米（2），而是吉姆。所以，海德的配偶是汤米。吉姆不是瑞斯特（5）、沃特（2）、卡纳尔（8），而是霍尔。海德 · 普雷尔的配偶不是沃特（2）、卡纳尔（8），而是瑞斯特。乔娜 · 帕斯的配偶不是卡纳尔（8），而是沃特，所以安迪是卡纳尔。

总结：
艾德纳 · 赛兹—吉姆 · 霍尔。
格劳瑞亚 · 克劳兹—维欧夫 · 凯斯。
海德 · 普雷尔—汤米 · 瑞斯特。
乔娜 · 帕斯—艾德 · 沃特。
普瑞姆斯 · 海尔—安迪 · 卡纳尔。

60 飞行幻想

他因为在值班时睡觉被解雇了。作为值夜班的人，他不应该睡觉做梦！

第四级

61 火柴游戏

从任意一个角上的正方形中取三根火柴，放到旁边的正方形和对面的两个正方形中。共有八种不同的方法——每四个正方形有两种方法。下面给出了一个示例。

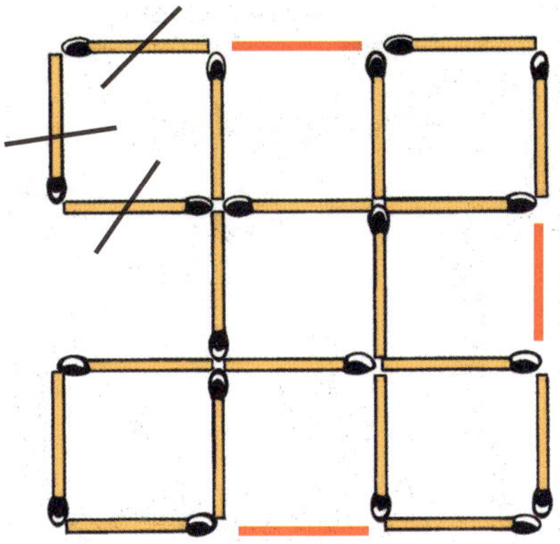

62 火车抢劫案

克罗格和温蒂两次都说了真话，斯纳夫和多丽丝说了一次真话，哈利和柏瑞尔说了两次谎。也就是说：哈利负责拖住司机，柏瑞尔开着卡车，克罗格负责将货物装上卡车，多丽丝负责从火车上卸货，斯纳夫负责改变信号灯，温蒂从警卫那里搞到钥匙。

如果哈利两次都说了真话，那么柏瑞尔说的话就真假参半（温蒂开着卡车是假话），温蒂也说了两次真话。柏瑞尔的真话是克罗格从警卫那里搞到了钥匙，但温蒂的供述是克罗格负责将货物装上卡车，这就与前提条件相矛盾，因为每个人只能做一件事。所以，哈利并不是说真话的人。

如果斯纳夫两次都说了真话，那么就是柏瑞尔开车，克罗格改变信号灯。但这就意味着柏瑞尔两次都说了谎，多丽丝也两次都说了谎。但其中只有一位女士说了两次谎，所以斯纳夫不是说真话的人，克罗格才是。

我们现在能确定多丽丝负责卸货，哈利负责拖住司机，这使得哈利的两次供述都是假的。所以，哈利是不折不扣的骗子，斯纳夫是半个骗子，温蒂至少说了一次真话。

如果多丽丝两次都说了真话，那么柏瑞尔至少说了一次真话——温蒂开车。所以，多丽丝不是说真话的人。同样，柏瑞尔也是如此。如果柏瑞尔两次都说了真话，那么多丽丝至少说了一次真话。所以，柏瑞尔也不是说真话的人，温蒂才是——她就是克罗格的妻子，正是后者将货物装上卡车。因为我们知道斯纳夫说了一次真话，所以一定是柏瑞尔开车，否则克罗格就身兼两职。这就使得柏瑞尔是十足的骗子，所以她是哈利的妻子，那么多丽丝就是斯纳夫的妻子。她的供述中，真话一定是斯纳夫负责改变信号灯。这样，就是温蒂从警卫那里搞到了钥匙。

63 窖藏美酒

有四种可能的方式来安排三桶挨着的红酒，但只有一种方式满足F项的要求，就是1、4和6是三桶白酒，2、3和5是三桶红酒。

总结：
1. 中性白酒，荔枝和接骨木花，1988年。
2. 甜红酒，苹果和芜菁，1991年。
3. 干红酒，桃子和球芽，1986年。
4. 干白酒，黑刺李和无花果，1987年。
5. 中性红酒，覆盆子和黄瓜，1989年。
6. 甜白酒，葡萄和豌豆，1990年。

64 颜色方格

B	W	O	Y	G	R
W	G	R	O	Y	B
G	O	Y	R	B	W
Y	R	G	B	W	O
O	B	W	G	R	Y
R	Y	B	W	O	G

65 海上逃生

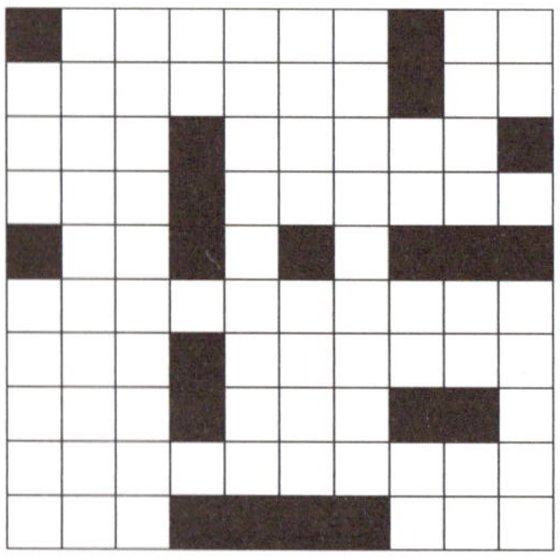

66 真假难辨

阿伦不是律师。无论巴兹尔的姓氏是什么，我们都能根据事实得出这一符合逻辑的结果。巴兹尔有可能是安恩博格先生（1），有可能是库克先生（5），也有可能是贝克先生（7）。库克先生不是巴兹尔（2和4）。詹姆斯是银行家（6），所以阿伦是药剂师。所以，律师是巴兹尔。因此，药剂师是贝克先生，因为他既不是安恩博格先生（4），也不是库克先生（3），他是阿伦。因此，律师是安恩博格先生，银行家是库克先生。

总结：
巴兹尔·安恩博格，律师。
詹姆斯·库克，银行家。
阿伦·贝克，药剂师。

67 幸运盆栽

第一排的秋海棠剩下了。五排植物的最终归属情况如下：
杰斯，莱恩，剩下的秋海棠，凯文，玛丽
玛丽，赠给了莱恩，杰斯，莱恩，凯文
莱恩，凯文，玛丽，赠给了凯文，杰斯
赠给了杰斯，杰斯，凯文，玛丽，莱恩
凯文，玛丽，莱恩，杰斯，赠给了玛丽

68 猜出明星

A. 黛安·基顿（Diane Keaton）
B. 休·格兰特（Hugh Grant）
一旦你破解了，就会发现密码十分简单。三颗红色的星星表示red（红色）的第三个字母（也就是d），以此类推。密码中的颜色包括红色（red）、粉色（pink）、黑色（black）、绿色（green）、蓝色（blue）、白色（white）、褐色（brown）。

69 兔子

70 填字母

	B	A		C	D
D	A			B	C
	C	D	A		B
A	D	B	C		
B		C	D	A	
C			B	D	A

71 花朵

72 脑筋急转弯

拿走字母“FIVE LETTERS”（五个字母），剩下的字母就是“ONE WORD”（一个单词）。

73 参加培训

从线索1中，我们可以推断出马丁的课程比快速搜索课程少花50美元，后者比查理的课程便宜150美元，查理的课程又比霍姆斯的课程便宜50美元。这样一来，我们就知道了四门课程价格从低到高的排列顺序。韦克斯福德不可能是马丁（2），所以康纳的课程不可能是第二便宜的课程（2），也不可能是第三便宜的（查理的课程第三便宜），因此康纳是霍姆斯。所以，特丝，另外一个名字，选择了快速搜索课程。因此马丁是布朗（3），查理选择了高级上网课程（3）。马丁没有选择新闻组群课程（4），而是选择了新手浏览课程。所以，康纳选择了新闻组群课程。因此查理是达格利什（4），这意味着特丝是韦克斯福德。她的课程花了400美元，因此马丁的课程花了350美元，查理的课程花了550美元，康纳的课程花了600美元。

总结：
康纳·霍姆斯，600美元，新闻组群课程。
查理·达格利什，550美元，高级上网课程。
特丝·韦克斯福德，400美元，快速搜索课程。
马丁·布朗，350美元，新手浏览课程。

74 多米诺骨牌大搜索

2	6	1	4	4	0	3	2
0	1	5	2	6	6	1	3
2	3	0	5	1	1	4	4
3	5	0	0	5	3	0	5
0	6	1	2	0	6	4	1
2	3	3	3	1	5	5	6
4	4	6	4	2	2	5	6

75 化装舞会

将每场舞蹈的每对舞伴依次编号为 1~5。伦恩不是狮子（伦巴 2），因此他不是狐步舞 5 中的男士，所以他一定是科瑞先生——狐步舞一栏中唯一一个姓氏。因此，艾伦（华尔兹 1）是第五位男士，他是狮子。在伦巴一栏中，只有一位男士的姓氏是缺失的，这个姓氏就是斯蒂芬（伦巴 3 中的女士），因此海盗就是斯蒂芬先生（伦巴 5）。凯伊不是航天员的妻子（华尔兹 2），或僧人的妻子（华尔兹 1），或海盗的妻子（旋转舞 1），或狮子的妻子（伦巴 2 和华尔兹 4），而是国王的妻子。派姆不是僧人的妻子（华尔兹 1）、航天员的妻子（华尔兹 2）、海盗的妻子（旋转舞 1、5），而是狮子的妻子。诺玛不是僧人的妻子（华尔兹 1）或航天员的妻子（华尔兹 2），而是海盗的妻子，因此她是斯蒂芬夫人。派姆的丈夫（旋转舞 5）是狮子，因此费伊的丈夫是僧人（旋转舞 2）。所以，威尔玛是航天员的妻子（华尔兹 2）。威尔玛不是魔女玛塔（狐步舞 3）或王后（狐步舞 1），或精灵（华尔兹 2），或白雪公主（伦巴 1、4），而是花仙子。白雪公主不是威尔玛（伦巴 1）或派姆（伦巴 2），或诺玛（伦巴 3），或费伊（伦巴 5 和旋转舞 1），而是凯伊（伦巴 4）。伦恩·科瑞先生和诺玛（狐步舞 2）、派姆（伦巴 2）、凯伊（华尔兹 4）或费伊（埃利斯夫人）不是夫妻，而和威尔玛是夫妻。因此，他是航天员。凯伊不是沃克夫人（旋转舞 1、2），因此她是莫里斯夫人，派姆是沃克夫人。所以，艾伦是沃克先生。这意味着诺玛是精灵（旋转舞 5——此栏中仅剩的名字）。华尔兹一栏中剩下的唯一一个男士的姓氏是埃利斯，因此他一定是鲍勃（华尔兹 5），他是僧人，与费伊是夫妻。吉姆是国王（该题的题干中提到了），因此他与凯伊·莫里斯是夫妻。所以，蒂姆与诺玛·斯蒂芬是夫妻，他是海盗。费伊不是魔女玛塔（狐步舞 1 和伦巴 5），而是王后。派姆·沃克是魔女玛塔。

总结：
艾伦和派姆·沃克，狮子和魔女玛塔。
鲍勃和费伊·埃利斯，僧人和王后。
吉姆和凯伊·莫里斯，国王和白雪公主。
伦恩和威尔玛·科瑞，航天员和花仙子。
蒂姆和诺玛·斯蒂芬，海盗和精灵。

76 隐藏的值

谜题1：
我们知道以下信息是正确的：
A+B=9，A+C=4，C+D=6，D+E=12。
如果A+C=4，那么C一定是3或1（不可能是2，因为没有任何两个长方形的值是相同的，所以A和C不可能同时为2）。但是我们知道C不可能是3，因为C+D=6，同样，两个值不可能相同。所以C一定是1，因此A一定是3。接下来，你就能够利用上面的等式推出其他数值了。
因此，答案如下：
A=3，B=6，C=1，D=5，E=7。
谜题2：
我们知道以下信息是正确的：
A+B=6，B+C=9，C+D=11，D+E=14。
如果A+B=6，那么A一定是1、2、4或5。所以，我们挨个把这些值代入上述公式，发现：
A不可能是1，因为这会使D和E都是7。
A不可能是4，因为这会使D也是4。
A也不可能是5，因为那样E就是11，而E只能是小于等于9的数。
所以A是2，答案如下：
A=2，B=4，C=5，D=6，E=8。

77 我们在航行

78 填字母

B	D			C	A
A		C		B	D
C		D	A		B
	A	B	C	D	
	B		D	A	C
D	C	A	B		

79 离家度假

查尔莫夫人打算去塞浦路斯（1），她不是鹦鹉（1）、虎皮鹦鹉（2和5）、仓鼠（3）或猫（5）的主人，所以她是小狗麦丽莎的主人。虎皮鹦鹉凯丽（2）的主人不打算去土耳其（2）、泰国（4）、西班牙或塞浦路斯（5），而是要去意大利。它的主人不是艾伯特夫人或唐金夫人（2），或爱德华夫人（3），或查尔莫夫人（1），而是布拉迪夫人。爱德华夫人不打算去西班牙（3），或泰国（3和4），而是要去土耳其。所以，她是姬玛的主人（2）。唐金夫人不打算去泰国（4），而是要去西班牙。所以，艾伯特夫人打算去泰国，她也是猫的主人（4）。所以，唐金夫人是鹦鹉亨利的主人（1），乔伊一定是猫。

总结：
艾伯特夫人，泰国，乔伊，猫。
布拉迪夫人，意大利，凯丽，虎皮鹦鹉。
查尔莫夫人，塞浦路斯，麦丽莎，狗。
唐金夫人，西班牙，亨利，鹦鹉。
爱德华夫人，土耳其，姬玛，仓鼠。

80 最后的 L 形